PRESCRIÇÃO PENAL
Temas Atuais e Controvertidos
— Doutrina e Jurisprudência —

Volume 6

Conselho Editorial
André Luís Callegari
Carlos Alberto Molinaro
César Landa Arroyo
Daniel Francisco Mitidiero
Darci Guimarães Ribeiro
Draiton Gonzaga de Souza
Elaine Harzheim Macedo
Eugênio Facchini Neto
Gabrielle Bezerra Sales Sarlet
Giovani Agostini Saavedra
Ingo Wolfgang Sarlet
José Antonio Montilla Martos
Jose Luiz Bolzan de Morais
José Maria Porras Ramirez
José Maria Rosa Tesheiner
Leandro Paulsen
Lenio Luiz Streck
Miguel Àngel Presno Linera
Paulo Antônio Caliendo Velloso da Silveira
Paulo Mota Pinto

Dados Internacionais de Catalogação na Publicação (CIP)

F284 Prescrição penal: temas atuais e controvertidos : doutrina e jurisprudência Vol. 6 / Ney Fayet Júnior (Coord.), René Ariel Dotti ... [et al.].
– Porto Alegre: Livraria do Advogado Editora, 2018.
183 p.; 23 cm.
ISBN 978-85-9590-014-1

1. Prescrição da pena. I. Fayet Júnior, Ney, coord. II. Dotti, René Ariel III. Título.

CDU – 343.291

Índice para o catálogo sistemático:
Prescrição da pena

(Bibliotecária responsável: Sabrina Leal Araujo – CRB 10/1507)

NEY FAYET JÚNIOR
(coordenador)

João Pedro Petek
Maria Elizabeth Queijo
Paulo Fayet
René Ariel Dotti
Roberto Teixeira Siegmann
Sergi Cardenal Montraveta
Vladimir Giacomuzzi

PRESCRIÇÃO PENAL
Temas Atuais e Controvertidos

— Doutrina e Jurisprudência —

Volume 6

Porto Alegre, 2018

©
Ney Fayet Júnior (coord.)
João Pedro Petek
Maria Elizabeth Queijo
Paulo Fayet
René Ariel Dotti
Roberto Teixeira Siegmann
Sergi Cardenal Montraveta
Vladimir Giacomuzzi
2018

(edição finalizada em outubro/2017)

Capa, projeto gráfico e diagramação
Livraria do Advogado Editora

Pintura da Capa
Paul Cézanne
The Mount Sainte-Victoire (1885-1895)

Direitos desta edição reservados por
Livraria do Advogado Editora Ltda.
Rua Riachuelo, 1300
90010-273 Porto Alegre RS
Fone: 0800-51-7522
editora@doadvogado.com.br
www.doadvogado.com.br

Impresso no Brasil / Printed in Brazil

Este livro é dedicado à memória dos professores Cherif Bassiouni e Tupinambá Pinto de Azevedo.

O tempo só apaga o tempo criando o próprio tempo, relance e substância de eternidade.

Josué Montello

>

Sumário

Introdução..13
Tema I – Variações sobre a prescrição na busca de um tempo perdido
René Ariel Dotti..19
I. Introdução..19
   1. A obra clássica de Marcel Proust...19
   2. A atualidade do pensamento de Ruy Barbosa..21
   3. O decurso do tempo e a inércia do Estado..21
   4. Teorias sobre a prescrição criminal...22
II. Evolução legislativa..23
   5. O Código Criminal do Império..23
   6. Os códigos posteriores...24
      6.1. O Código Penal de 1890..24
      6.2. A consolidação das leis penais..24
      6.3. O Código Penal de 1940 (Dec.-lei nº 2.848, de 07.12.1940)............25
      6.4. O Código Penal de 1969..26
      6.5. A Lei nº 6.016, de 31.12.1973...27
      6.6. A Lei nº 6.416, de 24.05.1977...27
      6.7. A Lei nº 7.209, de 11.07. 1984..28
      6.8. A Lei nº 12.234, de 05.05.2010...28
   7. Hipóteses de imprescritibilidade...28
III. A Prescrição pela pena concretizada...29
   8. A criação jurisprudencial...29
IV. A prescrição pela pena presumida...30
   9. O grave problema da demora do processo..30
   10. O direito subjetivo ao devido processo legal..31
   11. Um avançado instituto de Direito Penal e Processual Penal..................32
   12. A denominação do instituto...33
   13. Decisões antagônicas...34
      13.1. Decisões favoráveis..35
      13.2. Decisões contrárias...36
      13.3. A súmula 438 do Superior Tribunal de Justiça..............................36
V. A razoável duração do processo..37
   14. Um princípio constitucional de dupla face...37
   15. O princípio geral da razoabilidade..39
   16. Meios para garantir a celeridade da tramitação processual...................41

VI. Propostas de nova mutilação..42
    17. O recrudescimento punitivo..42
    18. Observações sobre as propostas do artigo 14 do Anteprojeto do MPF.............42
        18.1. Artigo 110. (...) parágrafo 1º...42
        18.2. Artigo 112...43
        18.3. Artigo 116...44
        18.4. Novas causas interruptivas da prescrição..............................44
    19. Tributo ao passado..44

Tema II – La regulación española de la suspensión del cómputo de la prescripción de la pena
Sergi Cardenal Montraveta..47

I. Introducción...47
II. Antecedentes de la introducción del apartado 2º del art. 134 CP.........50
III. La regulación vigente de la suspensión del cómputo de la prescripción de la pena..60
    a) Consideraciones generales...60
    b) La suspensión de la ejecución de la pena como causa de suspensión del cómputo de la prescripción (art. 134.2.*a*) CP)..................................63
    c) El cumplimiento de otras penas como causa de suspensión del cómputo de la prescripción (art. 134.2.*b*) CP).....................................64

Tema III – Injúria racial: um crime imprescritível?
Ney Fayet Júnior..67

Introdução...67
1. Da (im)prescritibilidade penal..68
2. Da (im)possibilidade de o legislador infraconstitucional ampliar as hipóteses de crimes imprescritíveis...69
3. Da imprescritibilidade dos crimes de prática de racismo e (de sua extensibilidade ao) de injúria qualificada (com substrato racial)...............................70
4. Considerações finais..76
Referências..77

Tema IV – Prescrição nos delitos ambientais atribuídos à pessoa jurídica
Maria Elizabeth Queijo..79

Nota introdutória...79
1. As penas cominadas para a pessoa jurídica na Lei nº 9.605/98............80
2. A disciplina das penas restritivas de direitos no Código Penal e em outros diplomas legais..81
3. A orientação de recentes julgados do Tribunal de Justiça de São Paulo, calcada em precedente do Superior Tribunal de Justiça e seu contraponto.........83
4. Análise do cenário jurisprudencial em exame à luz da legislação.........86
Referências bibliográficas..88

Tema V – A lei Joanna Maranhão: a vítima, o Direito Penal e a flutuabilidade do prazo prescricional
Ney Fayet Júnior..91

Introdução...91
1. A ciência penal e a vítima 91
2. Do papel da vítima na história do direito penal......................................92

3. Da Lei 12.650/12 (Lei Joanna Maranhão)...99
4. Das críticas e soluções...102
Referências...103

Tema VI – Do termo inicial da prescrição (da pretensão punitiva) em face do delito de descaminho (*caput* do artigo 334 do Código Penal)
Ney Fayet Júnior e *João Pedro Petek*...107
Introdução...107
1. Da discussão doutrinária e jurisprudencial...107
   1.1. Do descaminho como delito formal: consequências...........................108
   1.2. Do descaminho como delito material: consequências........................111
2. Da compreensão do tema..115
3. Dos reflexos na aferição do marco prescricional...120
4. Conclusão..120
Referências...121

Tema VII – A pena criminal na democracia: o compromisso da dogmática com a racionalidade: a importância do instituto da prescrição penal
Ney Fayet Júnior..123
Referências bibliográficas...130

Tema VIII – Do sobrestamento da ação (penal) em virtude do reconhecimento da repercussão geral: extensibilidade suspensiva ipso facto do prazo prescricional?
Ney Fayet Júnior e *Paulo Fayet*..133
Introdução...133
1. Notas sobre a questão de ordem no Recurso Extraordinário 966.177/RS...............133
2. Compreensão das determinações do Plenário do Supremo Tribunal Federal havidas no julgamento dessa questão de ordem...136
3. O Supremo Tribuna Federal pode ampliar as causas suspensivas da prescrição penal?..138
Conclusão...140
Referências:...141

Tema IX – A retroatividade e a suspensão do prazo da prescrição penal
Vladimir Giacomuzzi..143

Tema X – Da prescrição penal e a trabalhista: possíveis intersecções
Ney Fayet Júnior e *Roberto Teixeira Siegmann*..149
Introdução...149
1. Da prescrição penal: conceito...149
   1.1. Fundamento...149
   1.2. Natureza jurídica...150
   1.3. Espécies de prescrição..151
   1.4. Efeitos..151
   1.5. Prazos...152
   1.6. Do termo inicial da prescrição...152
      1.6.1. Do termo inicial da prescrição da ação..152
      1.6.2. Do termo inicial da prescrição da condenação............................153
   1.7. Das causas interruptivas e suspensivas do prazo prescricional....................154

  1.7.1. Das causas interruptivas da prescrição..154
    1.7.1.1. Das causas interruptivas do prazo prescricional da pretensão punitiva abstrata e retroativa...154
    1.7.1.2. Das causas interruptivas do prazo prescricional da pretensão executória..155
  1.7.2. Das causas suspensivas (ou impeditivas) da prescrição.....................155
    1.7.2.1. Das causas suspensivas do prazo prescricional da pretensão punitiva abstrata e retroativa...155
    1.7.2.2. Das causas suspensivas do prazo prescricional da pretensão punitiva executória..156
 1.8. Da forma de contagem 156
  1.8.1. Da prescrição da pretensão punitiva (prescrição da ação)..................156
  1.8.2. Da prescrição da pretensão punitiva retroativa 157
  1.8.3. Da prescrição da pretensão punitiva intercorrente............................157
  1.8.4. Da prescrição da pretensão executória (prescrição da condenação).......157
 1.9. Do concurso de crimes...158
 1.10. Da prescrição em perspectiva (ou antecipada)..............................158
 1.11. Da prescrição penal e civil 159
2. Da prescrição trabalhista 159
 2.1. Aspectos gerais..159
 2.2. Conceito..161
 2.3. Da aplicação 162
 2.4. Causas de impeditivas, suspensivas e interruptivas da prescrição................164
3. Considerações conclusivas..165

Referências..166

Apêndice A..167

Apêndice B..169

Introdução

No terreno político (isto é, fora do ambiente técnico-especializado), quando se fala do instituto jurídico-penal da prescrição, se faz referência, normalmente, a casos criminais cujo desfecho se traduz em impunidade e, sobretudo, em fomento à criminalidade; diante disso, as pautas ideológicas – assentadas superestruturalmente – demandam intervenções no ordenamento jurídico, engendrando uma investida punitivista e uma hipertrofia do Direito Penal (se paira alguma dúvida sobre isso, basta que se faça uma *séance* e se questione aos "profissionais de opinião" o que acham do instituto *in causa*) que pressionam as relações entre os interesses do Estado e a esfera de liberdade dos cidadãos. Seria ocioso, contudo, enfatizar o desacerto dessa postura, dado que a prescrição, em verdade, colabora, decisivamente, para a racionalidade do sistema, privilegiando um *cost-benefit-approach*, a partir de uma visão econômica e racional da intervenção estatal punitiva. Para uma melhor compreensão do alcance e do significado político-criminais do instituto da prescrição, cumpre destacar-se, tão só, que se trata de uma ferramenta de contenção do poder punitivo, graças à qual o conflito pode ser resolvido sem que haja os efeitos deletérios da punição e, particularmente, do aprisionamento (*sanctio juris* específica do Direito Criminal), contribuindo, assim, para a humanização do sistema – no quadro de uma sociedade democrática e constitucionalmente estabelecida. Outras indagações jurídico-penais poderiam ser, agora, esboçadas acerca do tema; sem embargo, nada melhor que se passe, de plano, aos ensaios que compõem esta obra.

Nesse rumo, os estudos componentes do sexto volume da obra "*Prescrição penal*: temas atuais e controvertidos" procuram trazer os mais recentes debates envolvendo o tema da prescrição penal, tendo em vista não só os mais modernos posicionamentos da jurisprudência nacional, como também as mudanças legislativas envolvendo a temática dessa causa de extinção de punibilidade;[1] e, neste volume,

---

[1] Apenas para ilustrar, incida-se que o crime de estupro pode tornar-se imprescritível. É isso que pretende a PEC 64/2016, apresentada pelo senador Jorge Viana (PT-AC). Para o proponente da emenda, o estupro é um crime que deixa marcas profundas e permanentes nas vítimas, além do que a ferida psicológica dificilmente cicatriza. O senador Jorge Viana (PT-AC) lembra que, no Brasil, somente em 2015, foram registrados mais de 45 mil casos de estupros consumados, o que corresponde "à alarmante taxa de 22,2 casos de estupro para cada grupo de 100 mil habitantes", sendo que o Estado do Acre apresenta a mais alta taxa de estupros consumados no país: 65,2 por 100 mil habitantes. Para além disso, neste mesmo ano, foram reportadas aproximadamente 7 (sete) mil tentativas de estupro no Brasil. E não se pode esquecer da cifra oculta da criminalidade, o que imporia cores mais pesadas a essa realidade aterradora; na avaliação do senador, a subnotificação dos crimes de estupro

ainda uma vez, abrem-se as portas às contribuições doutrinárias estrangeiras, permitindo que o estudo possa ter uma dimensão ainda mais ampla. Em razão de suas incontestes e relevantes consequências jurídicas, o instituto da prescrição penal continua a oferecer, como se pode apontar, terreno para expressivas divergências doutrinárias e jurisprudenciais,[2] de cujo embate são, constantemente, aprimorados

---

ocorre devido ao receio de as vítimas sofrerem preconceito ou superexposição, ou de serem vitimizadas mais uma vez. Isso porque, "é comum que a vítima seja covardemente responsabilizada pelo estupro sofrido, seja pelo fato de ter bebido, pelo horário em que estava na rua, pela roupa que vestia ou pela maneira como dançava". Sob outro aspecto, enfatiza que a coragem para denunciar um estuprador, "se é que um dia apareça, pode demorar anos", daí a importância da imprescritibilidade do crime de estupro, uma vez que a proposta permitirá, por um lado, que a vítima reflita, se fortaleça e denuncie, e, por outro, também, poderá contribuir para que o estuprador não fique impune. A CCJC do Senado aprovou, em 05/04/2017, parecer favorável à PEC 64/2016. A relatora do texto, senadora Simone Tebet (PMDB-MS), elogiou a proposta e não apresentou emendas. Para a senadora, são compreensíveis a angústia e a indecisão das vítimas, dado que, muitas delas, são agredidas dentro do ambiente familiar. A senadora Lídice da Mata (PSB-BA) destacou que o fato de a PEC ser de iniciativa de um homem é "simbólico" e mostra a sensibilidade do senador proponente. Ainda afirmou a senadora Lídice da Mata (PSB-BA) que a proposta é importante na luta contra a violência e a favor da cidadania. A senadora Marta Suplicy (PMDB-SP) também apoiou a PEC. O senador Roberto Requião (PMDB-PR) foi o único a votar contra a proposta. Segundo ele, tornar um crime imprescritível significaria a impossibilidade do perdão ao criminoso. Já para o autor da proposta, tornar o crime de estupro imprescritível não significa que não possa haver arrependimento ou mudança de vida do estuprador, mas as penas podem prevenir que esse tipo de crime ocorra. Após o parecer favorável, a proposta cumpriu, em 18/04/2017, em Plenário, sua primeira sessão de discussão em primeiro turno. Ainda terá de passar por mais quatro sessões de discussão antes de ser votada em primeiro turno. Depois, serão necessárias mais três sessões de discussão, em segundo turno, para que ocorra a votação final. Pelo menos 49 senadores têm de votar a favor para a proposta ser aprovada. Depois da aprovação no Senado, a PEC seguirá para a análise da Câmara dos Deputados. Em 09 de maio, a PEC foi aprovada, em primeiro turno, pelo plenário do Senado (66 votos favoráveis, nenhum contrário e uma abstenção, a do senador Roberto Requião (PMDB/PR), o mesmo que votara contra a proposta na CCJC, no dia 5 de abril). O projeto de emenda constitucional passará, agora, pelo segundo turno de votação; se aprovado, será encaminhado para a Câmara dos Deputados.

[2] Cuida-se de certos aperfeiçoamentos que se endereçam ao tema; assim, por exemplo, a criatividade jurídica da magistratura tem reconhecido a possibilidade de deslocamento de um marco prescricional (que não se me afigura desacertado denominar [esse posicionamento] de coisa julgada incerta ou flutuante): "Processual Penal. *Habeas corpus*. Receptação e falsidade ideológica. Jurisprudência do STF. 1. Trata-se de *habeas corpus*, com pedido de concessão de liminar, impetrado contra acórdão unânime da 5ª Turma do STJ, da Relatoria do Min. Reynaldo Soares da Fonseca, assim ementado: '(...). EMBARGOS DE DECLARAÇÃO DO *PARQUET*. TESE DE IMPOSSIBILIDADE DE RECONHECIMENTO DA EXTINÇÃO DA PUNIBILIDADE PELA PRESCRIÇÃO DA PRETENSÃO PUNITIVA ESTATAL NA HIPÓTESE DE MANUTENÇÃO DA DECISÃO DE INADMISSIBILIDADE DO RECURSO ESPECIAL POR ESTA CORTE. APLICAÇÃO DO ENTENDIMENTO FIRMADO PELA 3ª SEÇÃO POR OCASIÃO DO JULGAMENTO DO EARESP N. 386.266. FORMAÇÃO DA COISA JULGADA, COM DATA RETROATIVA AO TÉRMINO DO PRAZO DE INTERPOSIÇÃO DO RECURSO ESPECIAL. EMBARGOS ACOLHIDOS COM EFEITOS INFRINGENTES. 1. De fato, por ocasião do julgamento do EARESP n. 386.266, a 3ª Seção, por maioria de votos, assentou entendimento no sentido de que, inadmitido o recurso especial pelo Tribunal de origem, em decisão mantida pelo STJ, há a formação da coisa julgada, que deverá retroagir à data do término do prazo para interposição do último recurso cabível. 2. No caso, esta Relatoria não conheceu do agravo interposto da decisão de inadmissão do recurso especial e, em recursos subsequentes, a decisão foi mantida intacta pelo colegiado da 5ª Turma. 3. Portanto, tal como pacificado nesta Corte, a coisa julgada está formada, devendo retroagir ao fim do prazo para a interposição do recurso especial, que na hipótese ocorreu em 24/4/2013. 4. Embargos de declaração acolhidos com efeitos infringentes para afastar o reconhecimento da extinção da punibilidade pela prescrição da pretensão punitiva estatal e determinar a certificação do trânsito em julgado do acórdão local e a execução das penas impostas ao embargado.' 2. Extrai-se dos autos que o paciente foi condenado à pena de 2 (dois) anos de reclusão, em regime inicial aberto, pelos crimes previstos nos arts. 180 e 299 do CP. A pena privativa de liberdade foi substituída por duas penas restritivas de direito. 3. O TJDFT deu parcial provimento à apelação da defesa apenas para reduzir a pena de multa. 4. Em seguida, a defesa interpôs recurso especial, inadmitido na origem. Ato contínuo, interpôs agravo. O Relator do AResp 440.932, Min. Reynaldo Soares da Fonseca, não conheceu do agravo. 5. Contra essa decisão, foram opostos embargos declaratórios, rejeitados. 6. Na sequência, a defesa apresentou agravo regimental, não

não apenas os seus fundamentos conceituais e a sua natureza jurídica, como também o seu âmbito de incidência; e, evidentemente, diversos pontos antagônicos de notável significado e expressão.

Buscamos, portanto, o enfrentamento de temas que, *de per si*, atestam a dimensão e a importância da temática da prescrição penal; à vista disso, o grande Professor René Ariel Dotti inaugura o sexto volume – em seu magnífico estudo intitulado de "Variações sobre a prescrição na busca de um tempo perdido" – a partir de uma abordagem da obra "Em busca do tempo perdido (*À la recherche du temps perdu*)", de Marcel Proust, demonstrado que essa magistral obra literária desse genial escritor não perdeu atualidade ou substância, ao asseverar que a memória é acionada, involuntariamente, por provocação da realidade objetiva acerca de pessoas, coisas e situações. O Professor René Ariel Dotti propõe interessantíssimas reflexões a respeito do instituto da prescrição, ao analisar vários e relevantes aspectos do tema (as teorias da prescrição; a sua evolução legislativa; a prescrição baseada na pena concreta e presumida – pontos favoráveis e contrários;

---

conhecido, e, sucessivamente, dois embargos declaratórios. Os primeiros embargos foram rejeitados e os segundos foram acolhidos 'para declarar a extinção da punibilidade do recorrente pela prescrição da pretensão punitiva estatal, em conformidade com o disposto nos arts. 107, IV; 109, V; e 110, § 1º, todos do CP'. 7. Nesse contexto, o MP opôs novos embargos declaratórios, acolhidos, 'com efeitos infringentes, para afastar o reconhecimento da extinção da punibilidade pela prescrição da pretensão punitiva estatal e determinar a certificação do trânsito em julgado do acórdão local e a execução das penas impostas ao embargado'. 8. Neste *habeas corpus*, a parte impetrante sustenta a prescrição da pretensão punitiva do Estado. Sustenta que, ao contrário do que decidiu a autoridade impetrada, o recurso especial inadmitido na origem – mesmo quando a decisão de inadmissibilidade for confirmada pelo STJ – não interrompe a contagem do prazo prescricional. 9. Com essa argumentação, requer a concessão da ordem a fim de 'reconhecer que a inadmissibilidade do Recurso Especial pelo Tribunal de Origem confirmada pelo STJ, não tem o condão de interromper a prescrição, sobretudo para retroagir à data do último dia para interposição do Especial'. Decido. 10. O *habeas corpus* não deve ser concedido. 11. O acórdão impugnado alinha-se à orientação jurisprudencial do STF no sentido de que 'recursos especial e extraordinário indeferidos na origem, porque inadmissíveis, em decisões mantidas pelo STF e pelo STJ, não têm o condão de empecer a formação da coisa julgada'. Sendo assim, tendo a condenação transitado em julgado em momento anterior ao término do prazo prescricional, considerada a pena em concreto aplicada, não há que se falar em extinção da punibilidade pela prescrição da pretensão punitiva (ARE 732.931-AgR-ED, Rel. Min. Dias Toffoli). 12. Na hipótese de que se trata, consoante assentou o STJ, 'a coisa julgada está formada, devendo retroagir ao fim do prazo para a interposição do recurso especial, que na hipótese ocorreu em 24/4/2013'. Transcrevo, nesse sentido, as seguintes passagens do voto condutor do acórdão impugnado: '(...). Com efeito, de fato, por ocasião do julgamento do EARESP n. 386.266, a 3ª Seção, por maioria de votos, assentou entendimento no sentido de que, inadmitido o recurso especial pelo Tribunal de origem, em decisão mantida pelo STJ, há a formação da coisa julgada, que deverá retroagir à data do término do prazo para interposição do último recurso cabível. No caso, esta Relatoria não conheceu do agravo interposto da decisão de inadmissão do recurso especial nestes termos (e-STJ fls. 382/384): (…). Em recursos subsequentes, a decisão foi mantida intacta pelo colegiado da 5ª Turma. Portanto, tal como pacificado nesta Corte, a coisa julgada está formada, devendo retroagir ao fim do prazo para a interposição do recurso especial, que na hipótese ocorreu em 24/4/2013. Assim, à míngua da interposição de recurso especial válido, a hipótese não permite o reconhecimento da extinção da punibilidade pela prescrição da pretensão punitiva, uma vez que a coisa julgada se concretizou ainda na instância ordinária. Determino, dessa forma, a certificação do trânsito em julgado da decisão de e-STJ fls. 312/330 e a imediata comunicação do presente julgamento ao TJDFT para que tome as providências que entender necessárias no tocante ao início da execução das penas impostas a H.L.S.G., nos termos da Resolução n. 113/2007 – CNJ, com a redação dada pela Resolução n. 180/2013 (arts. 8º/11). Ante o exposto, acolho os embargos de declaração com efeitos infringentes para afastar o reconhecimento da extinção da punibilidade pela prescrição da pretensão punitiva estatal e determinar a certificação do trânsito em julgado do acórdão local e a execução das penas impostas ao embargado.' 13. Diante do exposto, inexistindo contrariedade à orientação do STF, com base no art. 192 do RI/STF, denego a ordem. Publique-se. (...)". Min. Luís Roberto Barroso Relator (*HC* 145829, Rel.: Min. Roberto Barroso, j. 9.8.17).

a duração razoável do processo; entre outros), para, enfim, alertar, criticamente, sobre uma proposta de nova mutilação em virtude do recrudescimento do ideal punitivista.

Por sua vez, o jurista espanhol, Sergi Cardenal Montraveta, traz relevante abordagem no campo da prescrição penal: a suspensão do prazo da prescrição a partir do nº 2 do artigo 134, introduzido pela Lei Orgânica 1/2015, de 30 de março, que alterou a Lei Orgânica 10/1995 de 23 de novembro, que altera o Código Penal espanhol. Com o artigo intitulado "La regulación española de la suspensión del cómputo de la prescripción de la pena", o autor parte de uma análise dos fundamentos de que a prescrição da pena é uma causa da extinção de responsabilidade criminal que é produzida pelo curso dos períodos especificados, calculado de acordo com os critérios decorrentes das disposições do Código Penal e no resto do regulamento relativo à execução das sentenças penais e da execução da pena. Após tais considerações, começa a expor a regulamentação espanhola da suspensão do cálculo do prazo de prescrição, na qual demonstra a suspensão da execução da pena como uma causa suspensiva da prescrição, e a conformidade de outras sanções como uma causa de suspensão da prescrição.

A seguir, a Professora Maria Elizabeth Queijo, ainda uma vez, nos oferece um brilhante estudo acerca da prescrição penal nos delitos ambientais atribuídos à pessoa jurídica, que versa, *grosso modo*, sobre a prescrição – no que respeita aos delitos ambientais atribuídos à pessoa jurídica – dever ser regida pelo artigo 114, inciso I, do Código Penal, seja quanto à prescrição da pretensão punitiva *in abstracto*, ou *in concreto*, seja quanto à prescrição da pretensão executória. Em face da aplicação direta de pena restritiva de direito à pessoa jurídica e da lacuna normativa identificada a respeito na Lei Ambiental, a integração normativa – sustenta a Professora Maria Elizabeth – deverá ser encaminhada pelo Código Penal, pela disciplina mais benéfica ao imputado, em obediência ao princípio da legalidade, que proíbe a analogia *in malam partem*. E, no corpo de seu excelente artigo, a consagrada Professora defende tal postura de modo claro e cientificamente perfeito.

O Professor Vladimir Giacomuzzi discute, com profundidade e exatidão científicas, a recente decisão do Supremo Tribunal Federal – a qual, ao deliberar sobre questão de ordem suscitada por ocasião do julgamento do RE nº 966.177/RS, suspendeu o curso da prescrição punitiva que envolvia a acusação de prática de fato previsto no artigo 50, *caput*, da LCP (DL nº 3.688/41) –, a partir do seguinte enfoque básico: teria a Suprema Corte interferido indevidamente em matéria de competência exclusiva e privativa do Poder Legislativo, criando nova causa impeditiva do prazo prescricional?

Com o lançamento deste novo volume da obra "Prescrição penal", esperamos poder contribuir, novamente, para o estudo de um instituto de tamanha importância e, sobretudo, tão controvertido no âmbito do Direito Penal; e que – como se pôde depreender desde o primeiro volume desta coletânea – está sempre sujeito a novas discussões e interpretações, especialmente em face de recorrentes mudanças legislativas.[3]

Postas as coisas deste modo, pretendemos, pois, continuar prestando nosso auxílio a todos os profissionais que militam na área do Direito Criminal, muito particularmente aos estudantes. Temos, derradeiramente, de agradecer, sem sombra de qualquer dúvida, à infatigável dedicação do colega André da Rocha Ferreira e às acadêmicas Andressa de Bittencourt Siqueira da Silva, Júlia Mariano Hillesheim e Jade Camboim, que deram a sua cota de contribuição a esta obra.

---

[3] Dada esta situação, não podem causar estranheza algumas inovações pretendidas pelo PL 4850/16 (que estabelece medidas contra a corrupção e demais crimes contra o patrimônio público e combate o enriquecimento ilícito de agentes públicos; aliás, trata-se de proposição de iniciativa popular que, no presente, aguarda apreciação pelo Senado Federal), entre as quais se destaca: "Art. 14. Os §§ 110, 112, I, 116 e 117 do DL 2.848, de 7 de dezembro de 1940, passam a vigorar com a seguinte redação: 'Art. 110. A prescrição depois de transitar em julgado a sentença condenatória regula-se pela pena aplicada e verifica-se nos prazos fixados no artigo anterior, acrescidos de 1/3. § 1º A prescrição, a partir da sentença condenatória com trânsito em julgado para a acusação ou depois de improvido seu recurso, e antes do trânsito em julgado definitivo do feito, regula-se pela pena aplicada, sendo vedada a retroação de prazo prescricional fixado com base na pena em concreto.' (NR) 'Termo inicial da prescrição após a sentença condenatória irrecorrível. Art. 112. Depois de transitar em julgado a sentença condenatória, a prescrição começa a correr: I – do dia em que transita em julgado, para todas as partes, a sentença condenatória ou a que revoga a suspensão condicional da pena ou o livramento condicional; [...].' (NR) 'Causas impeditivas da prescrição: Art. 116. Antes de passar em julgado a sentença final, a prescrição não corre: [...] II – enquanto o agente cumpre pena no estrangeiro; III – desde a interposição dos recursos especial e/ou extraordinário, até a conclusão do julgamento. § único. Depois de passada em julgado a sentença condenatória, a prescrição não corre durante o tempo em que o condenado está preso por outro motivo, foragido ou evadido.' (NR) 'Causas interruptivas da prescrição. Art. 117. O curso da prescrição interrompe-se: I – pelo oferecimento da denúncia ou da queixa; [...] IV – pela sentença ou acórdão condenatórios recorríveis ou por qualquer decisão monocrática ou acórdão que julgar recurso interposto pela parte; [...] VII – pelo oferecimento de agravo pedindo prioridade no julgamento do feito, pela parte autora, contra a demora do julgamento de recursos quando o caso chegou à instância recursal há mais de 540 dias, podendo o agravo ser renovado após decorrido igual período.' (NR) Art. 15. O art. 337-B do CP passa a vigorar com o acréscimo do § 2º a seguir: 'Art. 337-B. [...] § 2º O prazo prescricional do crime previsto neste dispositivo computar-se-á em dobro'."

Tema I

Variações sobre a prescrição na busca de um tempo perdido

René Ariel Dotti

I. Introdução

1. A OBRA CLÁSSICA DE MARCEL PROUST

Em busca do tempo perdido (*À la recherche du temps perdu*), de **Marcel Proust** (1871-1922), é um dos maiores clássicos da literatura mundial. Na autorizada opinião do escritor, poeta e jornalista **Mendes Campos** (1922-1991), essa notável criação do espírito humano "só pode ser comparada a uma imensa bacia hidrográfica, a amazônica, por exemplo, com o caudaloso e o eixo principal, a rede de afluentes, os canais, os igapós, os igarapés, um profuso imbricamento aquático, um dédalo fluvial".[1]

Publicada em sete volumes, entre 1913 e 1927, em muitas e muitas páginas[2] a obra não perdeu atualidade porque chama o passado não pela inteligência, mas em função da memória acionada involuntariamente por provocação da realidade objetiva acerca de pessoas, coisas e situações. Essa conclusão é demonstrada pelo trecho do primeiro volume, *No caminho de Swann*: "É assim com nosso passado. Trabalho perdido evocá-lo, todos os esforços de nossa inteligência permanecem inúteis. Está ele oculto, fora do seu domínio e de seu alcance, em algum objeto material (na sensação que nos daria esse objeto material) que nós nem suspeitamos. Esse objeto, só do acaso depende que o encontremos antes de morrer, ou que não o encontramos nunca".[3]

Em determinada passagem do texto, o autor lança dúvida sobre a possibilidade de lembrar – somente com a razão – atos ou fatos de sua vida que pretende reconstruir, envoltos na própria sensação original. E indaga: "Chegará até a

---

[1] MENDES CAMPOS, Paulo. Recensão de *Em busca do tempo perdido,* Marcel Proust, em *As obras primas que poucos leram*. Organização de Heloisa Seixas, Rio de Janeiro: Record, 2005, vol. I, p. 55.

[2] Mais precisamente, 2.846 (duas mil oitocentas e quarenta e seis) páginas, impressas com o selo da Editora Globo S/A, nos seguintes volumes: "No caminho de Swann"; "À sombra das raparigas em flor"; "O caminho de Guermantes"; "Sodoma e Gomorra"; "A prisioneira"; "A fugitiva"; e "O tempo redescoberto". Com exceção dos dois primeiros, editados em 1990, os demais volumes vieram a lume em 1989.

[3] *Em busca do tempo perdido, No caminho de Swann,* 3ª ed. Trad. de Mario Quintana. São Paulo: Editora Globo, 2006, p. 71). (Os destaques em itálico são meus).

superfície de minha clara consciência essa recordação, esse instante antigo que a atração de um instante idêntico veio de tão longe solicitar, remover, levantar no mais profundo de mim mesmo? Não sei. Agora não sinto mais nada, parou, tornou a descer talvez; quem sabe se jamais voltará a subir do fundo de sua noite? Dez vezes tenho de recomeçar, inclinar-me em sua busca. E, de cada vez, a covardia que nos afasta de todo trabalho difícil, de toda obra importante, aconselhou-me a deixar daquilo, a tomar meu chá pensando simplesmente em meus cuidados de hoje, em meus desejos de amanhã, que se deixaram ruminar sem esforço. E, de súbito, a lembrança me apareceu. Aquele gosto era do pedaço de madalena[4] que nos domingos de manhã em Combray (pois nos domingos eu não saía antes da hora da missa) minha tia Léonie me oferecia, depois de o ter mergulhado em seu chá da Índia ou de tília, quando ia cumprimentá-la em seu quarto".[5]

No entanto, a possibilidade da recordação é possível ainda quando tenham desaparecido referências que permitiriam alcançar a consciência. É o que nos diz PROUST, em outra parte de *No caminho de Swann*:[6] "Quando nada mais subsiste de um passado remoto, após a morte das criaturas e a destruição das coisas, sozinhos, mais frágeis porém mais vivos, mais imateriais, mais persistentes, mais fiéis, o odor e o sabor permanecem ainda por muito tempo, como almas, lembrando, aguardando, esperando sobre as ruínas de tudo o mais, suportando sem ceder, em sua gotícula impalpável, o edifício imenso da recordação".[7]

Referindo-se algumas coordenadas principais de *La Recherche*, **Mendes Campos** interpreta o fenômeno da memória na obra proustiana: "Só a memória salva, mas a memória involuntária que refaz toda uma fase perdida, e permite o retorno aos paraísos perdidos". (...). "Era a luta e a vitória do Espírito contra o Tempo. A vida interior é incompreensível à inteligência. Para demonstrar isso, Proust criou um sistema lógico, com as leis próprias da vida afetiva, em contraposição às leis do raciocínio. Como o criador da psicanálise, mostrou que o mundo do inconsciente é de uma vastidão ilimitada, iluminado pela pequena luz da consciência. Seu intento é revelar a imagem do universo deformado pela inteligência".[8]

Na coletânea *1001 livros para ler antes de morrer,* a professora catedrática de Francês do Departamento de Inglês da Universidade de Sussex, **Céline Surprenant**, comentando acerca da "memória involuntária", conclui que as "súbitas viagens ao passado são produzidas por encontros fortuitos no presente, os quais trazem à tona sensações, percepções e lembranças desde muito perdidas".[9]

---

[4] Etimologia, francês: *madeleine*. "Culinária. Bolinho de forma ovalada, cuja massa mole faz que tenha, depois de assado, a superfície inchada e com estrias". (Dicionário Houaiss.) (A nota de rodapé é minha.)

[5] Ob. cit., p. 73. (Os destaques são meus.)

[6] "Swann, homem muito fino, colecionados de obras de arte, leitor cultivado, frequentador dos principais salões de Paris" (Do Prefácio de Guilherme Ignácio da Silva, São Paulo: Globo, 2006, v. I. p. 8).

[7] Ob. cit., p. 73-74. (*Idem*).

[8] Ob. cit., p. 56.

[9] *1001 Books You Must Read Before You Die*, editor geral Peter Bowall, trad. de Ivo Koytowski [et alii], Rio de Janeiro: Sextante, 2010, p. 325.

Essas reflexões demonstram que somente pela *imaginação* – reserva indevassável da alma – e pela *lembrança*, que constitui o domínio espiritual do passado,[10] é possível *recriar* o tempo que não mais existe e fruir novas emoções justificando o antigo pensamento: *recordar é viver*.

2. A ATUALIDADE DO PENSAMENTO DE RUY BARBOSA

Nunca como nos dias correntes as lições de **Ruy Barbosa** (1849-1923) são revigoradas como verdades que a viragem do tempo não esmaeceu. Em sua antológica *Oração aos Moços*, redigida como paraninfo da Turma de 1920 da Faculdade de Direito de São Paulo,[11] aconselhando os jovens que, entre as carreiras do Direito, poderiam optar pela magistratura, o sublime **Ruy Barbosa**[12] salientou ser essa "a mais eminente das profissões a que um homem se pode entregar neste mundo" e, após tecer outras considerações elogiosas, deixou para a posteridade a seguinte advertência: "Mas justiça atrasada não é justiça, senão injustiça qualificada e manifesta. Porque a dilação ilegal nas mãos do julgador contaria o direito escrito das partes, e, assim, as lesa no patrimônio, honra e liberdade. Os juízes tardinheiros são culpados, que a lassidão comum vai tolerando. Mas sua culpa tresdobra com a terrível agravante de que o lesado não tem meio de reagir contra o delinquente poderoso, em cujas mãos jaz a sorte do litígio pendente. Não sejais, pois, desses magistrados, nas mãos de quem os autos penam como as almas do purgatório ou arrastam sonos esquecidos como as preguiças do mato".

3. O DECURSO DO TEMPO E A INÉRCIA DO ESTADO

A prescrição é um dos temas clássicos do Direito Penal, provocando discussões intermináveis porque revela, na história das instituições sociais e jurídicas, uma contradição permanente entre dois sentimentos da alma popular: a punição e o esquecimento. O curso do tempo esmaece ou apaga a lembrança do fato punível fazendo cessar o alarma e o desequilíbrio social causados pelo crime. Em um de seus imortais escritos, **Nélson Hungria** (1891-1969) – líder intelectual e coordenador da comissão que redigiu o Código Penal de 1940 – adverte que a justiça demasiadamente tardia "não pode alcançar o apoio da certeza que legitima uma

---

[10] GUIMARÃES ROSA, João (1908-1967), *Grande sertão: veredas*: "O que lembro, tenho".

[11] Em face da impossibilidade de comparecimento do *Águia de Haia* à respectiva cerimônia, realizada no dia 29 de março de 1921, o texto do discurso foi lido pelo notável Professor **Reinaldo Porchat** (1868,1953), catedrático de Direito Romano da então chamada Academia de Direito de São Paulo, hoje Faculdade de Direito da USP.

[12] Quanto ao prenome (Ruy ou Rui) adoto a primeira forma que, aliás, era a grafada pelo imortal *Águia de Haia*, como se pode verificar em manuscritos e outros documentos contendo a sua assinatura. O seu maior biógrafo, Rubem Nogueira (1913-2010), assim procedeu em obras premiadas: *O advogado Ruy Barbosa*, RJ: Gráfica Olímpica Editora, 1949 e *História de Ruy Barbosa*, Salvador: Livraria Progresso Editora, 1957. É lamentável que um imenso volume de textos em nosso país não obedeça a regra de que a grafia dos nomes próprios é imutável.

condenação. E ainda mesmo que haja intervindo, sem subsequente cumprimento, a condenação do réu, a pena, com o transcurso do tempo, acaba por perder o seu cunho de necessidade e o seu caráter finalístico: sua serôdia execução já não seria um ato de justiça profícua, mas um simples capricho da vingança".[13] Verifica-se, portanto, que o fenômeno social e jurídico da prescrição no campo criminal ocorre pela confluência de dois fatores determinantes: o decurso do tempo e a inércia do Estado. Nesse rumo são as lições de mestres notáveis como **Beviláqua** (1859-1944) "Prescrição é a perda da ação atribuída a um direito, e de toda a sua capacidade defensiva, em consequência do não uso delas, durante um determinado espaço de tempo".[14] E, por seu turno, **Aníbal Bruno** (1890-1976) ensina que a prescrição no Direito Penal "é esta ação extintiva da punibilidade que exerce o decurso do tempo, quando inerte o poder público na repressão do crime".[15]

No parecer acolhido no julgamento plenário do Supremo Tribunal Federal, do RECr. 104-474, relatado pelo Ministro **Néri da Silveira**, o então Subprocurador-Geral da República **Francisco de Assis Toledo** (1928-2001) observou muito bem: "5. Com o fluir do tempo ('tudo cura o tempo, tudo faz esquecer, tudo gasta, tudo digere, tudo acaba' diria o grande Pe. Vieira), a pena criminal, como resposta do Estado do crime cometido, tem o seu grau de necessidade paulatinamente desgastado, seja do ponto de vista da retribuição, seja do aspecto da prevenção geral ou especial, seja, finalmente, sob a perspectiva da reintegração social do criminoso. Por isso é que as normas de direito penal estabelecem diante de certos lapsos temporais, a impossibilidade de ter prosseguimento ou de se instaurar o processo de execução".[16]

4. TEORIAS SOBRE A PRESCRIÇÃO CRIMINAL

Em outra passagem da obra já referida, **Hungria** indica as várias teorias que procuram justificar essa causa extintiva da punibilidade sob a perspectiva de Política Criminal; algumas inaceitáveis e outras mais ou menos procedentes. São elas: "*teoria da prova* (só referível à prescrição *ante sententiam*), que remonta a **Christian Thomasius** (1655-1728) e de cujo argumento fundamental já nos valemos acima (com a subversão da prova da certeza histórica, desaparece a possibilidade da pena justa, que é unicamente a que se irroga em face do crime plenamente provado); *teoria da readaptação* ou da *praesumptio vitae emendatae* (deve-se presumir a emenda do criminoso que, durante mais ou menos longo período de tempo, não cometeu outro crime); *teoria da expiação moral ou indireta* (presume-se que o remorso e as atribulações que sofre o delinquente, no curso do

---

[13] *Novas questões jurídico-penais*, Rio de Janeiro: Editora Nacional de Direito, 1945, p. 112.

[14] BEVILÁQUA, Clovis. *Teoria Geral do Direito Civil*, atualizada por Achilles e Isaias Bevilaqua, Rio de Janeiro: Livraria Francisco Alves, 7. ed., 1955, p. 268.

[15] *Direito Penal – Parte Geral*, Rio de Janeiro: Forense, tomo 3º, p. 209.

[16] Em NUNES FERREIRA, José. *Súmulas do Supremo Tribunal Federal (Atualizadas e anotadas)*. 3. ed., São Paulo: Saraiva, 1992, p. 109.

tempo da prescrição, representam como um substitutivo da pena); *teoria do esquecimento* (a sociedade, com o decurso do tempo, olvida o crime, de modo que a reação penal já não atenderia à sua finalidade, que é, principalmente, o escarmento público); *teoria psicológica* (o decurso do tempo elimina o nexo psicológico entre o fato criminoso e o agente, e, assim, a pena vem a perder o seu valor e escopo); *teoria da equidade* (só motivos de equidade justificam a prescrição penal); *teoria do interesse diminuído* (com o transcorrer do tempo, o interesse de punir vai de tal modo se atenuando que, a uma certa altura, já não tem mais razão de ser a efetiva punição); *teoria da extinção dos efeitos antijurídicos* (a ação do tempo, mesmo sem a reação penal, resulta na eliminação dos efeitos anti-jurídicos do fato criminoso); *teoria da analogia civilística* (aquisição do direito à impunidade, pela inação ou negligência dos órgãos incumbidos da reação penal, por parte do Estado").[17]

II. Evolução legislativa

5. O CÓDIGO CRIMINAL DO IMPÉRIO

O Código Criminal do Império (1830) proclamava que as penas impostas aos réus não prescreveriam em tempo algum (art. 65). O dispositivo se referia à prescrição da *condenação*, posto que a prescrição da *ação* era regulada pela legislação processual, que a previa no *Código do Processo Criminal de Primeira Instância do Imperio do Brazil* (Lei de 29.11.1832, artigos 54/57).

Marques Perdigão, um dos comentadores daquele diploma, após indicar alguns sistemas estrangeiros acolhendo ou rejeitando a prescrição da condenação, salienta que o "nosso Código parece ter receiado a impunidade nesse caso, o que aliás tem por si muito boas razões segundo alguns. Entretanto o grande criminalista **Boitard** (n. 868) diz isto: 'A Lei pensa que 20 annos de exilio, de fuga, de angustias, de inquietação bastam amplamente em geral à vindicta publica. Pensa sobretudo, na maior parte dos casos, que 20 annos decorridos na vida do homem arrebataram nelle o que podia ter de perigoso para a sociedade, quer pela influencia da idade que diminui os meios de prejudicar, quer também porque, em grande número de crimes, as mesmas circumstancias, as mesmas paixões que o levaram a pratical-os terão desaparecido e estarão amortecidos com o tempo'."[18] O rigor da proibição foi contestado por um outro notável mestre, o Desembargador **Paula Pessôa** (1828-1889): "O nosso Codigo, nesta parte, diverge de muitas das nações civilisadas, e parece que sem razão; por isto que, constituindo a prescripção uma excepção de Direito publico, devendo por isto mesmo ser invocada em todo o

---
[17] Ob. cit., p. 113.
[18] MARQUES PERDIGÃO, Carlos Frederico, *Manual do Código Penal Brazileiro*, Rio de Janeiro: B.L. Garnier Livreiro-Editor, 1882, tomo I, p. 292. (Mantida a ortografia original.)

estado da causa, não é conveniente fazer uma distincção em termos tão absolutos".[19]

6. OS CÓDIGOS POSTERIORES

6.1. O Código Penal de 1890

O Código Penal da primeira República (1889-1930), instituído pelo Decreto nº 847, de 11 de outubro de 1890, admitiu a prescrição da condenação, no título que tratou da extinção e suspensão da ação penal e da condenação (art. 71, 4º). A matéria foi regulada pelos artigos 78 a 85.

Macedo Soares (1863-1911) lembra que, antes de ser incluída no Código, a prescrição da condenação já havia sido consagrada pelo Decreto nº 774, de 20 de setembro de 1890, "que alterou a legislação precedente, inspirada nas doutrinas de **Jeremias Bentham** (1748-1832) e incursa na censura de identificar a natureza da prescripção penal com a da prescripção civil".[20]

Comentando os fundamentos dessa causa de extinção de punibilidade e a sua precisão terminológica, **Costa e Silva** (1866-1942) leciona que, transcorrido certo espaço de tempo, previamente fixado em lei, "renuncia o Estado ao direito de punir factos criminosos antes praticados. A cessação do poder punitivo do Estado, em consequencia do lapso de tempo decorrido, é o que se chama – prescripção criminal. Commummente se fala em prescripção do crime, da acção penal ou da condemnação. Esta hoje reconhecida a impropriedade dessa linguagem. Objecto da prescripção é o direito que o Estado tem de punir, de impôr e executar a pena".[21]

6.2. A consolidação das leis penais

A natural profusão de leis durante o período republicano e as tendências muito vivas no sentido da revisão do Código Penal 1890 levaram o Governo a promover uma consolidação das leis existentes. Havia dificuldades não somente de aplicação das leis extravagantes como também de seu próprio conhecimento.

Na Exposição de Motivos ao Decreto nº 22.213, de 14.12.1932, o Chefe do Governo Provisório admitia o malogro das várias tentativas de reforma do Código Penal brasileiro "que ora se empreende e ainda tardará em ser convertida em lei, não obstante a dedicação e competência da respectiva Subcomissão Legislativa".

---

[19] PAULA PESSOA. Vicente A. de. *Codigo Criminal do Imperio do Brazil*, Rio de Janeiro: Livraria Popular, 1877, p. 120, nota (251 a). (Mantida a ortografia original.)

[20] MACEDO SOARES, Oscar de. *Codigo Penal da Republica dos Estados Unidos do Brasil*, Rio de Janeiro: Livraria Garnier, 1910, p. 188. (Mantida a ortografia original.)

[21] COSTA E SILVA, Antonio José da. *Codigo Penal dos Estados Unidos do Brasil*, São Paulo: Companhia Editora Nacional, 1938, v. II, p. 371. (Mantidas a ortografia e a acentuação originais.)

A grande obra realizada pelo Desembargador **Vicente Piragibe** (1879-1959) manteve as regras da prescrição e outras disposições do "caluniado Código de 1890", na expressão crítica de **Hungria** ao defender muitos de seus aspectos.

6.3. O Código Penal de 1940 (Dec.-lei nº 2.848, de 07.12.1940)

Os dispositivos constantes do *ancien régime* que interessam ao tema do presente artigo tinham a seguinte redação:

Prescrição, antes de transitar em julgado a sentença final.

Art. 109. A prescrição, antes de transitar em julgado a sentença final, salvo o disposto no parágrafo único do art. 110, regula-se pelo máximo da pena privativa de liberdade cominada ao crime, verificando-se: (...)

Prescrição, depois de transitar em julgado a sentença final condenatória

Art. 110. A prescrição, depois de transitar em julgado a sentença condenatória, regula-se pela pena imposta e verifica-se nos prazos fixados no artigo anterior, os quais se aumentam de um terço, se o condenado é reincidente.

Prescrição, no caso de sentença condenatória, de que somente o réu tenha recorrido

Parágrafo único. A prescrição, depois de sentença condenatória de que somente o réu tenha recorrido, regula-se tambem pela pena imposta e verifica-se nos mesmos prazos.

Termo inicial da prescrição antes de transitar em julgado a sentença final

Art. 111. A prescrição, antes de transitar em julgado a sentença final, começa a correr:

(a) do dia em que o crime se consumou;

(b) no caso de tentativa, do dia em que cessou a atividade criminosa;

(c) nos crimes permanentes ou continuados, do dia em que cessou a permanência ou a continuação;

(d) nos de bigamia e nos de falsificação ou alteração de assentamento do registro civil, da data em que o fato se tornou conhecido.

Termo inicial da prescrição após a sentença condenatória irrecorrível

Art. 112. No caso do art. 110, a prescrição começa a correr:

(a) do dia em que passa em julgado a sentença condenatória ou a que revoga a suspensão condicional da pena ou o livramento condicional;

(b) do dia em que se interrompe a execução, salvo quando o tempo da interrupção deva computar-se na pena.

Prescrição no caso de evasão do condenado ou de revogação do livramento condicional

Art. 113. No caso de evadir-se o condenado ou de revogar-se o livramento condicional, a prescrição é regulada pelo tempo que resta da pena.

Prescrição no caso de multa

Art. 114. A prescrição opera-se em dois anos, quando a pena de multa foi a única imposta ou é a que ainda não foi cumprida.

Redução dos prazos da prescrição

Art. 115. São reduzidos de metade os prazos da prescrição, quando o criminoso era, ao tempo do crime, menor de vinte o um ou maior de setenta anos.

Causas impeditivas da prescrição

Art. 116. Antes de passar em julgado a sentença final, a prescrição não corre:

I – enquanto não resolvida, em outro processo, questão de que dependa o reconhecimento da existência do crime;

II – enquanto o agente cumpre pena no estrangeiro.

Parágrafo único. Depois de passada em julgado a sentença condenatória, a prescrição não corre durante o tempo em que o condenado está preso por outro motivo.

Causas interruptivas da prescrição

Art. 117. O curso da prescrição interrompe-se:

I – pelo recebimento da denúncia ou da queixa;

II – pela pronúncia;

III – pela decisão confirmatória da pronúncia;

IV – pela sentença condenatória recorrível;

V – pelo início ou continuação do cumprimento da pena;

VI – pela reincidência.

§ 1° Salvo o caso do n. VI, a interrupção da prescrição produz efeito relativamente a todos os autores do crime. Nos crimes conexos, que sejam objeto do mesmo processo, estende-se aos demais a interrupção relativa a qualquer deles.

§ 2° Interrompida a prescrição, salvo a hipótese do n. V, todo o prazo começa a correr, novamente, do dia da interrupção.

Absorção das penas mais leves

Art. 118. As penas mais leves prescrevem com as penas mais graves.

Imprescritibilidade da pena acessória

Parágrafo único. É imprescritível a pena acessória imposta na sentença ou resultante da condenação.

6.4. O Código Penal de 1969

O Código Penal de 1969 (Dec.-lei n° 1004, de 21.10.1969), promulgado pela Junta Militar que governava o Brasil,[22] eliminou expressamente a prescrição retroativa, estabelecendo que, "depois da sentença condenatória de que somente o réu tenha recorrido, regula-se também, *daí por diante*, pela pena imposta e verifica-se nos mesmos prazos" (§ 1° do art. 111). Aplaudindo aquela mutilação do instituto, assim afirmou a Exposição de Motivos: "Termina-se, assim, com a teoria brasileira da prescrição pela pena em concreto, que é tecnicamente insustentável e que compromete gravemente a eficiência e a seriedade da repressão"[23] (item 37).

---

[22] Cf. o Ato Institucional n° 12, de 31.08.1969, em face da doença do Presidente da República, Marechal Arthur da COSTA E SILVA, os Ministros da Marinha de Guerra, do Exército e da Aeronáutica, respectivamente, Augusto Hamann RADEMAKER GRÜNEWALD, Aurélio de LYRA TAVARES e Márcio de SOUZA E MELLO, assumiram as funções presidenciais.

[23] Item 37. A Exp. Mot. foi assinada pelo Ministro da Justiça, ALFREDO BUZAID (1914-1991).

6.5. A Lei nº 6.016, de 31.12.1973

Com o objetivo de aprimorar o novo diploma, o Governo encaminhou ao Congresso Nacional o Projeto de Lei nº 1.457/1973, com mensagem lida na sessão de 28.08. 1973.[24] Inovando em relação ao procedimento legislativo anterior, o Senado Federal constituiu uma Comissão Revisora, da qual foi relator o senador **Accioly Filho**. Sua notável obra foi muito justamente reconhecida pelo Senador Franco Montoro como um esforço "verdadeiramente beneditino", pela colheita e difusão de ideias em vários centros intelectuais do país, como universidades, tribunais, associações da Magistratura e do Ministério Público, Ordem dos Advogados do Brasil e institutos de Advogados. Em 16.11.1973, o pranteado Senador paranaense apresentou um substitutivo como fruto daquele perseverante e lúcido trabalho. Aprovado no Senado, o substitutivo foi rejeitado pela Câmara dos Deputados, que preferiu ficar com a proposta do Governo. A Nação brasileira perdeu um patrimônio jurídico de grande relevo, posto que sintetizou, através de um grande número de emendas, as tendências mais vivas e ilustradas do pensamento brasileiro.[25]

Apesar das restrições ditadas pelo regime autoritário, a Lei nº 6.016/1973 restabeleceu a orientação mais generosa de modo a permitir a contagem do prazo prescricional a partir da data do fato punível. *Verbis*: "**Art. 110.** (...). § 1º A prescrição, depois da sentença condenatória com trânsito em julgado para a acusação, regula-se, também, pela pena imposta e verifica-se nos mesmos prazos". Excluiu-se a fórmula redutora "daí por diante".[26]

6.6. A Lei nº 6.416, de 24.05.1977

Introduzindo várias modificações no quadro da execução das penas privativas de liberdade e de multa, na redefinição dos institutos da reincidência, do *sursis*, do livramento condicional, na aferição da periculosidade, na criação de causa de perdão judicial etc., a Lei 6.416/1977, alterou radicalmente a orientação judiciária estabelecida pela interpretação da Súmula nº 146 do Supremo Tribunal Federal,[27] quanto à admissão da fluência do prazo anterior ao recebimento da denúncia ou queixa. A lei nova substituiu o parágrafo único do artigo 110, pelas seguintes disposições: "§ 1º. A prescrição, depois da sentença condenatória com trânsito em julgado para a acusação. Regula-se, também, pela pena aplicada e verifica-se nos mesmos prazos. § 2º. A prescrição, de que trata o parágrafo anterior,

---

[24] Sobre a tramitação do aludido *disegno di legge*, vide *Código Penal, histórico da Lei 6.016, de 1973*, edição do *Senado Federal*, Brasília, 1974.

[25] Sobre as propostas de modificação discutidas pela Comissão do Senado, vide DOTTI, René Ariel. *Curso de Direito Penal – Parte Geral*, 5ª ed., rev., atual. e ampl., com a colaboração de Alexandre Knopfholz e Gustavo Britta Scandelari, São Paulo: Thomson Reuters/ Revista dos Tribunais, 2013, p. 298-299.

[26] O CP 1969/1973, mesmo antes da entrada em vigor, foi revogado pela Lei nº 6.578, de 11.10.1978, caracterizando o período mais longo de *vacatio legis* da história do Direito Penal brasileiro.

[27] Súmula STF, 146. "A prescrição da ação penal regula-se pela pena concretizada na sentença, quando não há recurso da acusação".

importa, tão somente, em renúncia do Estado à pretensão executória da pena principal, não podendo, em qualquer hipótese, **ter por termo inicial data anterior à do recebimento da denúncia**". Não houve qualquer outra modificação no quadro normativo da prescrição.

6.7. A Lei nº 7.209, de 11.07. 1984

O diploma introdutor da reforma da Parte Geral do Código Penal restaurou a orientação pretoriana ditada pela Súmula do Supremo Tribunal Federal, nº 146, mantendo a redação do *caput* do **artigo 110** estabelecida originalmente pelo Decreto-lei nº 2.848/1940, modificando apenas a locução "pena *imposta*" por "pena *aplicada*". Mas os respectivos parágrafos dispunham: "**§ 1º**. A prescrição, depois da sentença condenatória com trânsito em julgado para a acusação, ou depois de improvido seu recurso, regula-se pela pena aplicada; **§ 2º**. A prescrição, de que trata o parágrafo anterior[28] pode ter por termo inicial data anterior à do recebimento da denúncia ou da queixa". A amplitude do instituto, portanto, foi restaurada.

6.8. A Lei nº 12.234, de 05.05.2010

Comentando uma das 10 Medidas propostas pelo Ministério Público Federal para o combate à corrupção – a relativa ao assunto da prescrição –, tive oportunidade de afirmar que a nobre instituição "segue os rastros perniciosos da Lei 12.234/2010, que restaurou disposição da Lei 6.416/1977 para excluir a hipótese da data anterior ao recebimento da denúncia ou queixa como termo inicial para a prescrição. Assim fora consagrado pela Súmula do Supremo Tribunal Federal 146 e o parágrafo 2º do artigo 110 do Código Penal, introduzido com a Lei 7.209/1984. Com esse nefasto atraso, abriu-se a possibilidade para a violação aberta do *princípio da razoável duração do processo*. Por exemplo: a investigação pelo crime de lesão corporal leve (CP, art. 129: detenção de 3 meses a 1 ano), em caso de indiciado solto, pode ser exageradamente prolongada (por negligência funcional ou outra causa). No entanto, a denúncia ainda pode ser oferecida e recebida dias antes do limite de 4 (quatro) anos, que é o prazo da prescrição da pretensão punitiva (CP, art. 109, V). O paradoxo é intolerável: a demora para o *início da ação penal* é maior que a sanção cominada à infração!"[29]

7. HIPÓTESES DE IMPRESCRITIBILIDADE

O Código Penal, em sua redação original, estabelecia a imprescritibilidade da pena acessória imposta na sentença ou resultante da condenação em segundo

---

[28] CP, art. 110, § 1º. "A prescrição, depois da sentença condenatória com trânsito em julgado para a acusação, ou depois de improvido seu recurso, regula-se pela pena aplicada".

[29] DOTTI, René Ariel. "Prescrição e impunidade: responsabilidade pública", Boletim do *Instituto Brasileiro de Ciências Criminais*, nº 278, jan. 2016, p. 14.

grau de jurisdição (art. 118). Aquela regra não foi mantida pela Reforma de 1984 em face da eliminação das penas acessórias constantes do *ancien régime*: perda da função pública, eletiva ou de nomeação; interdições de direitos e publicação da sentença (art. 67, inc. I a III).

Inovando em relação às Cartas Políticas anteriores, a Constituição de 1988 prevê a imprescritibilidade quanto à prática do racismo e a ação de grupos armados, civis ou militares, contra a ordem constitucional e o Estado de Direito (art. 5º, XLII e XLIV).

Entendo que a imprescritibilidade, tanto da pretensão punitiva como da pretensão executória atenta contra o espírito da própria *lei fundamental* na medida em que proíbe a pena de caráter perpétuo (art. 5º, XLVII, *b*), assim considerada não somente aquela que é cominada, aplicada ou executada, mas toda e qualquer reação estatal contra o delito que configure uma *ameaça eterna* de sacrifício de bens jurídicos do infrator.

III. A Prescrição pela pena concretizada

8. A CRIAÇÃO JURISPRUDENCIAL

A evolução do instituto no Direito brasileiro revelou a tendência de ampliar as hipóteses mais favoráveis à liberdade como ocorreu com a edição da Súmula 146, do Supremo Tribunal Federal: "A prescrição da ação penal regula-se pela pena concretizada na sentença, quando não há recurso da acusação". Um dos paradigmas daquela orientação foi o julgado no *HC* nº 38.186, DJ 27.11.1961. Naquela oportunidade, o Ministro **Nélson Hungria** argumentou com lucidez: "A prescrição se regula pela pena imposta, desde que não interposta apelação pelo Ministério Público, impossibilitando uma *reformatio in pejus* e deve ser declarada se, entre o recebimento da denúncia e a própria sentença condenatória, já decorreu tempo suficiente. Concretizada a pena, com a qual concordou o Ministério Público, essa é a pena que, *ab initio*, era justa. A pena cominada *in abstracto*, a que se referia a denúncia, revelou-se, na espécie, demasiada. A pena adequada, a pena que realmente devia ter sido solicitada pelo Ministério Público, era a que veio a ser imposta pelo juiz. Assim, a prescrição deve ser entendida como relacionada, desde o princípio, à pena aplicada *in concreto*".[30]

Informa **Nunes Ferreira** que, a partir do decidido nos *Embargos em Recurso Extraordinário* nº 76.320 (RTJ 76/148), tornou-se vencedora a interpretação dita *compreensiva* do enunciado da Súmula 146, segundo a qual a prescrição deveria retroagir à data do fato.[31]

---
[30] DJU, 27.11.1961.
[31] NUNES FERREIRA, José. *Súmulas do Supremo Tribunal Federal*, cit., p. 107. Vide, também, RTJ 78/689.

IV. A prescrição pela pena presumida

9. O GRAVE PROBLEMA DA DEMORA DO PROCESSO

O congestionamento das pautas dos cartórios e das secretarias dos juízos e dos tribunais veio a comprometer a prestação jurisdicional adequada às exigências do melhor e mais rápido acesso à jurisdição. A *efetividade* das decisões judiciais pressupõe a sua eficácia temporal, vale dizer, a prestação judicial em tempo razoável.

Em artigo para uma coletânea de homenagem publicada há mais de trinta anos, o mestre **Barbosa Moreira** já lamentava a excessiva demora dos processos, afirmando que o fenômeno tem causas tão complexas e mal individuadas nos respectivos pesos pela carência de estatísticas judiciárias que "seria ambição vã querer encontrar no puro receituário processual, remédio definitivo para a enfermidade".[32] E arrolou algumas delas: "falhas da organização judiciária, deficiência na formação profissional de juízes e advogados, precariedade das condições sob as quais se realiza a atividade judicial na maior parte do país, uso arraigado de métodos de trabalho obsoletos e irracionais, escasso aproveitamento de recursos tecnológicos".[33]

Existe um círculo vicioso na administração da justiça, tanto federal como estadual. O aumento crescente das demandas, resultante da ampliação dos direitos, interesses e garantias individuais a partir da Constituição de 1988 e do progresso social, econômico e cultural do país não corresponde às possibilidades humanas e materiais de atendimento. A *carga oceânica* de processos que é despejada todos os dias nas mesas de trabalho dos magistrados é, sem dúvida, demonstração de vitalidade no exercício de direitos e interesses da cidadania. Mas, por outro lado, não se pode esperar maior celeridade e eficácia nas decisões se a União e as unidades federativas não oferecem as condições adequadas para equilibrar o processo entre o pedido e a demanda.

É preciso, porém, destacar que as pautas dos tribunais estaduais e federais estão congestionadas, também, pelos inúmeros e procrastinatórios recursos manejados por órgãos dos poderes públicos, principalmente para adiar, tanto quanto possível, o cumprimento de suas obrigações, entre elas a de pagar as indenizações que o Poder Judiciário impõe à União, aos Estados e aos Municípios.

Poucas palavras são suficientes para explicar o monumental acúmulo de feitos despachados para os tribunais tendo o poder público como o maior litigante. Basta considerar a denúncia do Presidente da Associação dos Magistrados Brasileiros, **João Ricardo Costa**: "A Justiça não consegue atender o cidadão porque os Tribunais e Comarcas estão abarrotados de processos, resultante da má prestação

---

[32] BARBOSA MOREIRA, José Carlos. "Notas sobre o problema da 'efetividade' do processo", em *Estudos de Direito Processual em homenagem a José Frederico Marques*, São Paulo: Saraiva, 1982, p. 207.
[33] Ob. e loc. cit.

de serviços regulados", registra a pesquisa "O uso da Justiça e o litígio no Brasil" (*Folha de São Paulo*, 10.08.2015). A AMB lançou em Brasília (11.08.2015) o movimento nacional "Não deixe o Judiciário parar", baseado no aludido levantamento que se refere aos anos de 2010 a 2013 em 11 unidades da Federação. "A estimativa da AMB é de que existem atualmente cerca de 105 milhões de processos na Justiça. Desses, mais de 41 milhões não deveriam estar lá e poderiam ser resolvidos pelos órgãos e empresas competentes".[34]

Sob outro aspecto, o Superior Tribunal de Justiça "compõe-se de, **no mínimo**, *trinta e três ministros*" (CF, art. 104). No primeiro ano de atividade (1989) a Corte julgou **3.711** processos, enquanto o total em 2014 foi de **390.502**![35] E a composição, apesar dos anos e da multiplicação dos feitos, é a mesma!

10. O DIREITO SUBJETIVO AO DEVIDO PROCESSO LEGAL

O *direito subjetivo*, segundo clássica acepção, é uma faculdade concedida pela ordem jurídica a uma pessoa na sociedade humana. De forma lapidar, **Beviláqua** o define como "um poder de ação assegurado pela ordem jurídica".[36] O saudoso mestre **De Plácido e Silva** (1892-1963) ensina que o Direito, em sentido subjetivo, "quer significar o *poder de ação* assegurado legalmente a toda pessoa para defesa e proteção de toda e qualquer espécie de *bens* materiais e imateriais, do qual decorre a *faculdade de exigir* a prestação ou abstenção de atos, ou o cumprimento da obrigação a que outro esteja sujeito. Chamam-no, por isso, de *facultas agendi*, porque em razão do *direito subjetivo*, de que a pessoa é titular, vem a *faculdade*, que se mostra um *poder de agir* na defesa do direito concreto ou isolado, que é de sua substância".[37]

A persecução penal movida pela União ou pelas unidades federativas está submetida ao *devido processo legal* como uma das garantias fundamentais declaradas pela Constituição Federal (art. 5º, LIV). Um dos elementos que compõem o *due process of law* é o prazo assinado para os atos do inquérito policial, da ação penal e dos recursos. Pode-se afirmar que o cidadão envolvido num procedimento criminal (suspeito, indiciado ou réu) tem o direito subjetivo de ver cumpridos os prazos impostos às autoridades e às partes que produzem os feitos. Incumbe ao juiz (ao Estado, portanto) prover a regularidade do processo (CPP, art. 251) de maneira a impedir os excessos do tempo para a produção da prova, apresentação das alegações e outros atos. Entre os deveres do magistrado está o de consignar nos autos os motivos da demora quando concluir a instrução fora do prazo, valendo a regra para acusados detidos ou em liberdade (CPP, art. 402). É certo que

---

[34] *Folha de São Paulo*, 12.08.2015.
[35] Relatório Estatístico de 2014 do STJ.
[36] *Teoria Geral do Código Civil*, cit., p. 47.
[37] DE PLÁCIDO E SILVA, Oscar Joseph *Vocabulário Jurídico*, atualizado por Nagib Slaibi Filho e Gláucia Carvalho, RJ: Forense, 22ª ed., 2003, p. 477. (Destaques em itálico do original.)

os prazos assinados pelo artigo 401 do Código (vinte ou quarenta dias após o tríduo da defesa prévia ou, em caso de desistência, da data do interrogatório ou do dia que deveria ter se realizado) se referem à inquirição das "testemunhas de acusação". Mas é curial que não se pode conceder, em contrapartida, um período proporcionalmente demasiado – no curso dos anos – para o exercício do contraditório e da ampla defesa. Contra essa tolerância arbitrária se opõem não somente o *princípio do equilíbrio de armas* como também o interesse público e geralmente do próprio réu, salvo exceções, em ver julgada a causa criminal dentro de um *tempo razoável*.

Segundo essas conclusões, o cidadão contra o qual o poder estatal conduz uma investigação preliminar ou deduz a acusação em juízo tem o direito de reivindicar, pela via legal adequada, o cumprimento da norma infringida ou a reparação do dano sofrido pela violação da regra.

Em senso contrário, os prazos processuais, salvo demora justificada, são em geral cumpridos quando se trata de indiciado ou réu preso, sob pena da declaração de ilegalidade ou abuso de poder através do *habeas corpus* (CF, art. 5º, LXVIII). Mas assim, porém, não ocorre quando ele está em liberdade. E, como é curial, o *direito de petição* e o *mandado de segurança* (CF, art. 5º, XXXIV, *a*, e LXIX) não têm a aptidão reconhecida pela jurisprudência para adimplir o cumprimento do princípio do devido processo legal.

11. UM AVANÇADO INSTITUTO DE DIREITO PENAL E PROCESSUAL PENAL

O problema administrativo do congestionamento das pautas forenses constitui um sacrifício intolerável para o destinatário da investigação ou da ação penal. Além dos ônus naturais do processo criminal, a incerteza, a inquietação e a angústia despontam como efeitos secundários e atípicos. Além desse aspecto de caráter pessoal, existem outros, de inegável interesse público: o desprestigiamento da justiça criminal e o dispêndio de tempo e energia de seus operadores. Esse ângulo da questão foi reiteradamente exposto pelas decisões singulares ou colegiadas que admitiram, durante algum tempo, uma nova hipótese de prescrição. Não mais pela pena concretizada, mas pela sanção que, em tese, seria aplicável no caso concreto. A propósito, o julgado da 4ª Câmara do extinto Tribunal de Alçada Criminal de São Paulo: "De nenhum efeito a persecução penal, com dispêndio de tempo e desgaste do prestígio da Justiça Pública, se, considerando-se a pena em perspectiva, diante das circunstâncias do caso concreto, se antevê o reconhecimento da prescrição retroativa na eventualidade de futura condenação. Falta, na hipótese, o interesse teleológico de agir, a justificar a concessão *ex officio* de *Habeas Corpus* para trancar a ação penal".[38]

---
[38] RT 669/315, rel. SÉRGIO CARVALHOZA, j. 26.02.1991.

Como se verifica, também para o nascimento dessa nova modalidade de causa extintiva da punibilidade, juntavam-se dois fatores determinantes da prescrição em geral: o tempo decorrido e a inércia do Estado.

Em oportuna e bem elaborada monografia, com a qual obteve o título de Especialista em Direito Penal, no curso de pós-graduação das Faculdades Metropolitanas Unidas (FMU) de São Paulo,[39] o criminalista **Afonso Jawsnicker** cumpre um itinerário que, *in bonam partem*, foi inaugurado pela Súmula 146 que reflete a sensibilidade da *alta jurisprudência*. Ele sustenta que essa forma de extinção da punibilidade constitui uma hipótese de carência de ação por falta do interesse de agir e que pode ser reconhecida a qualquer tempo, antes ou durante o processo penal. E acentua que a instauração ou o prosseguimento de uma ação penal inútil, porque inevitável ao final o reconhecimento da prescrição retroativa caracteriza constrangimento ilegal.[40] Na abertura de seu trabalho, o autor desde logo acentua: "longe de ser mera tese doutrinária, é um dado da realidade. Integrantes do Ministério Público têm preferido requerer o reconhecimento antecipado da prescrição a oferecer a denúncia. Juízes de primeira instância, agindo por provocação ou de ofício, têm reconhecido essa espécie de prescrição, no curso da ação penal ou até mesmo antes do recebimento da peça acusatória. Alguns tribunais do país, no julgamento de recursos ou de *habeas corpus*, vêm admitindo essa modalidade prescricional".[41]

Tais decisões, por assumirem os mesmos efeitos da prescrição da pretensão punitiva, se refletem junto ao Estado, ao acusado, à vítima e à sociedade. Essa é outra conclusão da monografia o que justifica a importância da obra cujo tema assume dimensão constitucional por estar, intimamente, vinculado a um dos direitos e garantias fundamentais, isto é, o *acesso à jurisdição* (CF, art. 5º, XXXV) que não se satisfaz com o simples enunciado formal porém com a sua implementação. Como é curial, o acesso não se efetiva com o protocolo da petição, que ingressa na repartição pública, mas tem o seu início ou termo com o despacho da autoridade. Daí porque há necessidade das agências estatais (Polícia, Ministério Público, Poder Judiciário) cumprirem os mandamentos constitucionais e legais do devido processo legal, da dignidade da pessoa humana e do caráter instrumental do processo.

12. A DENOMINAÇÃO DO INSTITUTO

Preferi denominar o instituto como *prescrição pela pena presumida*. É uma espécie derivada da *prescrição pela pena em abstrato* (prescrição da pretensão punitiva ou da ação penal) distinta da *prescrição pela pena concretizada* (prescrição da pretensão executória ou da condenação). Não resta dúvida, porém, que

---

[39] AFONSO JAWSNICKER, Francisco. *Prescrição penal antecipada*, Curitiba: Juruá Editora, 2004.
[40] Ob. cit., p. 128.
[41] Ob. cit., p. 11.

as designações *prescrição antecipada* e *prescrição pela pena em perspectiva* são também apropriadas e foram utilizadas pela doutrina e jurisprudência.

13. DECISÕES ANTAGÔNICAS

Em texto publicado há algum tempo, tive oportunidade de me manifestar sobre o tema nos seguintes termos: "A passagem dos anos e a viragem dos acontecimentos fazem com que se atenue ou elimine a relação débito-crédito gerada pela prática do ato ilícito. Esse reconhecimento vem se fortalecendo com a chamada prescrição antecipada. Trata-se de recente criação pretoriana que declara a prescrição pela pena concretizada antes da sentença condenatória e, por consequência, sem a aplicação concreta da sanção. Como é curial, a qualidade e a quantidade da resposta penal constituem as bases de cálculo para a declaração da extinção da punibilidade por esse caminho. Independentemente da avaliação científica dessa orientação judicante – que vem sendo rejeitada pelos tribunais – é importante destacar que a falta de prestação jurisdicional, por essa ou aquela razão de carência, significa a violação da garantia constitucional do acesso ao Poder Judiciário (art. 5º, XXXV). Com efeito, não somente o ofendido como também o acusado tem o direito de obter uma decisão sobre a sua causa em prazo determinado pela lei. E, obviamente, a demora ou a omissão em tal atendimento constitui uma das formas de injustiça que se mantém contra o direito e o interesse das partes em confronto. Também o Ministério Público tem se mostrado receptivo a esta orientação (...)".[42]

Além do confronto de opiniões doutrinárias,[43] formou-se razoável dissídio entre uma e outra tendência dos juízes e das cortes estaduais e federais. Majoritariamente, a jurisprudência, com destaque para o Supremo Tribunal Federal e o Superior Tribunal de Justiça, recusou esse tipo de prescrição ao argumento de que ela não é prevista em lei e que a admissão antecipada da extinção da punibilidade suprime fases probatórias além de ofender princípios constitucionais, como a presunção da inocência, a ampla defesa e o direito do cidadão a um julgamento justo no qual poderia ser absolvido. Expressamente sentenciou o Superior Tribunal de Justiça: "Não tem qualquer amparo legal, extinguir-se a punibilidade de alguém, com prognóstico da pena ser eventualmente aplicada. No caso, há de se levar em conta o máximo da pena abstratamente cominada, situação que não ampara o paciente".[44] Nesse sentido e mais recentemente, o aresto da mesma Corte: "Carece

---

[42] DOTTI, René Ariel. "A incapacidade criminal da pessoa jurídica", em *Revista Brasileira de Ciências Criminais*, SP: RT, v. 11 de julho-setembro de 1995, p. 184/185.

[43] Por todos: ZAFFARONI, Eugenio Raúl e PIERANGELI, José Henrique, sustentam que não pode o juiz de primeiro grau decretar a prescrição retroativa "porque uma das condições para o seu reconhecimento é que se concretize e não seja provido o recurso de acusação. Nem mesmo diante do trânsito em julgado da sentença, pode o juiz decretar a extinção da punibilidade pela prescrição retroativa, por já se ter esgotado a sua jurisdição. Todavia, esboça-se, com argumentos que vão desde a economia processual, um movimento bem estruturado em sentido contrário" (*Manual de Direito Penal Brasileiro – Parte Geral*, São Paulo: RT, 1997, p. 770).

[44] 6ª Turma, RHC nº 6.567/SC, Rel. Min. ANSELMO SANTIAGO, j. de 25.08.1997, DJU de 22.09.1997, p. 46560 – *Site* www.stj.gov.br (cit. na monografia, fls. 197/198).

totalmente de amparo jurídico, em nosso sistema processual, a denominada prescrição antecipada que tem como referencial condenação hipotética".[45]

As decisões admitindo que se antecipasse a declaração da prescrição pela pena a ser concretizada partiam do pressuposto invariável da inutilidade social de manter o processo porque, "considerando-se a pena em perspectiva, diante das circunstâncias do caso concreto, se antevê o reconhecimento da prescrição retroativa na eventualidade de futura condenação. Falta, na hipótese, o interesse teleológico de agir, a justificar a concessão *ex officio* de *habeas corpus* para trancar a ação penal".[46] Ilustrativamente, transcrevem-se algumas decisões favoráveis e contrárias à inovação penal-processual

13.1. *Decisões favoráveis*

Poucas foram as cortes que reconheceram, em casos especiais, a juridicidade dessa nova e humanitária jurisprudência, a exemplo do Tribunal Regional Federal da 4ª Região e dos Tribunais de Justiça do Rio Grande do Sul, Pernambuco e Distrito Federal. Vejamos:

> PRESCRIÇÃO ANTECIPADA. POSSIBILIDADE. O processo, como instrumento, não tem razão de ser, quando o único resultado previsível será, inevitavelmente, o reconhecimento da prescrição de pretensão punitiva. O interesse de agir exige um resultado útil da ação penal. Se não houver possível aplicação da sanção, inexistirá justa causa para tanto (ação penal). Só uma concepção errônea do processo pode sustentar a indispensabilidade da ação penal, mesmo sabendo-se que ela levará ao nada jurídico, ao zero social, e a custa do desperdício de tempo e recursos materiais do Estado. Desta forma, demonstrando que a pena projetada, na hipótese de uma condenação, estará prescrita, deve-se declará-la.[47]
>
> ••••
>
> A prescrição pela pena em perspectiva, embora não prevista em lei, é construção jurisprudencial tolerada em casos excepcionalíssimos, quando existe convicção plena de que a eventual sanção aplicada não será apta a impedir futura ocorrência de extinção de punibilidade.[48]
>
> ••••
>
> PRESCRIÇÃO ANTECIPADA. Caso em que, antes do recebimento da denúncia, transparece lúcida certeza de que o acusado não será apenado com pena superior a 1 (um) ano, torna-se desnecessária a instauração da relação processual. Não recebimento da denúncia, como meio de evitar o prosseguimento inútil do feito em atenção ao princípio da economia processual.[49]
>
> ••••
>
> Se entre a data da ocorrência do fato e o recebimento da denúncia decorreram mais de dois anos, é possível o juiz de 1º grau antever a prescrição retroativa com base na pena máxima em abstrato, eis que a continuidade do processo seria absolutamente inútil, com enorme custo para o Estado e sem qualquer utilidade.[50]

---

[45] STJ, HC 33.375 (SP), 5ª T., rel. Min. FELIX FISCHER, em DJU de 16.08.2004, p. 273.
[46] Ex-TACRIM-SP – HC 204.272-1, 4ª C. Rel. Juiz SÉRGIO CARVALHOZA, RT 669/315.
[47] TJRS – RSE 70003684610 – 6ª T. – REL. SYLVIO BAPTISTA NETO – J. 21.02.2003.
[48] TRF 4ª REGIÃO – RSE 2001.70.01.005743-8 – 8ª T. – REL. ÉLCIO PINHEIRO DE CASTRO – J. 21.10.2002.
[49] TJPE – A.P. 46357-0 – SEÇÃO CRIMINAL – REL. NILDO NERY – J. 11.02.1999.
[50] TJDF – A.C. 200000150037064 – 1ª Turma Criminal – Rel. NATANAEL CAETANO – j. 07.12.2000.

13.2. Decisões contrárias

A jurisprudência em geral, como se viu acima, *negou vigência* à prática que rendia homenagem à razão e ao bom senso. Em tal sentido:

> Não se admite decretação da extinção da punibilidade por prescrição da pretensão punitiva com base em pena a ser supostamente aplicada, porquanto a presunção de primariedade do réu pode ser elidida a qualquer momento no curso do processo criminal.[51]
>
> ••••
>
> Nosso ordenamento jurídico-processual-penal ainda não contempla a prescrição por antecipação. Só há prescrição pela pena em concreto quando a decisão transita em julgado para a acusação (CP, art. 110, § 1º).[52]
>
> ••••
>
> Não se pode aplicar o instituto da prescrição, na modalidade "em perspectiva ou antecipada", a partir de um referencial de condenação hipotética (julgamento antecipado), mesmo porque, a todo tempo no curso da instrução, pode o órgão acusador provar a não primariedade ou outra condição judicial desfavorável ao réu, tornando necessária (e suficiente) sua apenação acima do mínimo, sendo ainda firme o posicionamento de nossos tribunais quanto à não obrigatoriedade de imposição de penas mínimas aos réus primários e de bons antecedentes.[53]
>
> ••••
>
> A tese de estar o feito fulminado pela prescrição retroativa, ante a inexorável passagem do tempo, não pode ser abraçada, por lhe faltar respaldo legal. Considerando que a prescrição antecipada toma como referência dado aleatório, ou seja, suposta data de trânsito em julgado de sentença condenatória, ou de hipotética condenação, não há como concebê-la, haja vista que tal entendimento é obstado constitucionalmente, uma vez que a condenação enseja um processo em todas as etapas, sendo que somente a sentença gera *status* de condenado. Neste diapasão, o entendimento da ilustrada defesa, além de atentar contra o *due proccess of law*, não encontra respaldo legal, sendo repudiado pelos egrégios tribunais pátrios.[54]
>
> ••••
>
> Consoante jurisprudência reiterada dos Tribunais, carece de amparo legal a denominada prescrição antecipada, ou em perspectiva, que tem como referencial condenação hipotética.[55]

13.3. A súmula 438 do Superior Tribunal de Justiça

O Superior Tribunal de Justiça, por sua Terceira Seção, aprovou a Súmula 438 para rechaçar a hipótese da extinção da punibilidade pela prescrição da pretensão punitiva com fundamento em uma pena provável, considerando o interregno de tempo entre a data do fato e o recebimento da denúncia ou queixa, ou entre a data do recebimento da inicial acusatória e a sentença (prescrição intercorrente).

---

[51] STF – HC 72.310/SP – 1ª Turma – Rel. Min. MOREIRA ALVES – DJU 20.10.1995.
[52] STJ – RHC 4.707/PR – 5ª Turma – Rel. Min. EDSON VIDIGAL – DJU 11.09.1995.
[53] TRF 1ª Região – Rec. 2002.01.00.018901-1 – 3ª Turma – Rel. TOLENTINO AMARAL – j. 25.06.2002.
[54] TJPR – 1ª C. C. – RSE 103085700 – Rel. CLOTÁRIO PORTUGAL.
[55] TRF 4ª Região – Inq. 2003.04.01.0508194 – 4ª Seção – Rel. p/ acórdão NÉFI CORDEIRO – J.: 09.03.2005. Ficaram vencidos os Desembargadores Federais LUIZ FERNANDO WOWK PENTEADO (RELATOR), ÉLCIO PINHEIRO DE CASTRO e PAULO AFONSO BRUM VAZ.

O enunciado tem a seguinte redação: "É inadmissível a extinção da punibilidade pela prescrição da pretensão punitiva com fundamento em pena hipotética, independentemente da existência ou sorte do processo penal".

Para contrabalançar a grande maioria de entendimentos opostos à oportuna *criação pretoriana*, há fundadas razões de natureza jurídica e de ordem prática: (*a*) o princípio da razoabilidade; (*b*) princípio da economia processual; (*c*) o constrangimento ilegal; (*d*) o caráter instrumental do processo; (*e*) os fundamentos lógico e funcionalista e (*f*) o princípio do devido processo legal.

Considerando que o poder público não poderia atender às necessidades da demanda social para uma prestação jurisdicional mais adequada à natureza e ao sentido dos prazos, o ideal da *prescrição pela pena presumida* poderia realizar--se na doutrina e na jurisprudência mais sensíveis ao sofrimento e à injustiça dos processos de longa e injustificável tardança. A consagração judiciária daquela nova orientação de Política Criminal Judiciária foi frustrada pela intransigência de orientação leniente com o retardamento culpável de atos jurisdicionais, sem a devida aplicação do *princípio da razoável duração do processo*, inscrito na Constituição entre os direitos e as garantias fundamentais e que não é meramente teórico. Ao contrário, revela substância material quando o seu enunciado se completa com a referência aos "meios que garantam a celeridade de sua tramitação" (CF, art. 5º, LXXVIII).

Há julgados que se projetam para muito além das folhas do processo que os documenta. Há decisões judiciais que, pela sua clarividência, convertem-se em preceitos normativos quando o sistema legal é revisto e atualizado. Muitos são os exemplos nos quais a reiterada linha de decisões funcionaram como base para o aprimoramento dos códigos e das leis em geral.

V. A razoável duração do processo

14. UM PRINCÍPIO CONSTITUCIONAL DE DUPLA FACE

A Emenda Constitucional nº 45, de 8 de dezembro de 2004, inseriu no Título relativo aos direitos e às garantias individuais, o princípio da *razoável duração do processo*, em termos muito objetivos: "a todos, no âmbito judicial e administrativo, são assegurados a razoável duração do processo e os meios que garantam a celeridade de sua tramitação". A dupla face do princípio é reconhecida pela Constituição ao inseri-lo no título dos direitos e garantias fundamentais, capítulo dos direitos individuais e coletivos (art. 5º, LXXVIII). O interesse público da prestação jurisdicional é identificado pelo sentimento coletivo de justiça e o interesse privado é inerente à garantia em favor do réu de ver julgada a sua causa nos prazos legais, ressalvadas as hipóteses de acusados que, pressentindo a condenação, procuram, com expedientes ilegais ou antiéticos, retardar o julgamento.

Segundo **Canotilho** e **Moreira**, uma importante dimensão do princípio da presunção da inocência e que assume valor autônomo é "a obrigatoriedade de **julgamento no mais curto prazo** compatível com as garantias de defesa (nº 2, in fine)."[56]

Essa proclamação de segurança jurídica tem antecedentes históricos nos sistemas de outros países. A Emenda nº VI à Constituição dos Estados Unidos, aprovada no ano de 1791, dispõe que "em todos os processos criminais, o acusado usufruirá o *direito a um julgamento rápido* e público, por um Júri imparcial do Estado e Distrito onde o crime tiver sido cometido (...)". A Convenção Americana Sobre Direitos Humanos (*Pacto de São José da Costa Rica*) de 22.11.1969, que passou a vigorar para o Brasil em 25.09.1992 e foi promulgada pelo Decreto nº 678, de 06.11.1992, estabelece entre as garantias judiciais o direito, em favor de toda pessoa, "a ser ouvida, com as devidas garantias e *dentro de um prazo razoável*, por um juiz ou tribunal competente, independente e imparcial, estabelecido anteriormente por lei, na apuração de qualquer acusação penal formulada contra ela, ou para que se determinem seus direitos ou obrigações de natureza civil, trabalhista, fiscal ou de qualquer outra natureza" (art. 8º). É óbvio que o "*prazo razoável*" não se restringe à audiência de interrogatório, mas se estende aos demais atos da instrução. Essa *interpretação extensiva,* expressamente admitida pelo sistema processual penal (CPP art. 3º), é a que melhor se harmoniza com as disposições constitucionais e legais de garantia.

A Declaração Universal dos Direitos do Homem (Paris, 1948) estabelece que "todo homem tem direito a receber dos tribunais nacionais competentes remédio efetivo para os atos que violem os direitos fundamentais que lhe sejam reconhecidos pela Constituição ou pela lei" (art. VIII). A Convenção de Salvaguarda dos Direitos do Homem e das Liberdades Fundamentais (Roma, 1950) dispõe que toda pessoa tem direito a que a sua causa seja julgada com equidade e num *prazo razoável* (art. 6º). O Pacto Internacional dos Direitos Civis e Políticos (1966) estabelece que toda pessoa acusada de um delito terá direito, em plena igualdade, entre outras garantias mínimas, "*a ser julgada sem dilações indevidas*" (art. 14, nº 3, c). A Convenção Americana sobre Direitos Humanos (Pacto São José da Costa Rica – 1969) declara em favor de toda pessoa acusada de um fato delituoso ou interessada na solução de questão civil, trabalhista, fiscal ou de outra natureza, o "direito de ser ouvida, com as devidas garantias e *dentro de um prazo razável,* por um juiz ou tribunal, competente, independente e imparcial, (...) (art. 8º). A Constituição portuguesa estabelece que "o processo criminal assegura todas as garantias de defesa, inclusive o recurso" (art. 32º, 1). E, ao proclamar que "todo o argüido se presume inocente até o trânsito em julgado da sentença de condenação", o mesmo dispositivo encerra com uma proclamação de princípio: "... devendo ser julgado *no mais curto prazo* compatível com as garantias de defesa"

---

[56] CANOTILHO, J. J. Gomes; MOREIRA, Vital. *Constituição da República Portuguesa Anotada*, 1. ed., São Paulo: Editora Revista dos Tribunais; 4. ed. rev., Coimbra: Coimbra Editora, 2007, v. 1º, p. 519. (Negrito do original.)

(art. 32°, 2). Também a Constituição espanhola declara como direito fundamental do cidadão a obrigação estatal de observar limites de tempo no processo criminal. A regra geral prevê o direito em favor dos acusados "a um proceso público *sin dilaciones indebidas* y com todas las garantias" (art. 24 n° 2). A prisão preventiva não poderá durar mais que o tempo estritamente necessário para a realização das investigações tendentes ao esclarecimento dos fatos. Em qualquer caso, no prazo máximo de setenta e duas horas o detido deverá ser posto em liberdade ou à disposição da autoridade judicial (art. 17 n° 2).[57] Em leis fundamentais de outros países a declaração de garantia é igualmente expressa: Argentina (art. 43), Colômbia (art. 86) e Bolívia (art. 16).

A dúvida sobre a *razoabilidade* ou não do tempo de julgamento é resolvida pela orientação da jurisprudência. Quanto a este aspecto, o Tribunal Europeu de Direitos Humanos recomenda três indicadores para orientar a decisão no caso concreto: 1°) a natureza da ação; 2°) a conduta das partes; 3°) a atuação da autoridade ao examinar a matéria.[58]

15. O PRINCÍPIO GERAL DA RAZOABILIDADE

A garantia dos prazos processuais é um dever social exigido do Estado e uma das conquistas do processo penal humanitário. Assim deve ocorrer não apenas em relação aos réus presos mas, também, àqueles que pela natureza e efeitos da ação penal vivem um tipo de *liberdade vigiada*. A espera do Oficial de Justiça para intimar ou do agente policial para deter constituem exemplos de uma prisão fora das grades e os marcos para demonstrar que a *provação bíblica do processo* ainda não terminou. O Estado, que exige dos cidadãos o cumprimento da lei penal sob ameaça da pena, permite-se transgredir a Constituição e o devido processo legal mantendo-o aberta uma acusação não como meio para a realização da justiça porém como um instrumento de opressão desproporcional à gravidade do mal do delito.

Além dos princípios constitucionais *explícitos*, relativos à Administração Pública,[59] existem os princípios implícitos, indicados por **Bandeira de Mello**, em prestigiada obra doutrinária.[60] Entre estes, figura o *princípio da razoabilidade*, assim definido pelo mesmo escritor: "Enuncia-se com este princípio que a Administração, ao atuar no exercício de discrição, terá de obedecer a critérios aceitáveis do

---

[57] Sobre o tema e, em especial a orientação do Tribunal Europeu de Direitos Humanos e a posição da doutrina espanhola, vide LUIZ FLÁVIO GOMES e FLÁVIA PIOVEZAN, *O sistema interamericano de proteção dos direitos humanos e o direito brasileiro*, São Paulo: RT, 2000, nota de rodapé, p. 243.

[58] A respeito de precedentes de jurisprudência e outras Declarações de Direitos, vide o alentado artigo da Professora DANIELLE ANNONI, da Universidade Federal de Santa Catarina, "A excessiva duração do processo penal para o Direito Internacional dos Direitos Humanos", na coletânea Direitos Humanos e Ciências Penais, Revista Jurídica da UDC, v. 1, n° 1, Curitiba: Juruá, 2004, p. 95 e s.

[59] Legalidade, impessoalidade, moralidade, publicidade e eficiência (CF, art. 37, *caput*).

[60] *Curso de Direito Administrativo*, São Paulo: Malheiros, 2004.

ponto de vista racional, em sintonia com o senso normal de pessoas equilibradas e respeitosa das finalidades que presidiram a outorga da competência exercida. Vale dizer: pretende-se colocar em claro que não serão apenas inconvenientes, mas também ilegítimas – e, portanto, jurisdicionalmente invalidáveis –, as condutas desarrazoadas, bizarras, incoerentes ou praticadas com desconsideração às situações e circunstâncias que seriam atendidas por quem tivesse atributos normais de prudência, sensatez e disposição de acatamento às finalidades da lei atributiva da discrição manejada".[61]

Doutrinando acerca desse princípio, a professora **Valle Figueiredo** pondera que "não se pode conceber a função administrativa, o regime jurídico administrativo, sem se inserir o princípio da razoabilidade. É por meio da razoabilidade das decisões tomadas que se poderá contrastar atos administrativos e verificar se estão dentro da moldura comportada pelo Direito".[62] E mais adiante salienta que "a razoabilidade vai se atrelar à congruência lógica entre as situações postas e as decisões administrativas. Vai se atrelar às necessidades da *coletividade*, à *legitimidade*, à *economicidade*, à *eficiência*".[63]

É elementar que a sentença judicial se insere entre os atos do Estado-Administração. Daí a expressão cotidianamente utilizada: *administração da justiça criminal*.

Não é *razoável* e nem materialmente legítima a duração excessiva dos procedimentos criminais mesmo quando o imputado se encontra em liberdade. A liberdade (física), em tal situação, é restrita pelas condições e circunstâncias da investigação ou da ação penal ainda pendente de uma decisão final.

Last but not least: a responsabilidade pelo controle do cumprimento dos prazos nas ações penais públicas é, invariavelmente, do juiz (CPP, art. 251, e CPC). Aliás, o artigo 139, nº II, do Código de Processo Civil estabelece que incumbe ao magistrado "velar pela duração razoável do processo".

No HC 112.298 (RS), o Supremo Tribunal Federal determinou, por unanimidade, que o relator do HC nº 181.141, no Superior Tribunal de Justiça, **apresente o feito** em mesa "até a décima Sessão da Turma em que oficia, subsequente a comunicação da presente ordem". Merece destaque o trecho do voto do relator, Min. Ayres Britto: "Mas o que importa considerar, em termos de decidibilidade, é que os jurisdicionados não podem pagar por um débito a que não deram causa. O débito é da Justiça, e a fatura tem que se paga é pela Justiça mesma. Ela que procure e encontre – peça elementar que é da engrenagem estatal – a solução para esse brutal descompasso entre o número de processos que lhe são entregues para julgamento e o número de decisões afinal proferidas".[64]

---

[61] BANDEIRA DE MELLO, Celso Antônio ob. cit., 17. ed., p. 99.
[62] VALE FIGUEIREDO, Lucia. *Curso de Direito Administrativo*, São Paulo: Malheiros, 4. ed., 2000, p. 47.
[63] Ob. cit., p. 48. (Os destaques em itálico são meus.)
[64] Brasília, 13.03.2012. O MPF opinou pela concessão da ordem.

16. MEIOS PARA GARANTIR A CELERIDADE DA TRAMITAÇÃO PROCESSUAL

Como já tive oportunidade de afirmar[65] ao leitor cuidadoso do artigo 5º, inciso LXXVIII, da Carta Política, certamente não escapam duas reflexões: (*a*) a harmonia da nova disposição com o princípio da dignidade da pessoa humana, como fundamento da República (CF, art. 1º, III); (*b*) O enunciado não se limita à proclamação da primeira parte da frase: "são assegurados a razoável duração do processo", mas é provido de um complemento indispensável para a eficácia da norma: "(...) e os meios que garantam a celeridade de sua tramitação".

É evidente que "os meios" para cumprir o *mandamento* da lei maior não se limitam às alterações legislativas. Eles compreendem, também, a provisão de recursos humanos e materiais e o implemento de medidas administrativas para que os juízos e os tribunais possam melhor cumprir os deveres da prestação jurisdicional. A desburocratização de procedimentos, as alterações em regimentos internos, a especialização da magistratura, a adoção do processo eletrônico, além de inúmeras outras alternativas têm sido sustentadas por entidades representativas dos profissionais do Direito, a exemplo da Associação dos Magistrados Brasileiros (AMB), a Ordem dos Advogados do Brasil (OAB) e outras instituições preocupadas com o drama causado pela morosidade dos litígios forenses. Mas não é possível ignorar a obrigação do magistrado para adotar providências endoprocessuais de prevenção e repressão da conduta temerária do procurador da parte, fundado no princípio da lealdade processual, que é um dos deveres deontológicos do causídico: Lei 8.906/1994, artigo 33; Código de Ética e Disciplina da OAB, artigo 2º, parágrafo único II; Código de Processo Civil, artigo 14, II e III, c/c o Código de Processo Penal, artigo 3º. Em apropriada monografia, **Cruz e Tucci** aponta três frentes bem definidas para erradicar ou, pelo menos, atenuar os males das dilações indevidas; "*a)* mecanismos endoprocessuais de repressão à chicana; *b)* mecanismos de aceleração do processo; *c)* mecanismos (jurisdicionais) de controle externo da lentidão".[66]

Botelho de Mesquita pondera, muito apropriadamente, que "na verdade, só ha duas formas de reduzir o tempo necessário para a realização de um trabalho. Uma é aumentar o número dos elementos materiais e humanos empregados na produção. Outra é o aperfeiçoamento da tecnologia".[67]

---

[65] DOTTI, René Ariel. "Prescrição e impunidade: responsabilidade pública", cit.
[66] CRUZ E TUCCI, José Rogério. *Tempo e processo*, São Paulo: Revista dos Tribunais, 1997, p. 146.
[67] BOTELHO DE MESQUITA, José Ignacio. *A revisão do Código de Processo Civil*, RAASP 75/61, *apud* CARVALHO, Fabiano. "EC n.45: Reafirmação da garantia da razoável duração do processo", publ. em *Reforma do Judiciário: Primeiros ensaios críticos sobre a EC n. 45/2004*, coordenação de Teresa Arruda Alvim Wambier ...[et al], São Paulo: Revista dos Tribunais, 2005, p. 223.

VI. Propostas de nova mutilação

17. O RECRUDESCIMENTO PUNITIVO

Não há dúvida sobre a extraordinária atuação social e cívica do Ministério Público Federal no empenho de atender causas de notável interesse público como ocorreu na ação penal nº 470 (*mensalão*) e atualmente em várias investigações e ações penais relativas à chamada Operação Lava Jato. O aplauso popular e de muitos núcleos da comunidade jurídica não exclui, é evidente, alguns abusos que podem e devem ser apontados. E um deles, no elenco das medidas contra a corrupção, apoiadas por milhões de cidadãos, pretende a ampliação dos prazos da prescrição da pretensão executória da pena, a extinção da prescrição retroativa pela pena concretizada, a suspensão do prazo prescricional pela interposição de recursos especial e extraordinário e novas causas de interrupção. A "Justificativa" (*rectius*: Exposição de Motivos) do específico Anteprojeto de Lei está impregnada de alegações generalizadoras e grosseiras em ofensa ao princípio do artigo 133 da Constituição Federal, servindo de exemplo a difamatória frase: "A busca da prescrição e consequente impunidade é uma estratégia da defesa paralela às teses jurídicas, implicando o abuso de expedientes protelatórios". O disparate desse discurso omite o fato de que a "estratégia" para ter bom êxito depende da anuência ou indiferença do Juiz e da acusação. Afinal, o magistrado exerce o *domínio dos fatos* no processo tendo o poder de monitorar a conduta das partes e prevenir a chicana. Com efeito, o defensor, como partícipe da relação processual, não domina, por si só, a prática da alicantina.

18. OBSERVAÇÕES SOBRE AS PROPOSTAS DO ARTIGO 14 DO ANTEPROJETO DO MPF[68]

18.1. Artigo 110. (...) parágrafo 1º

A prescrição, a partir da sentença condenatória com trânsito em julgado para a acusação ou depois de improvido seu recurso, e antes do trânsito em julgado definitivo do feito, regula-se pela pena aplicada, sendo vedada a retroação de prazo prescricional fixado com base na pena em concreto.

Observações: Com o argumento pífio de que "a prescrição retroativa não existe virtualmente em nenhum outro país do mundo" e a alegação *ad terrorem* de que o "sistema prescricional [brasileiro é] condescendente com a criminalidade", a Exp. Mot. do *disegno di legge* joga mais *sal na terra* em que floresceram a jurisprudência e a doutrina da extinção da punibilidade pela pena fixada na sentença. Esse desconchavo propõe revogar a prescrição intercorrente, isto é, caracterizada

---

[68] O presente artigo não se detém no conteúdo da emenda de plenário do Projeto de Lei nº 4.850, de 2016, da Câmara dos Deputados, que teve sua tramitação suspensa por decisão liminar do Min. LUIZ FUX, em 14.12.2016 (Medida Cautelar no Mandado de Segurança nº 34.530/DF).

pelo lapso de tempo entre a data do recebimento da inicial e a sentença condenatória. Para demonstrar o absurdo dessa modalidade de *solução final* contra a impunidade, que é, alegadamente, causada apenas pelo decurso do tempo, vide a hipótese de uma condenação de 2 (dois) anos pelo delito de estelionato, mas em sentença proferida 8 (oito) anos após recebida a denúncia, sem que a defesa tenha provocado o retardamento. No regime vigente, a prescrição da ação penal pela pena concretizada ocorreria em 4 (quatro) anos (metade do tempo do citado processo hipotético) e deveria ser declarada já na sentença. Mas, a valer tal a proposta, o acusado poderia ficar bem mais de uma década (no total) às voltas com o processo. Considerando-se o interesse público na extinção da punibilidade, declarável de ofício pelo juiz (CPP, art. 61), torna-se evidente o constrangimento abusivo e frustrados o espírito e a letra da garantia constitucional que proíbe a delonga culpável da persecução (art. 5º, LXXVIII).

18.2. Artigo 112

Depois de transitar em julgado a sentença condenatória, a prescrição começa a correr: **I –** do dia em que transita em julgado, **para todas as partes**, a sentença condenatória ou a que revoga a suspensão condicional da pena ou o livramento condicional.

Observações: Segundo o texto em vigor (CP, art. 112), "No caso do artigo 110 deste Código, a prescrição começa a correr do dia em que transita em julgado a sentença condenatória, **para a acusação**, (...)". Sem qualquer razão a pretendida mudança. Como é elementar, o controle do curso do tempo e as intervenções para suspensão ou interrupção dos prazos prescricionais, constituem deveres intransferíveis do Estado que exerce o monopólio do *ius puniendi*. O réu não pode ser chamado a esse *litisconsórcio negativo* simplesmente porque o seu interesse é oposto.

O comentário de **Betanho** e **Zilli** ao artigo 112 do Código Penal é bem preciso: "O Código Penal na orientação anterior à Reforma Penal, ao dispor sobre o início da prescrição após a sentença condenatória, não se referiu expressamente ao trânsito em julgado; mas a jurisprudência, em face do princípio da impossibilidade da majoração da pena (na *reformatio in pejus*), já considerava que devia ser levado em conta o trânsito em julgado para a acusação (e não necessariamente para ambas as partes). A Lei 7.209/84, agasalhando essa interpretação, foi expressa ao dispor que a prescrição da pretensão executória começa a correr *do dia em que transita em julgado a sentença condenatória para a acusação*. **Diante da clareza do texto legal, a corrente jurisprudencial que ainda exigia o trânsito em julgado para ambas as partes** (RT 456/424) **ficou superada**".[69]

---

[69] BETANHO, Luiz Carlos; ZILLI, Marcos. *Código Penal e sua interpretação: doutrina e jurisprudência.* Coordenação de Alberto Silva Franco e Rui Stoco, 8. ed. São Paulo: Revista dos Tribunais, 2007, p. 591. (Itálicos do original; negritos meus.)

18.3. Artigo 116

Antes de passar em julgado a sentença final, a prescrição não corre: I – (...); II – (...) III – desde a interposição dos recursos especial e/ou extraordinário, até a conclusão do julgamento.

Parágrafo único. Depois de passada em julgado a sentença condenatória, a prescrição não corre durante o tempo em que o condenado está preso por outro motivo, foragido ou evadido".

Observações: Nenhuma necessidade para a sinonímia "passar" quando em dispositivos anteriores é utilizada a palavra já consagrada: "transitar" (em julgado). Essa proposta já consta do Projeto de Lei nº 156, de 2009, artigo 505, parágrafo 3º, aprovado pelo Senado Federal (2010) e que se encontra na Câmara dos Deputados (PL nº 8.045/2010). Mas não deve prosperar porque afronta o princípio da amplitude da defesa, nela compreendido o emprego de meios "e recursos a ela inerentes" (CF, art. 5º, LV). É elementar que o direito aos recursos legalmente cabíveis – garantia fundamental vinculada à presunção da inocência – não pode sofrer o obstáculo à fluência do prazo prescricional em função de seu próprio exercício. O paradoxo é irremissível.

18.4. Novas causas interruptivas da prescrição

Observações: Entre as novas causas propostas para interromper a prescrição consta a substituição da decisão do juiz pelo simples oferecimento da denúncia ou queixa (CP, art. 117, I). Nada mais excêntrico, *data venia*. O Ministério Público é *parte* na relação processual competindo-lhe, privativamente, a promoção da ação penal pública (CF, art. 129, I). Não lhe é conferido o poder de controle jurisdicional sobre a aptidão ou inépcia da inicial acusatória que é ínsito ao magistrado quando recebe ou rejeita a petição. Trata-se de manifestação personalíssima e sujeita ao requisito constitucional da fundamentação, sob pena de nulidade (CF, art. 93, IX). A mesma objeção vale para o Projeto de Lei do Senado nº 658/2015.

19. TRIBUTO AO PASSADO

Quando tomei conhecimento das novas formas de mutilação do instituto da prescrição, dentro das *Dez Propostas de combate à corrupção*, que foram convertidas em projeto de lei de iniciativa popular, senti não o delicioso sabor da *madeleine* (o biscoito molhado no chá, recuperado pelo menino **Proust**), mas o gosto amargo da injustiça contra a liberdade individual porque o Estado debita na conta do réu e/ou de seu defensor o tempo perdido pela morosidade dos órgãos públicos encarregados da apuração das infrações penais. Esse *fel* é instilado pelo sensacionalismo de vários meios de comunicação[70] e avalizado por membros do Judiciário e do Ministério Público que se valem do desconhecimento popular de

---

[70] Sem prejuízo do reconhecimento pelas matérias socialmente positivas e pelo desempenho do indispensável jornalismo investigativo com as pautas de relevante interesse público.

que a pletora de recursos nos tribunais superiores é abastecida por órgãos públicos e não pelos pleitos dos cidadãos em defesa dos direitos e garantias fundamentais que lhes foram cerceados.

Mas, logo após, fugindo da sombra que me cobria pelo eclipse gerado por um novo leviatã, minha imaginação voou até chegar ao início da década de sessenta, nos *verdes anos* de minha advocacia criminal. Certamente é a "memória involuntária", que me proporciona essa "súbita viagem ao passado". Recordo, como se fosse hoje, a longa e fecunda discussão no Supremo Tribunal Federal entre os ministros **Nélson Hungria** e **Luís Gallotti** (1904-1978), quando este votou contrariamente à adoção da prescrição retroativa, argumentando que o parágrafo único do artigo 110 do Código Penal[71] não admitia a contagem do tempo entre o recebimento da denúncia ou queixa e a sentença quando não houvesse recurso da acusação ou o mesmo fosse improvido.[72] Prevaleceu, no entanto, a orientação mais liberal para a satisfação do criminalista militante. Naquela época não havia restrições abusivas e aviltantes ao instituto do *habeas corpus* nem o uso arbitrário de regimentos internos de tribunais superiores para contrariar a Constituição ou negar vigência à legislação federal.[73] O chamado *ativismo judicial* em favor real ou fantasioso do interesse público seria, à época, impensável pelo respeito à independência entre os poderes do Estado e, certamente, implicaria a negação da milenar sentença de Platão (428-347 a. C.): "O juiz não é nomeado para fazer favores com a justiça, mas para julgar segundo as leis". (*Apologia de Sócrates*). Inexistia o grave congestionamento das pautas nos tribunais superiores responsável pela massificação dos julgamentos com absoluta ofensa à individualização da prova e à correta fixação da pena. No quadro da apelação e de outros recursos, Procuradores de Justiça estadual ou federal opinavam pela absolvição de réus ou anulação de processo, ainda quando colegas de instância inferior sustentassem o oposto. Naquelas situações, seria até desculpável a elogiosa praxe vernacular dos tribunais "douto parecer do Ministério Público", afrontosa ao princípio da paridade de armas. Era impensável o fenômeno da delegação de jurisdição, total ou parcial, quando muitos magistrados, pelo excesso de serviço ou outra razão, "julgam" causas maiores e menores acolhendo a opinião de assessores qualificados ou leigos. A admissibilidade do recurso extraordinário não exigia a ultrapassagem de barreiras labirínticas criadas e manipuladas, burocraticamente, para atenuar pautas do Supremo Tribunal Federal com sistemáticas rejeições liminares consumando a *cegueira judiciária* contra direitos e garantias elementares do cidadão-acusado. A lotação carcerária não havia atingido a escala *super* vencendo os

---

[71] CP, art. 110. (...). Parágrafo único. "A prescrição, depois de sentença condenatória de que somente o réu tenha recorrido, regula-se também pela pena imposta e verifica-se nos mesmos prazos" (Redação original do Código).

[72] O extinto Tribunal Federal de Recursos (TFR) consolidou a orientação pela Súmula nº 186: "A prescrição de que trata o art. 110, § 1º, do Código Penal é da pretensão punitiva".

[73] Nos termos do art. 618 do CPP, os regimentos internos dos tribunais limitam-se a estabelecer "normas *complementares* para o processo e julgamento dos recursos e apelações". Jamais para reduzir ou suprimir fórmulas procedimentais como ocorreu.

limites físicos, morais e espirituais da dignidade da pessoa humana. As rebeliões dos presidiários não transitavam pelas ruas, não destruíam o patrimônio público e particular e os confrontos cercados pelos muros não produziam chacinas, institucionalizando a barbárie e a mortandade pelos *comandos* da Capital. Devem as penitenciárias ser condenadas *ad aeternum* pelos erros monumentais talhados em pedra? As petições, especialmente os recursos do Ministério Público não eram recebidos em genuflexo por um número indeterminado de juízes para a sacralização de seus argumentos e o triunfo sistemático de suas pretensões. Salvo raras exceções o advogado não sofria constrangimentos e hostilidades pelo exercício da defesa legal e ética de casos impopulares. A malsinada *jurisprudência defensiva,* neologismo utilizado com lastimável frequência nos dias correntes, jamais seria cogitada, muito menos praticada abertamente como instrumento manipulado por sacerdotes de um tipo de *justiça de ocasião* para ceifar direitos e garantias individuais. Tudo isso que existe hoje é para a melhoria da ciência penal, aprimoramento das agências de prevenção e repressão do delito? Por que se frustram as esperanças de aplicação da lei determinando que a execução penal tem por objetivo *"proporcionar condições para a harmônica integração social do condenado e do internado?"* O tempora, o mores!

Mas, ao fim e ao cabo, na correnteza das inquietações sobre a segurança jurídica, na *marcha batida* da anomia das convicções, na expansão comunitária do "idiota tecnológico" (denunciado por **Mc Luhan)**, seria ainda possível falar em Direito e Justiça para os jovens, assim como **Ruy Barbosa** o fez para os bacharéis de 1920 da Universidade de São Paulo em sua antológica *Oração aos moços*?

Penso que sim, com o sábio conselho de vida do imortal *Águia de Haia:* "Há estudar, e estudar. Há trabalhar, e trabalhar. Desde que o mundo é mundo, se vem dizendo que o homem nasce para o trabalho: *'Homo nascitur ad laborem'"*.

••••

Tema II

La regulación española de la suspensión del cómputo de la prescripción de la pena[1]

Sergi Cardenal Montraveta

I. Introducción

1. La prescripción de la pena es una causa de extinción de la responsabilidad criminal (art. 130.1.7º CP), que se produce por el transcurso de los plazos previstos en el art. 133.1 CP, computados con arreglo a los criterios que derivan de lo dispuesto en el art. 134 CP y en el resto de la regulación sobre la ejecución de las sentencias penales y el cumplimiento de la condena. Además de la duración de tales plazos, para determinar si una pena ha prescrito es imprescindible conocer el momento inicial del cómputo, así como el resto de los criterios con los que debe realizarse, y que determinan si el tiempo que transcurra debe computarse como "tiempo de prescripción de la pena". Es evidente que el transcurso del tiempo no se detiene; pero *el cómputo del plazo de prescripción de la pena sí puede interrumpirse o* –como se indica ahora expresamente en el art. 134.2 CP– *puede suspenderse* y, entonces, el tiempo que transcurre ya no debe considerarse como "tiempo de prescripción de la pena".

2. Tras una breve referencia a los plazos de prescripción previstos en el art. 133 CP y al momento inicial del cómputo, nos proponemos exponer la regulación española de la suspensión del cómputo del plazo de prescripción de la pena. Tal regulación parte de lo dispuesto en el apartado 2º del art. 134, introducido por la Ley Orgánica 1/2015, de 30 de marzo, por la que se modifica la Ley Orgánica 10/1995, de 23 de noviembre, del Código Penal. Allí se establece: "El plazo de prescripción de la pena quedará en suspenso: a) Durante el período de suspensión de la ejecución de la pena. b) Durante el cumplimiento de otras penas, cuando resulte aplicable lo dispuesto en el artículo 75". Anteriormente, el que hoy es el apartado 1º del art. 134 CP se limitaba a señalar: "El tiempo de prescripción de la

---

[1] Abreviaturas utilizadas: AAP: Auto de la Audiencia Provincial; ATS: Auto del Tribunal Supremo; ap: apartado; art: artículo; CE: Constitución española; cfr: confrontar; CP: Código penal; dirs: directores; FJ: Fundamento jurídico; LECrim: Ley de Enjuiciamiento Criminal promulgada por Real Decreto de 14 de septiembre de 1882; LO: Ley orgánica; LOPJ: Ley Orgánica 6/1985, de 1 de julio, del Poder Judicial; LOTC: Ley Orgánica 2/1979, de 3 de octubre, del Tribunal Constitucional; p: página; p. ej: por ejemplo; SAP: Sentencia de la Audiencia Provincial; ss: siguientes; STC: Sentencia del Tribunal Constitucional; STS: Sentencia del Tribunal Supremo.

pena se computará desde la fecha de la sentencia firme, o desde el quebrantamiento de la condena, si ésta hubiese comenzado a cumplirse".

3. La reforma del año 2015 no ha modificado los *plazos de prescripción* previstos en el art. 133 CP. El plazo de prescripción de las penas leves sigue siendo de 1 año.[2] El de las penas de prisión de hasta 5 años, y del resto de penas menos graves, sigue siendo un plazo de 5 años.[3] A su vez, el plazo de prescripción de las penas de prisión de más de 5 años sigue siendo un plazo de 15 años, un salto difícil de justificar.

4. Hay acuerdo en considerar que *el tiempo que transcurre durante el cumplimiento efectivo de la pena no debe considerarse como tiempo de prescripción* y, por lo tanto, no debe computarse como tal. El art. 134.1 CP parte de esta idea y establece el momento en el que debe iniciarse el cómputo del tiempo de prescripción de la pena, cuando tal cómputo deba realizarse efectivamente, esto es, en el caso de que (en la fecha de la sentencia firme) la pena no haya empezado a cumplirse y el cómputo del plazo de prescripción no se suspenda por otras razones.[4] Iniciado el cumplimiento de la pena, el cómputo de la prescripción sólo tendrá sentido en el caso de que aquélla se quebrante y, por eso, el art. 134.1 CP alude a esta circunstancia cuando la condena hubiera comenzado a cumplirse. En definitiva, el art. 134.1 CP viene a decir que la prescripción se computará desde la fecha de la sentencia firme cuando no hubiera comenzado entonces a cumplirse la pena o el cómputo se suspenda. El legislador ha rechazado así la posibilidad de que, con carácter general, el inicio del cómputo del plazo de prescripción de las penas que no han empezado a incumplirse en el momento en que la sentencia deviene firme se produzca en un momento distinto como, p. ej., el momento en el que se notifica la sentencia al penado, o el momento en el que el Juez o Tribunal ordenan el cumplimiento de la pena, después de haberse realizado todos los trámites procesales y comprobaciones previstas en la legislación vigente; ello equivaldría

---

[2] El listado de las penas leves se encuentra en el art. 33.4 CP. Entre otras, se incluyen aquí la multa de hasta tres meses, la localización permanente de un día a tres meses, y los trabajos en beneficio de la comunidad de uno a treinta días. En relación con la ejecución de estas penas, ver Real Decreto 840/2011, de 17 de junio, por el que se establecen las circunstancias de ejecución de las penas de trabajo en beneficio de la comunidad y de localización permanente en centro penitenciario, de determinadas medidas de seguridad, así como de la suspensión de la ejecución de la penas privativas de libertad y sustitución de penas.

[3] El listado de las penas menos graves se encuentra en el art. 33.3 CP.

[4] S. CARDENAL MONTRAVETA, *La prescripción de la pena tras la reforma del Código Penal de 2015*, 2015, pp. 16-18, 47-59; EL MISMO AUTOR, en M. CORCOY BIDASOLO / S. MIR PUIG (dirs.), *Comentarios al Código Penal*, 2. Ed, 2015, p. 479; M.A. BOLDOVA PASAMAR, en L. GRACIA MARTÍN (coord.), *Tratado de las consecuencias jurídicas del delito*, 2006, pp. 415-416, considerando que si la pena se ejecuta inmediatamente después de producida la firmeza de la sentencia o si el delincuente ya está preso, y en ambos casos el cumplimiento de la condena tiene lugar sin solución de continuidad, no llega a nacer la prescripción de la pena; en sentido similar J.L. DÍEZ RIPOLLÉS, *Derecho penal español. Parte General en esquemas*, 3. ed., 2011, p. 794. En la jurisprudencia, ver, p. ej., AAAP Tarragona (sec. 2) 590/2012, de 26 nov; Tarragona (sec. 2) 444/2012, de 5 jul, en la que se afirma: "La doctrina siempre ha incluido el cumplimiento de la pena de la pena en sentido propio como causa interruptiva de la prescripción, pero ello no constituye una ampliación del texto legal en contra del reo, sino una consecuencia implícita en el propio tenor literal del art. 134 del Código Penal, cuando indica que en el supuesto en el que la pena se hubieses comenzado a cumplir, el plazo prescriptivo se computará desde el quebrantamiento de la condena".

a considerar que el cómputo del plazo de prescripción había quedado en suspenso hasta entonces. Cuando en la fecha de la sentencia firme (o posteriormente) la pena sí hubiera comenzado a cumplirse, el tiempo de prescripción se computará desde el quebrantamiento de aquélla.

5. Antes de la introducción del apartado 2º del art. 134 CP mediante la Ley Orgánica 1/2015, un sector de la jurisprudencia y algunos autores pusimos de relieve la necesidad de admitir que, *en determinadas circunstancias, el cómputo del plazo de prescripción se suspende, a pesar de que la pena no se está cumpliendo, y normalmente ni siquiera se habrá iniciado su cumplimiento*.[5] Partiendo de su compatibilidad con el tenor literal de la regulación vigente, la posibilidad de suspender el cómputo del plazo de prescripción se justificaba, y se sigue justificando, atendiendo al fundamento de la prescripción, a la brevedad de los plazos previstos en la legislación vigente, a la pluralidad de trámites procesales y comprobaciones que el Ordenamiento jurídico prevé que deban o puedan realizarse antes de poder ordenar el cumplimiento de la pena, a las diferencias existentes entre las dificultades que pueden surgir en relación con el cumplimiento de la pena, y a la propia regulación legal de tales trámites y situaciones que dificultan o impiden el cumplimento de la pena.[6] A aquella justificación se suma la situación en la que se encuentran los Juzgados y Tribunales españoles, en general, y los de ejecutorias, en particular.[7]

Las *diferencias* entre los partidarios de admitir que se paralice el cómputo del plazo de prescripción aparecían –y quizás se mantendrán tras la introducción del ap. 2º del art. 134 CP– *en el momento de identificar los supuestos en los que debe entenderse que el cómputo del plazo de prescripción de la pena se detiene, y al determinar las consecuencias de tal paralización*.[8] De esta cuestión se ocupó la Sentencia del Tribunal Constitucional 97/2010, de 15 de noviembre, que provocó que numerosos Jueces y Tribunales modificaran la doctrina que venían sosteniendo.[9] Posteriormente, se ocuparon de esta materia la Sentencia del Tribunal

---

[5] Ver S. CARDENAL MONTRAVETA, "Constitución y prescripción de la pena", en S. MIR PUIG / M. CORCOY BIDADOLO (dirs.), *Constitución y sistema penal*, 2012, pp. 287-334, con múltiples referencias a la doctrina y la jurisprudencia.

[6] Sobre los aspectos procesales de la ejecución de las sentencias condenatorias, ver arts. 787.6, 794, 801.2, 974, y 983 a 998 LECrim

[7] Ver CONSEJO GENERAL DEL PODER JUDICIAL. SERVICIO DE INSPECCIÓN, *Informe que emite el Servicio de inspección en relación a la situación que presentan los Juzgados penales de ejecutorias de España*, 2008.

[8] Ver la descripción de las distintas posiciones de la jurisprudencia que se realiza en AAAP Barcelona (sec. 5) 400/2008, de 8 agosto; Pontevedra (sec. 2) 231/2011, de 15 abr; Madrid (sec. 29) 744/2012, de 20 dic.; Madrid (sec. 27) 1715/2012, de 20 dic. Como se indica en el texto, las diferencias se referían, también, a la cuestión de si las circunstancias que detenían el cómputo del plazo de prescripción comportaban la suspensión, o comportaban la interrupción del cómputo, con el consiguiente reinicio del mismo desde cero.

[9] Ver, p. ej., AAP Madrid (sec. 29) 744/2012, de 20 dic. Sigue el criterio del Tribunal Constitucional en relación con la suspensión de la ejecución derivada de una petición de indulto, p. ej. la SAP Barcelona (sec. 6) 705/2012, de 24 oct. Ver J. HERNÁNDEZ GARCÍA y J.L. RAMÍREZ ORTIZ, en G. QUINTERO OLIVARES (dir.), *Comentario a la reforma penal de 2015*, 2015, p. 271; estos autores indican que "la recepción de la anterior doctrina [la de la STC 97/2010] por los tribunales ordinarios no fue ni mucho menos homogénea en cuanto a su alcance.

Supremo 450/2012, de 24 de mayo, y la Fiscalía General del Estado, en la Consulta 1/2012, sobre la interrupción del plazo de prescripción en los supuestos de suspensión de la ejecución de la pena privativa de libertad, y luego en la Memoria del año 2012, donde se proponía la reforma de la legislación vigente. En pronunciamientos posteriores, el Tribunal Constitucional precisó su posición. Conocer estos antecedentes es indispensable para comprender el contexto de la reciente introducción del apartado 2º del art. 134 CP y sus consecuencias.[10]

II. Antecedentes de la introducción del apartado 2º del art. 134 CP

1. Antes de la introducción del ap. 2º del art. 134 CP, plantear la posibilidad de admitir que determinadas circunstancias suspendían o interrumpían el cómputo de los plazos de prescripción, pese a no haberlo indicado así el legislador de forma expresa, suponía negar que la referencia del art. 134.1 CP al "tiempo de prescripción de la pena" debía interpretarse como una referencia al mero transcurso de una determinada cantidad de tiempo (que produce la extinción de la responsabilidad criminal). Suponía entender que se trataba de una referencia a una cantidad de tiempo transcurrido en determinadas circunstancias, establecidas por el legislador de forma expresa o tácita, y que sólo entonces el transcurso de los plazos indicados en el art. 133 CP producía la extinción de la responsabilidad criminal, porque sólo entonces el legislador quería renunciar al cumplimiento de una pena, limitando así la función preventiva del Derecho penal.

Admitir que determinadas circunstancias provocaban la suspensión o interrupción del cómputo de los plazos de prescripción de la pena, pese a no haberlo indicado el legislador expresamente, requería justificar que ello no infringía el *principio de legalidad*, y obligaba a determinar y tomar en consideración la *naturaleza y el fundamento de la prescripción de la pena*. Sólo entonces se respeta la doctrina del Tribunal Constitucional sobre las exigencias del derecho a la tutela judicial efectiva en aquellos supuestos en los que –como sucede cuando se deniega la prescripción de la pena– se ven afectados derechos fundamentales como el derecho a la libertad y a la legalidad penal. La decisión judicial sólo será respetuosa con aquellos derechos cuando, además de respetar el tenor literal de la

---

Un buen número de tribunales consideraron que la suspensión de la pena ordena *ex* artículo 80 CP tampoco podía producir efectos interruptivos de la prescripción de la pena pues dicha causa no estaba tampoco prevista".

[10] Ver J. HERNÁNDEZ GARCÍA y J.L. RAMÍREZ ORTIZ, en G. QUINTERO OLIVARES (dir.), *Comentario a la reforma penal de 2015*, 2015, p. 270. Estos autores consideran que la introducción del ap. 2º del art. 134 CP es "una reforma necesaria, pero también muy importante del régimen prescriptivo. (…) Reforma necesaria en la medida en que se hace eco de las dudas e incertezas generadas por la STC 97/2010 –en el mismo sentido, SSTC 137/2013, 187/2013– y [a las] que el propio Tribunal Constitucional, con mayor o menor acierto, intentó poner remedio en resoluciones posteriores –SSTC 81/2014, 180/2014–". Más adelante se añade (*Op. cit.*, p. 272): "El legislador de 2015, y debe valorarse de forma positiva, ha reaccionado de forma expresa entrando en diálogo con el Tribunal Constitucional y cerrando la polémica interpretativa al incorporar la suspensión de la pena y el cumplimiento sucesivo como supuestos que impiden la continuación del término de prescripción de la pena impuesta".

regulación legal, su aplicación se produzca mediante una resolución razonada –es decir, basada en una argumentación no arbitraria, ni manifiestamente irrazonable, ni incursa en error patente– y derive de una interpretación teleológica de aquella: "no resultará suficiente un razonamiento exclusivamente atento a no sobrepasar los límites marcados por el tenor literal de los preceptos aplicables, sino que es exigible una argumentación axiológica respetuosa con los fines perseguidos por el instituto de la prescripción penal".[11]

2. Interpretar la regulación legal del cómputo de los plazos de prescripción de la pena y, más concretamente, la referencia del art. 134 CP al cómputo del *"tiempo de prescripción de la pena"*, era y es perfectamente compatible con el principio de legalidad. Es inevitable.

El Código Penal vigente (Ley Orgánica 10/1995, de 23 de noviembre, modificada luego en diversas ocasiones) ya no alude expresamente a la interrupción del cómputo de la prescripción de la pena.[12] Pero para interpretar aquel precepto resulta conveniente distinguir entre la mera *suspensión* de la prescripción o, mejor, la suspensión del cómputo del plazo de prescripción, y la *interrupción* de la prescripción o, mejor, la interrupción del cómputo del plazo de prescripción. Sin perjuicio de que pueda comenzar de nuevo, la interrupción comporta la paralización del cómputo y que quede sin efecto el tiempo transcurrido. La suspensión del cómputo también supone su paralización, pero aquí se retoma posteriormente, si desaparecen las circunstancias que justificaban la suspensión, teniendo en cuenta el tiempo ya computado, esto es, sin que el tiempo de prescripción transcurrido quede sin efecto. Tanto la suspensión como la interrupción del cómputo comportan la paralización del mismo. La diferencia entre ambas está en la eficacia del tiempo transcurrido previamente, que sólo queda sin efecto en el caso de la interrupción.

Como indicábamos al principio, el transcurso del tiempo es inevitable y no depende de las circunstancias en las que se produce. Pero ni este dato indiscutible, ni el tenor literal del art. 134 CP obligaban, ni obligan, a entender que también el "tiempo de prescripción de la pena", el tiempo que puede llegar a producir la prescripción de la pena, transcurre de forma irremediable cuando el penado no está cumpliendo la condena. Esta era una interpretación posible de la referencia legal al "tiempo de prescripción de la pena". Pero no era la única interpretación posible, ni era una interpretación que tomara adecuadamente en consideración la naturaleza y el fundamento de la prescripción y de las circunstancias que pueden

---

[11] STC 97/2010, 15 nov., FJ 2b. En el mismo sentido, p. ej., STC 63/2005 y STC 29/2008, en las que se analizaba la interpretación constitucionalmente aceptable de la prescripción del delito y, más concretamente, de lo dispuesto en la redacción anterior del art. 132.2 CP. Ver también S. CARDENAL MONTRAVETA, "Constitución y prescripción de la pena", en S. MIR PUIG / M. CORCOY BIDADOLO (dirs.), *Constitución y sistema penal*, 2012, pp. 297-334.

[12] El párrafo segundo del art. 116 del CP de 1973 establecía: "Se interrumpirá [el tiempo de prescripción de la pena], quedando sin efecto el tiempo transcurrido, cuando el reo cometiere otro delito antes de completar el tiempo de prescripción, sin perjuicio de que éste pueda comenzar a correr de nuevo".

presentarse durante la ejecución de la sentencia condenatoria. El tenor literal del art. 134 CP y, más concretamente, la referencia legal al cómputo del "tiempo de prescripción de la pena" no impedían realizar una interpretación que vinculara el cómputo del tiempo de prescripción de la pena a la concurrencia de circunstancias que justificaban esa consecuencia, y admitiera la existencia de causas de suspensión del cómputo de la prescripción que el legislador no había denominado así expresamente, pero cuya consideración como tales derivaba de una interpretación sistemática y teleológica del conjunto de la regulación legal de la ejecución de la sentencia y el cumplimento de la condena. Como se admite tras la introducción del ap. 2º del art. 134 CP, cuando se den las circunstancias que definen las causas de suspensión del cómputo, el tiempo que transcurra no será "tiempo de prescripción de la pena", ni podrá computarse como tal. Tal interpretación de la referencia del art. 134.1 CP al tiempo de prescripción de la pena es obligada tras el reconocimiento expreso de la posibilidad de suspender el cómputo, pero su viabilidad no depende de tal circunstancia y, por ello, ya antes era posible, sin limitar la suspensión del cómputo del plazo de prescripción a los supuestos en los que se está cumpliendo la pena.[13]

3. Algunas resoluciones judiciales y un sector de la doctrina no compartían aquellas conclusiones sobre la compatibilidad del *principio de legalidad* y la posibilidad de admitir la *suspensión* –no la *interrupción*– del cómputo de la prescripción de la pena en supuestos distintos al cumplimiento de la condena.[14]

---

[13] Conviene destacar que diversos preceptos ordenan proceder a la ejecución de la sentencia, empezando por el art. 118 de la Constitución, que dispone: "Es obligado cumplir las sentencias y demás resoluciones firmes de los Jueces y Tribunales, así como prestar la colaboración requerida por éstos en el curso del proceso y en la ejecución de lo resuelto". Ver también art. 18 Ley Orgánica del Poder Judicial, y arts.794, 974, 988 y 990 LECrim.

[14] Algunos autores se limitaban a señalar que no puede interrumpirse la prescripción de la pena. Así, p. ej., S. MIR PUIG, *Derecho Penal. Parte General*, 9 ed. (a cargo de V. Gómez Martín), 2011, p. 787; J. NÚÑEZ FERNÁNDEZ, en A. GIL / J.M. LACRUZ / M. MELENDO / J. NÚÑEZ, *Curso de Derecho penal*, 2011, p. 1015. Ver también M.A. BOLDOVA PASAMAR, en L. GRACIA MARTÍN (coord.), *Tratado de las consecuencias jurídicas del delito*, 2006, p. 416-417 y 418 nota 120; M.I. GONZÁLEZ TAPIA, *La prescripción en el derecho penal*, 2003, pp. 258 y ss; esta autora también propone un tratamiento distinto de los supuestos en los que el penado no puede cumplir simultáneamente todas las penas impuestas y aquellos en los que se suspende la ejecución de la pena; en relación con estos últimos, considera que la prescripción comienza a correr de nuevo desde el momento de la suspensión y transcurre del todo independiente a la situación de suspensión; R. RAGUÉS I VALLÉS, *La prescripción penal: Fundamento y aplicación*, 2004, pp. 201 y ss.; este autor considera que el sistema legal español no contemplaba causas de interrupción o suspensión de la prescripción de la pena; en su último trabajo ("La inaplazable reforma de la prescripción de la pena: razones y propuestas", en J.G. FERNÁNDEZ TERUELO Y OTROS (coord.), *Estudios penales en homenaje al prof. Rodrigo Fabio Suárez Montes*, 2013, pp. 547-568), Ragués destaca que aquella omisión generaba graves problemas en la práctica y, más adelante, llega a decir que cuando la pena impuesta no puede ejecutarse por haberse acordado la suspensión de la misma (arts. 4.4, 80 y ss. CP, y 56 LOTC), o estar el penado cumpliendo otras penas que no pueden cumplirse simultáneamente (art. 75 CP), afirmar que ello no impide que la pena pueda prescribir parece quedar fuera de los planes del legislador y se opone a la propia coherencia del sistema jurídico-penal; A. GILI PASCUAL, *La prescripción en Derecho penal*, 2001, pp. 168-172 y 175; este autor admite que en los supuestos de cumplimiento sucesivo de penas ya efectivamente iniciado, la prescripción de las penas sucesivas empieza a contar desde la fecha en que la inmediatamente anterior ha quedado extinguida; en cambio, consideraba que en los casos de remisión condicional sí es posible que la pena prescriba antes de finalizar el plazo de suspensión acordado, y también rechazaba la suspensión o interrupción del cómputo en los casos de suspensión previstos en los arts. 4.4 y 60 CP. Ver también J.L. DÍEZ RIPOLLÉS, "Algunas cuestiones sobre la prescripción de la pena", en InDret 2/2008, pp. 12 y ss.;

4. Cuando se fundamentaba con criterios sistemáticos y teleológicos y, por lo tanto, atendiendo a la naturaleza y el fundamento de la prescripción de pena, aquella posibilidad tampoco vulneraba el *derecho a la tutela judicial efectiva* (art. 24.1 CE), en relación con el derecho a la libertad (art. 17.1 CE) y con el derecho a la legalidad penal (art. 25.1 CE). En cambio, sí existía semejante vulneración del derecho a la tutela judicial efectiva cuando la regulación de la prescripción de la pena se interpretaba desconociendo lo allí establecido en relación con el momento inicial (*dies a quo*) del cómputo de la prescripción de la pena y la interrupción de ésta, y se admitía que el cómputo del plazo de prescripción de la pena podía reiniciarse en supuestos distintos al quebrantamiento de la condena posterior al inicio de su cumplimiento.

5. Estas conclusiones eran compatibles con una lectura de la *STC 97/2010, de 15 de noviembre*, que no sobrevalorara la función del Tribunal Constitucional al resolver un recurso de amparo,[15] ni partiera de una delimitación demasiado restrictiva del ámbito propio y exclusivo de la potestad jurisdiccional que corresponde a los Jueces y Tribunales que integran el Poder Judicial.[16] Pero no son las conclusiones que un sector importante de la jurisprudencia extrajo de aquella sentencia. Y el propio Tribunal Constitucional mantuvo una posición más restrictiva en sentencias posteriores.

La importante STC 97/2010, de 15 de noviembre, estimó el amparo por considerar que se había vulnerado el derecho del recurrente a la tutela judicial efectiva (art. 24.1 CE), en relación con el derecho a la libertad (art. 17.1 CE) y con el derecho a la legalidad penal (art. 25.1 CE), al no haberse admitido en los autos recurridos la prescripción de la pena impuesta, por considerar el Tribunal que los dictó que el cómputo del plazo de prescripción se había *interrumpido*, como consecuencia de la suspensión de la ejecución de la pena durante la tramitación de una solicitud de *indulto* y durante la posterior tramitación de un *recurso de amparo*.[17] Según el Tribunal Constitucional, "[a]unque el precepto [art. 134 CP] se circunscribe a establecer dos momentos del inicio del cómputo del tiempo de

---

EL MISMO AUTOR, *Derecho penal español. Parte general en esquemas*, 3 ed, 2011, p. 795-796 y 797; Díez Ripollés sí admite que los supuestos de suspensión de la ejecución de la pena suspenden, a su vez, el cómputo del plazo de prescripción, con la única excepción de los supuestos regulados en el art. 60 CP; E. ORTS BERENGUER / J.L. GONZÁLEZ CUSSAC, *Compendio de Derecho penal. Parte General*, 2008, p. 205; estos autores parecen admitir la interrupción del plazo de prescripción en los casos de suspensión de la pena.

[15] Cfr. arts. 41 y ss. LOTC, especialmente arts. 53 y ss. LOTC.

[16] Cfr. arts. 117 y 123 Constitución española.

[17] Los antecedentes de la STC 97/2010, de 15 de noviembre, son los siguientes: El demandante de amparo fue condenado por Sentencia de la Sala Quinta del Tribunal Supremo, de 9 de abril de 2001, a la pena de nueve meses de prisión, con las accesorias legales, como autor de un delito de desobediencia (art. 102, párrafo primero, CPM). La ejecución de la pena impuesta se suspendió en *tres* ocasiones. La primera vez, por Auto 18 de febrero de 2002, durante la tramitación de una solicitud de indulto, finalmente denegado por Acuerdo del Consejo de Ministros de 6 de septiembre de 2002. La segunda vez, durante la tramitación del recurso de amparo que el demandante interpuso contra la Sentencia del Tribunal Supremo, recurso que fue desestimado por STC 334/2005, de 20 de diciembre. Nótese que entre la fecha de la firmeza de la sentencia condenatoria y la fecha de la sentencia que desestima el recurso de amparo transcurrieron más de 4 años y ocho meses. Se acordó continuar la ejecución del sumario y se decretó la prisión del penado, que fue declarado en rebeldía. Mediante escrito presentado el 9 de

la prescripción, implícitamente cabe inferir de su redacción, como pacíficamente admite la doctrina, que en él se contempla el cumplimiento de la pena como causa de *interrupción* de la prescripción. *Ninguna otra causa de interrupción de la prescripción de la pena se recoge en los preceptos dedicados a la regulación de este instituto*. Regulación que contrasta con la del precedente Código penal de 1973 (…)".[18] La STC 97/2010, de 15 de noviembre, no pretendía adoptar una perspectiva general,[19] ni se pronunció sobre la constitucionalidad de una interpretación del art. 134 CP que admitiera la *suspensión* del cómputo del plazo de prescripción de la pena en algunos supuestos en los que el penado no la está cumpliendo.[20] Pero en sentencias posteriores el Tribunal Constitucional consideró que el art. 134 CP sólo permitía paralizar el cómputo del plazo de prescripción cuando la pena impuesta se cumplía efectivamente, o se había acordado una forma sustitutiva de cumplimiento. Así se indicaba ya en la STC 109/2013, de 6 de mayo, y en la STC 152/2013, de 9 de septiembre. Pero la STC 81/2014, de 28 de mayo, es la primera en la que el Tribunal Constitucional confirma una resolución judicial en las que se consideraba que la suspensión de la ejecución de la pena regulada en los arts. 80 a 87 del Código Penal detiene, a su vez, el cómputo del plazo de prescripción.

En la STC 81/2014, de 28 de mayo, se dice: "Los órganos judiciales han sostenido que la suspensión de la ejecución regulada en los arts. 80 y ss. CP constituye una modalidad alternativa a la ejecución material, que durante su vigencia impide que se compute la prescripción de la pena. Esa tesis es compartida por el Ministerio Fiscal mientras que, por el contrario, es refutada por el demandante de amparo. (…) [D]esde la posición en que este Tribunal se sitúa, lo único que nos corresponde resolver es si la consideración de *la suspensión de la ejecución como una modalidad alternativa al cumplimiento in natura de las penas privativas de libertad*, que ha sido, en esencia, el criterio sustentado por los órganos judiciales para descartar la prescripción de las penas impuestas al demandante, se concilia de modo asaz con el canon de motivación reforzada que hemos establecido y, en

---

febrero de 2010, y *después de que el penado hubiera empezado a cumplir la pena de prisión*, su representación interpuso recurso de amparo. Por ATC 59/2010, de 25 de mayo, se acordó suspender la ejecución.

[18] FJ 4; cursiva añadida. Nótese que, como destaca también la Consulta 1/2012 de la Fiscalía General del Estado (ap. III), en este párrafo de la STC 97/2010 se admite la viabilidad de las causas de suspensión o interrupción de la prescripción que puedan considerarse "implícitas" en la propia regulación positiva. La Fiscalía considera que "esa inherencia del efecto interruptivo –en relación a un texto legal que no lo enuncia expresamente– también se observa en la regulación de las "formas sustitutivas de la ejecución de las penas privativas de libertad" y muy especialmente en los plazos de duración que el Código Penal establece para las diversas modalidades de este instituto".

[19] Cfr. art. 53.2 Constitución española y los arts. 41 y 54 LOTC.

[20] El propio Tribunal Constitucional destacaba: "No corresponde a este Tribunal en un planteamiento abstracto y preventivo determinar los posibles efectos o la incidencia de los supuestos legalmente previstos de suspensión de la ejecución de la pena, en concreto, en lo que a este caso interesa, los derivados de dicha suspensión por la tramitación de una solicitud de indulto y de un recurso de amparo, sobre el cómputo del plazo de la prescripción de la pena, por tratarse, en principio, de una cuestión de legalidad ordinaria que compete a los órganos judiciales en el ejercicio de su función jurisdiccional" (FJ 6). Esta es la perspectiva desde la que debe interpretarse lo dispuesto en el art. 164.1 Constitución española y en el art. 5.1 LOPJ sobre la eficacia de las resoluciones del Tribunal Constitucional.

consecuencia, es respetuoso con el contenido del derecho a la libertad personal y a la legalidad en materia penal".[21] Más adelante, se indica que "el criterio sustentado por los órganos judiciales, en orden a considerar que la suspensión de la ejecución ha sido concebida como una modalidad alternativa a la ejecución en sus propios términos de las penas de prisión, esto es, a la efectiva privación de libertad, se ajusta al parámetro de razonabilidad impuesto por la doctrina constitucional. Tal aserto se asienta en la configuración legal de ese instituto jurídico, conforme a la cual, si el penado se abstiene de delinquir durante el período fijado y, en caso de ser impuestas, cumple con obligaciones y deberes fijados en la resolución que le otorga el beneficio, se producirá el mismo resultado que si hubiera cumplido en su literalidad la pena de prisión impuesta en Sentencia".[22] A continuación se pone de relieve que son distintas la finalidad y consecuencias de la suspensión prevista en los arts. 4.4 CP y 56 LOTC: "Cuando se suspende la ejecución por la tramitación de una petición de indulto o la sustanciación de un recurso de amparo, tal medida solamente produce la paralización del cumplimiento de la sanción impuesta, en espera del acaecimiento de un suceso futuro y de resultado incierto que, eventualmente, podría afectar al título de ejecución, es decir a la Sentencia condenatoria. Por el contrario, la suspensión de la ejecución de las penas privativas de libertad regulada en el art. 80 y ss. CP no tiene por finalidad preservar la efectividad de una potencial modificación del fallo, sino articular un modo de ejecución alternativa al cumplimiento material de la pena privativa de libertad que, en atención al comportamiento favorable del penado, habilita un resultado del todo coincidente con el cumplimiento efectivo de la pena".[23] El Tribunal Constitucional también destaca que durante el periodo de suspensión se está desarrollando una *modalidad de ejecución alternativa* "específicamente diseñada por el legislador" y que "a diferencia de otros supuestos analizados por este Tribunal, impide que el Estado pueda, por expreso mandato legal, aplicar el *ius puniendi* que la sentencia condenatoria impone. Dicho de otra forma, el hecho de que no se compute la prescripción durante la suspensión de la ejecución no contraviene la finalidad constitucional asociada al instituto prescriptivo, puesto que *ha sido el*

---

[21] FJ 4. También en el FJ 4 de la STC 81/2014 se dice: "[A] este Tribunal no le compete fijar categóricamente cuál debe ser criterio interpretativo de aplicación al caso, ni tampoco alumbrar una doctrina general acerca de la naturaleza jurídica de la suspensión de la ejecución de las penas privativas de libertad y su eventual incidencia en el ámbito de la prescripción de penas, que abarque todos los matices y especificidades que dicha cuestión suscita. Ese cometido corresponde a los órganos judiciales quienes, en el ejercicio de la actividad jurisdiccional, deben interpretar y aplicar la legalidad vigente".

[22] FJ 4.

[23] FJ 5. A continuación, el Tribunal Constitucional destaca que "el razonamiento seguido por los órganos judiciales para desestimar la prescripción de la pena es respetuoso con el canon de motivación reforzada". Al respecto, se destaca que "dicha argumentación no invoca la existencia de causas de interrupción extraídas de otros preceptos penales, principalmente de los que regulan la prescripción del delito, sobre la base de una interpretación analógica o extensiva in *malam partem*, ni incurre en las deficiencias detectadas en el supuesto analizado por la STC 152/2013, de 9 de septiembre". Nótese que, si bien no se invoca la existencia de causas de interrupción extraídas de otros preceptos penales, es evidente que la conclusión de que, en los supuestos analizados, se suspende el cómputo del plazo de prescripción, comporta realizar, con argumentos sistemáticos y teleológicos, una interpretación extensiva, y perjudicial para el penado, de lo dispuesto actualmente en el ap. 1° del art. 134 CP.

legislador quien ha establecido un modo alternativo a la ejecución de la condena que, durante su vigencia, veda el cumplimiento material de las penas privativas de libertad que exige la literalidad de la sentencia firme. Además, si se cumplen los requisitos impuestos en la resolución judicial se produce *ope legis* el mismo efecto que si la pena se hubiera cumplido: la extinción de la responsabilidad penal. (…) En fin, a la vista de lo expuesto hemos de afirmar que la tesis sustentada por los órganos judiciales, respecto de la incidencia de la suspensión de la ejecución de las penas en el ámbito de la prescripción, no contraviene el canon de motivación reforzada exigible respecto del art. 134 CP y, a su vez, se concilia con *la doctrina recogida en la SSTC 187/2013, de 4 de noviembre, FJ 4, y 49/2014, de 7 de abril, FJ 3, y que, en síntesis, viene a establecer que sólo los actos de ejecución asociados al cumplimiento de las penas, in natura o sustitutivo, tienen relevancia para interrumpir la prescripción*".[24] Con la misma conclusión se justificó la desestimación del recurso de amparo en la STC 180/2014, de 3 de noviembre. El Tribunal Constitucional señala: "En los Autos impugnados, la Sección Octava de la Audiencia Provincial de Asturias explica adecuadamente por qué la doctrina establecida en la STC 97/2010, de 15 de noviembre, es exclusivamente aplicable a los supuestos de paralización de la ejecución de la pena derivados de la tramitación de indulto o de la interposición de recurso de amparo constitucional pero no es, en cambio, trasladable a los supuestos de suspensión y sustitución de la ejecución de los arts. 80 a 89 CP, en los que estamos ante *formas sustitutivas de cumplimiento de la pena*".[25]

6. Previamente, la *Sentencia del Tribunal Supremo 450/2012, de 24 de mayo*, ya admitía que la suspensión de la ejecución de la pena prevista en los arts. 80 a 87 CP suspendía, a su vez, el cómputo del plazo de prescripción. El Tribunal Supremo iba más lejos. Afirmaba que "*no deben correr los plazos de prescripción de la pena durante los periodos en que se dilata el comienzo de la ejecución por eventualidades previstas en la propia legislación penal y que implican de suyo la no paralización de las actuaciones orientadas a la ejecución*, eventualidades tales como la suspensión de la ejecución, en los términos de los arts. 80 y ss CP, el cumplimiento previo de las penas más graves, según dispone el art. 75 CP, pero también la sustanciación de todas aquellas actuaciones procesales que atienden a las peticiones del condenado a propósito precisamente de la propia ejecución o sustituciones de las penas privativas de libertad".[26]

De forma más moderada, la Consulta 1/2012 de la Fiscalía General del Estado, sobre la interrupción del plazo de prescripción en los supuestos de suspensión de la ejecución de la pena privativa de libertad, admitía que, por lo menos en los supuestos regulados en los arts. 75 y 80 a 89 CP, se suspende el cómputo del plazo de prescripción de la pena. Allí se afirmaba que "la doctrina establecida en la

---

[24] FJ 5; cursiva añadida.
[25] FJ 3; cursiva añadida.
[26] FJ 3; cursiva añadida.

STC 97/2010, de 15 de noviembre, es exclusivamente aplicable a los supuestos de paralización de la ejecución de la pena derivados de la tramitación de indulto o de la interposición de recurso de amparo constitucional".

7. Las dificultades para identificar los supuestos en los que debía entenderse que se suspende el cómputo del plazo de prescripción se advierten, también, al examinar esta cuestión cuando el inicio de la ejecución de la pena se retrasa como consecuencia de la tramitación de sucesivas peticiones del condenado relacionadas con la forma de extinguir la responsabilidad criminal, y que son finalmente rechazas por el Juez o Tribunal encargado de la ejecución de la condena. Para ilustrar estos supuestos y la trascendencia de la simplificación de la tramitación de la suspensión de la ejecución de la pena que comporta la redacción de los arts. 80 a 87 CP que introduce la LO 1/2015, de 30 de marzo, consideramos oportuno recordar aquí los antecedentes de la *STC 187/2013, de 4 de noviembre*:

La sentencia de 20 de mayo de 1999 del Juzgado de lo Penal condenó a J.R. Traba por la comisión de diversos delitos y le impuso, entre otras, distintas penas de prisión. En la sentencia de 30 de mayo de 2001, la Audiencia desestimó el recurso de apelación. El 1 de septiembre de 2001 se acordó la ejecución de la sentencia. Por Auto de 16 de julio de 2002, se denegó la suspensión de la ejecución de la pena, al ser reincidente el penado y no concurrir los requisitos de los arts. 80 y 81 CP. El 2 de septiembre de 2002, el demandante pidió el indulto de la pena. Por providencia de 10 de septiembre de 2002 el Juzgado acordó la suspensión del cumplimiento de la pena, en tanto no se resolviera sobre el indulto, que fue denegado por resolución del Consejo de Ministros de 9 de diciembre de 2005. Por providencia de 27 de febrero de 2006, el Juzgado requirió al penado para que, en el plazo de una semana, ingresara en el centro penitenciario de Texeiro, lo que se le notificó el 28 de abril de 2006. El 15 de mayo de 2006, el penado interesó la suspensión de la condena por aplicación del art. 87 CP. Ello fue denegado por el Juzgado el 20 de junio de 2006. Contra esta decisión se interpuso recurso de reforma, que se desestimó por Auto de 3 de octubre de 2006. El condenado interpuso entonces recurso de apelación, siendo estimado parcialmente por Auto de fecha 18 de abril de 2008, en el que la Audiencia Provincial acordó el examen por el médico forense del apelante. Tras practicarse el examen médico, el 25 de mayo de 2010 el Juzgado denegó la suspensión de la ejecución de la pena. Esta decisión fue recurrida en reforma y confirmada por Auto de 28 de junio de 2010. El recurso de apelación fue desestimado por la Audiencia el 21 de octubre de 2010. El 11 de abril de 2011, el condenado solicitó, al amparo del art. 88 CP, la sustitución de la pena. El 7 de junio de 2011 el Juzgado denegó esta petición, y el 30 de diciembre de 2011 la Audiencia Provincial confirmó la denegación. El 28 de noviembre de 2011, el condenado solicitó que se declarase la prescripción de la pena. Esta petición se denegó el 20 de diciembre de 2011. El recurso de reforma contra esta decisión se desestimó el 23 de enero de 2012, y el recurso de apelación se desestimó en el auto de la Audiencia Provincial de 30 de marzo de 2012.

El Tribunal Constitucional estimó el recurso de amparo y anuló las resoluciones que negaban la prescripción de la pena. Tras señalar que no ha existido "ninguna actuación de cumplimiento de la pena", el Tribunal consideró que mientras los órganos jurisdiccionales se limitan a resolver las peticiones del penado para suspender la ejecución de acuerdo con los arts. 80 a 87 CP, o para cumplir penas sustitutivas de la prisión, no se está realizando ninguna actividad de cumplimiento de la pena, "única hipótesis impeditiva del transcurso del plazo de prescripción *ex* art. 134 del Código Penal".

La misma conclusión llevó a la mayoría de los Magistrados a estimar el recurso de amparo en la más reciente *STC 63/2015, de 13 de abril*. Sin embargo, uno de los Magistrados (doña Encarnación Roca Trías) formuló un voto particular, por entender que la motivación de las resoluciones judiciales frente a las que se interpone el recurso de amparo sí satisface el canon de motivación reforzada exigible en estos casos, de modo que las resoluciones judiciales impugnadas denegaron la prescripción de la pena respetando las garantías constitucionales. La Magistrada que firmó el voto particular recuerda que, una vez declarada la firmeza de la condena, el Auto del Juzgado de lo Penal de 16 de marzo de 2010 desestimó una primera petición del penado en la que solicitaba la suspensión de la pena privativa de libertad, requiriéndole para que ingresara voluntariamente en prisión. El penado reaccionó planteando sucesivamente dos solicitudes de sustitución de esta pena, por aplicación del art. 88 CP. Desestimada la primera de ellas (sustitución por trabajos en beneficio de la comunidad), fue nuevamente requerido de ingreso voluntario, que impugnó, planteando –antes de que se resolviera la impugnación– esa segunda petición de sustitución (ahora por multa). Rechazadas todas sus pretensiones mediante otras tantas resoluciones judiciales, el recurrente intentó una última suspensión ligada a la tramitación del indulto, que le fue judicialmente desestimada, al igual que terminó siéndolo el propio indulto. Acabados los posibles recursos, el Juzgado de lo Penal acordó la detención del penado para su ingreso en prisión, frente a lo cual –y no sin antes interesar esa nueva suspensión de la ejecución durante la tramitación del indulto– éste pidió que se declarara prescrita la pena. Entre los argumentos de fondo de la desestimación de esta petición, los órganos judiciales destacan que no ha existido verdadera inactividad o desidia judicial que, abarcando el plazo de paralización procesal de cinco años aquí aplicable, permita entender prescrita la pena. También destacan que si se hubiera acordado la inmediata ejecución de la pena privativa de libertad de corta duración impuesta, obligando al penado a ingresar en prisión antes de recaer decisión en firme para cada una de sus aisladas peticiones, podría habérsele generado un daño grave e irreparable y, por ello, quedó pospuesta la orden judicial coercitiva. En el voto particular también se indica que, tanto el Juzgado como la Audiencia Provincial, basan su decisión en considerar que las múltiples solicitudes planteadas por el penado, dirigidas a obtener el beneplácito judicial al cumplimiento alternativo a la pena privativa de libertad, en unión del cúmulo de recursos que interpuso frente a otras tantas desestimaciones por parte de los órganos judiciales encargados de resolver, exigían una respuesta judicial individualizada, pues de esa misma forma individualizada iban siendo progresivamente planteadas. Ello demuestra que la dilación del ingreso en prisión obedece a razones ajenas a la actuación judicial misma y, por ende, no implica una paralización del proceso innecesaria y judicialmente imputable al Juez. "La posición procesal del demandante de amparo estuvo marcada por el empleo paulatino de cuantos mecanismos prevén los arts. 80 y ss. CP, canalizando sucesivas peticiones de diferente cuño a raíz de la desestimación de la inmediata anterior. Cada petición buscó expresa y directamente, bien eludir el cumplimiento in natura de la pena, bien la orden misma de ingreso en prisión, provocando de hecho el efecto de postergar la ejecución material. Frente a cada notificación de una nueva desestimación, actuó el demandante con cuantos resortes figuran en la norma, hasta agotar el régimen de recursos, o bien planteó una nueva pretensión distinta de la anterior, si bien susceptible de haber sido acumulada a la inicial. (…). Aun constatándose ciertos periodos de estancamiento de la ejecutoria, ninguno de ellos resulta lo suficientemente prolongado como para abarcar por sí mismo el plazo prescriptivo, y no es menos cierto que con este proceder, el demandante contribuyó decididamente a la ralentización del proceso en su conjunto. Para evitar el perjuicio que el inicio de la ejecución de la pena privativa de libertad pudiera causar, el Juzgado de lo Penal optó por esperar a la toma de una decisión judicial en firme, llegada la cual un nuevo giro en la estrategia defensiva reconducía la ejecución de la pena al mismo punto de partida. El recelo judicial a dar efectividad al año de prisión, ponderando sus perniciosos efectos frente a un eventual pronunciamiento favorable a los intereses del penado mientras aún era factible obtenerlo en alguna de las instancias que seguían abiertas, justifica su propia postergación". Tras destacar que todas las resoluciones judiciales *se fundamentan en el principio pro reo*, la Magistrada que discrepa de la mayoría concluye que tal motivación no puede entenderse ilógica ni irracional, "como tampoco carente de *un sólido fundamento constitucional pro libertate* que colma las exigencias de una motivación reforzada, primando la libertad personal (art. 17.1 CE) frente al cumplimiento de la pena (arts. 25 y 118 CE). Similar espíritu ha presidido, en sede de amparo, la concesión al demandante del beneficio suspensivo de la ejecución de la pena de prisión impuesta, dictando este Tribunal Auto a tal fin el 14 de febrero de 2013, para evitar el perjuicio que el ingreso en prisión hubiera podido suponer al recurrente en una eventual estimación del amparo solicitado, por el que efectivamente se ha decantado la mayoría".[27] Se añade que "la legítima elección de una estrategia defensiva no puede merecer el reconocimiento constitucional cuando produzca el resultado del incumplimiento de la pena impuesta en firme. Ningún derecho fundamental se concibe ilimitado y, por ello mismo, tampoco el de defensa, a pesar de su reconocimiento amplio en el art. 24 CE. (…) Siendo incuestionable el derecho del demandante a invocar pretensiones amparadas en la ley y a emplear cuantos mecanismos le reconoce el ordena-

---

[27] Cursiva añadida.

miento procesal penal, no considero menos razonable entender que las consecuencias que de ello puedan seguirse no han de quedar constreñidas a los eventuales efectos favorables al reo, debiendo asimismo abarcar aquéllos que, desde esa misma libertad de elección, le resulten perjudiciales. En este caso, esta estrategia habría producido la interrupción de la prescripción de la pena cada vez que se presentó el correspondiente recurso, obligando al juez a dar la correspondiente respuesta". Tras aludir al principio de seguridad jurídica, al de "la buena fe procesal, que encuentra su reverso en el fraude de ley" y al principio de legalidad, se afirma que "el tratamiento legislativo de la ejecución de las penas y de las medidas de seguridad en el ordenamiento jurídico español dista mucho de ser satisfactorio. A falta de una regulación omnicomprensiva o general sobre la ejecución penal, la normativa vigente en la materia se caracteriza por su dispersión, fragmentación y falta de sistemática, excediendo con mucho el único ámbito del Código penal para encontrar complementos en otras normas, sustantivas y procesales. (…) Tal dispersión normativa permite entender racional la interpretación defendida en la instancia por los órganos judiciales, en función de la cual, la prescripción de la pena no se valora limitándola al art. 134 CP, sino que se pone en relación con otros referidos a la ejecución y que, en las muy particulares circunstancias del caso, son un claro referente a tener en cuenta, como son los arts. 80 y ss. CP, efectuando así una labor integradora. Por tal motivo, no estimo que la interpretación judicial analizada en el presente amparo haya vulnerado el principio de seguridad jurídica, como tampoco el de legalidad penal. Antes al contrario, los órganos judiciales ajustaron su razonamiento a una interpretación sistemática de los diversos preceptos penales en conflicto, que no ciñeron a la exclusiva y estricta horma del art. 134 CP, sino a cuantos preceptos relacionados con la ejecución habían tenido un carácter sustancial en este caso. Resolvieron así la solicitud de prescripción de la pena respetando las garantías constitucionalmente exigibles".

III. La regulación vigente de la suspensión del cómputo de la prescripción de la pena

A) CONSIDERACIONES GENERALES

1. La introducción del apartado 2º del art. 134 CP pretende contribuir a aclarar los criterios para computar el plazo de prescripción de la pena. Y creo que también pretende apartarse de la interpretación que, apoyándose en la jurisprudencia constitucional, un sector de la doctrina y la jurisprudencia hacían de la regulación anterior. Lo que está claro es que se viene a reconocer que el transcurso, desde la fecha de la sentencia firme, de los plazos previstos en el art. 133 CP, no siempre justifica la extinción de la responsabilidad criminal, ni impide justificar la ejecución de la pena. En cualquier caso, me parece que la introducción del ap. 2º del art. 134 CP determina que sólo en los casos aquí previstos puede admitirse la

suspensión del cómputo de los plazos de prescripción de la pena cuando ésta no se está cumpliendo. El tiempo de prescripción de la pena es el tiempo que transcurre desde la fecha de la sentencia firme durante el cual no se cumple la pena impuesta, ni está suspendido el cómputo de la prescripción, por concurrir alguno de los supuestos contemplados en el ap. 2º del art. 134 CP. Este es el marco en el que actualmente debe responderse a la pregunta sobre cuándo debe suspenderse el cómputo de la prescripción de la pena a pesar de que ésta no se está cumpliendo efectivamente.

2. El cambio del marco normativo no evita la tarea de proponer una interpretación que valore adecuadamente el tiempo que transcurre desde la firmeza de la sentencia, y las circunstancias en las que transcurre, permitiendo iniciar la ejecución de la pena cuando ello todavía está justificado, e impidiendo que la ejecución se inicie cuando ello carece ya de justificación. Aquella tarea –y la crítica de la regulación vigente– pueden y deben abordarse analizando y valorando las consecuencias del transcurso del tiempo, y la relevancia de las circunstancias en las que se produce, en relación con la función preventiva del Derecho penal y sus límites en un Estado social y democrático de Derecho. Ha de partirse de que la justificación de la prescripción de la pena presupone que su ejecución debe ser el cauce ordinario y preferente para satisfacer la función preventiva del Derecho penal, pero revela que el transcurso del tiempo puede determinar que deje de ser legítima. El principio de proporcionalidad obliga a tomar en consideración la gravedad de la pena que el condenado debería cumplir, así como los beneficios y costes de mantener la amenaza de su ejecución.

La prescripción de la pena estará justificada cuando, atendiendo a las circunstancias en las que se produce, el transcurso del tiempo ha satisfecho ya –a través de la amenaza de la ejecución de la pena– la función preventiva del Derecho penal, y/o impide satisfacerla de forma legítima a través de la propia ejecución. Dicho de otro modo: sólo está justificado mantener la eficacia preventiva de la amenaza de la ejecución de la pena mientras ello sea necesario atendiendo a su gravedad, y compatible con la prohibición de dilaciones indebidas y los principios de proporcionalidad y seguridad jurídica.[28]

El planteamiento que propongo conduce a considerar que son diversos los argumentos que es necesario tomar en consideración para justificar la prescripción de la pena. Esto no es posible si se consideran aisladamente, y también debe reconocerse que la importancia que se otorgue a los argumentos que contribuyen a fundamentar la prescripción puede provocar diferencias en cuanto a su delimitación, que –como se acaba de indicar– ha de partir de la consideración de la gravedad de la pena que debe cumplir el condenado.

Expuestos muy resumidamente, los argumentos que me parce que deben ser considerados al fundamentar la prescripción de la pena son los siguientes:

---

[28] Ver S. CARDENAL MONTRAVETA, *La prescripción de la pena tras la reforma del Código Penal de 2015*, 2015, pp. 25 y ss., con referencias.

a) La amenaza de la ejecución de la pena produce efectos preventivos, que serán mayores cuanto más tiempo se prolongue aquella amenaza, si bien el incremento de la prevención general no es proporcional al de los plazos de prescripción y tampoco lo será siempre el incremento de la prevención especial.

Es importante destacar que el efecto preventivo de la amenaza de la ejecución de la pena no requiere que ésta llegue a producirse. Pero presupone que el Estado disponga de tiempo suficiente para ordenar e imponer coercitivamente su cumplimiento, si esto último resultara necesario. Sin tiempo suficiente para ejecutar la pena desaparece la amenaza de que ello llegue a producirse, su efecto preventivo y la posibilidad de que éste contribuya, así, a fundamentar la prescripción. La imposibilidad de ejecutar la pena no siempre es incompatible con la amenaza de la ejecución y la posibilidad de que prescriba. Pero sí lo es la imposibilidad de amenazar con ejecutar la pena y, en principio, también una amenaza que se mantiene durante un periodo muy breve de tiempo. Se explica así que los obstáculos y las dificultades para poder ejecutar la pena, sumados a la brevedad de los plazos de prescripción previstos con carácter general, puedan justificar su prolongación mediante la suspensión del cómputo de tales plazos.

Cuando la fuga del penado, o la ocultación de sus bienes, impiden ejecutar la pena, la amenaza de que ello se produzca resulta neutralizada, pero sigue desplegando un cierto efecto preventivo (por lo menos de carácter general), que contribuye a justificar la prescripción. En estos casos el principio de seguridad jurídica no contribuye a justificar la prescripción. Y su limitada capacidad para ello la confirma la existencia de penas que no prescriben.

b) Ya hemos indicado que, con carácter general, el transcurso del tiempo disminuye progresivamente la eficacia preventiva de mantener la amenaza de la ejecución y de la propia ejecución de la pena, tanto desde el punto de vista intimidatorio, como de la afirmación de los valores que aquéllas expresan. El reducido beneficio preventivo derivado de mantener la amenaza de la ejecución de la pena, y de que ésta llegara finalmente a producirse, no será necesario cuando tal amenaza ha satisfecho ya la función preventiva del Derecho penal, y tampoco estará justificado cuando se considere inferior al coste que mantener la amenaza comporta en términos materiales y, en su caso, también en relación con la vigencia de la prohibición de dilaciones indebidas y del principio de seguridad jurídica.

c) La prohibición de dilaciones indebidas y el principio de seguridad jurídica cuestionan la justificación de que la amenaza de la ejecución de la pena se mantenga después de que el Estado haya dispuesto del tiempo y los medios necesarios para hacerla efectiva. El reducido efecto preventivo que el mantenimiento de la amenaza sigue desplegando tendrá, entonces, un significado esencialmente intimidatorio, que puede considerarse desproporcionado atendiendo a sus costes, e insuficiente para negar el carácter indebido y la arbitrariedad del retraso en la ejecución de la pena que pueda llegar a producirse, y para justificar la inseguridad que comporta prolongar la incertidumbre sobre tal posibilidad.

B) LA SUSPENSIÓN DE LA EJECUCIÓN DE LA PENA COMO CAUSA DE SUSPENSIÓN DEL CÓMPUTO DE LA PRESCRIPCIÓN (ART. 134.2.A) CP)

2. La referencia del art. 134.2.a) CP a la suspensión del plazo de prescripción "durante el período de suspensión de la ejecución de la pena" no abarca todos los casos en los que la ejecución es *imposible*. Semejante interpretación sería difícilmente compatible con la referencia del ap. 1º a la fecha de la sentencia firme como momento inicial del cómputo del tiempo de prescripción, junto el quebrantamiento de la condena que hubiera comenzado a cumplirse. Y sería incompatible con la distinción que realiza el propio ap. 2º del art. 134 CP.

Pero ni la nueva regulación de la prescripción de la pena, ni el carácter vinculante de la jurisprudencia del Tribunal Constitucional (arts. 164.1 CE y 5.1 LOPJ), ni la ambigua justificación de la introducción del ap. 2º del art. 134 CP que realiza la Exposición de Motivos de la LO 1/2015, de 30 de marzo, obligan a conservar la discutible distinción realizada por aquél sobre los efectos que, en relación con el cómputo del plazo de prescripción, producen los supuestos de suspensión de la ejecución regulados en los arts. 80 a 89 CP (y en general, todos los que constituyen formas sustitutivas de la ejecución de una pena privativa de libertad), y los supuestos regulados en los arts. 4 CP y 56 LOTC. Y tampoco existe otra justificación de semejante interpretación restrictiva del art. 134.2.a) CP.[29]

En relación con ninguno de los casos de suspensión de la ejecución de la pena previstos en el Ordenamiento jurídico existe una justificación para entender que, mediante la regulación de la prescripción de la pena, el Estado ha querido disponer de plazos más breves que los previstos en el art. 133 CP para poder proceder a su ejecución, que es la consecuencia de considerar que el tiempo en el que está suspendida la ejecución de la pena también debe computarse como tiempo de prescripción. Ni el principio de legalidad, ni la disminución de la eficacia preventiva de la ejecución de la pena que deriva del transcurso del tiempo, ni los principios de seguridad jurídica y de proporcionalidad, ni la prohibición de dilaciones indebidas permiten identificar supuesto alguno de suspensión de la ejecución de

---

[29] Ver G. GUINARTE CABADA, en J.L. GONZÁLEZ CUSSAC (dir.), *Comentarios a la reforma del Código Penal de 2015*, 2015, p. 459; este autor afirma que "la suspensión de la ejecución de la pena puede haberse acordado en aplicación de cualquiera de las suspensiones que legalmente prevé el Código penal", pero sólo menciona los previstos en el art. 4.4, 80 y ss, y 90 y ss. CP. Ver también S. CAMARENA y J.M. ORTEGA, en J.L. GONZÁLEZ CUSSAC (dir.), *Comentarios a la reforma del Código Penal de 2015*, 2015, pp. 1428-1434; tras aludir a la jurisprudencia del Tribunal Constitucional y a lo dicho en la Exposición de Motivos de la LO 1/2015, estos autores mencionan los supuestos de suspensión de la ejecución de la pena previstos en los arts. 4.4 y 80 y ss CP, y en el art. 56 LOTC, añadiendo que cabría concluir que la previsión del art. 134.2.a) CP "afecta a todos los supuestos planteables de suspensión", pero no puede descartarse una interpretación teleológica de aquel precepto que excluya los supuestos previstos en los arts. 4.4 CP y 56 LOTC. Como hemos indicado, en realidad, ni siquiera antes de la introducción del ap. 2º del art. 134 CP estaba justificado rechazar la *suspensión* del cómputo de la prescripción de la pena cuando la suspensión de la ejecución venía motivada por la interposición de un recurso de amparo o por la petición de un indulto. Ver S. CARDENAL MONTRAVETA, "Constitución y prescripción de la pena", en S. MIR PUIG / M. CORCOY BIDADOLO (dirs.), *Constitución Constitución y sistema penal*, 2012, pp. 297 y ss.

la pena en el que no se suspenda, también, el cómputo de la prescripción. El art. 134.2.a) remite, por lo tanto, a los siguientes supuestos: a) suspensión cautelar motivada por la interposición de un recurso de amparo (art. 56 LOTC),[30] o por la petición de un indulto (art. 4.4 CP);[31] b) suspensión asociada a las formas sustitutivas de la ejecución de las penas privativas de libertad previstas en los arts. 80 a 87 (supuestos en los que la ejecución no es necesaria para evitar la comisión futura de nuevos delitos por el penado),[32] en el art. 89 CP (expulsión de extranjeros),[33] en el art. 99 CP (cumplimiento de medidas de seguridad privativas de libertad impuestas a semiinmputables)[34] y en el art. 60 CP (enajenación sobrevenida).[35] Es importante destacar que esta propuesta desvincula la decisión sobre la suspensión de la ejecución de la pena de la posibilidad de que tal decisión, y el tiempo durante el que se mantiene la suspensión, provoquen o faciliten la prescripción de la pena. Se favorece así la concesión de la suspensión de la ejecución de la pena y, en esta medida, los derechos e intereses del penado que se verían limitados por aquélla.

C) EL CUMPLIMIENTO DE OTRAS PENAS COMO CAUSA DE SUSPENSIÓN DEL CÓMPUTO DE LA PRESCRIPCIÓN (ART. 134.2.B) CP)

3. El orden de cumplimiento de las penas correspondientes a diversas infracciones y que deben cumplirse de forma sucesiva se regula en el art. 75 CP: "Cuando todas o algunas de las penas correspondientes a las diversas infracciones no puedan ser cumplidas simultáneamente por el condenado, se seguirá el orden de su respectiva gravedad para su cumplimiento sucesivo, en cuanto sea posible". Podría entenderse que, en los casos de cumplimiento sucesivo de las penas, la imposibilidad del cumplimiento de las más leves mientras se están cumpliendo las más graves constituye un supuesto de *suspensión de la ejecución* de aquéllas. Pero el nuevo ap. 2º del art. 134 CP ha optado por regular de forma específica en la letra b) los efectos que tiene el cumplimiento de las penas más graves en relación con el cómputo de la prescripción de las penas más leves. El cumplimiento efectivo de la

---

[30] Ver S. CARDENAL MONTRAVETA, *La prescripción de la pena tras la reforma del Código Penal de 2015*, 2015, pp. 91 y ss. Debe indicarse que el régimen de admisión del recurso de amparo previsto antes de la modificación que introdujo la LO 6/2007, de 24 de mayo, era mucho más generoso que el actual, y ello podía favorecer la interposición de estos recursos con la única finalidad de conseguir la suspensión de la ejecución de la pena y demorar, de esta manera, el cumplimiento de la condena e intentar que la pena prescribiera.

[31] Ver S. CARDENAL MONTRAVETA, *La prescripción de la pena tras la reforma del Código Penal de 2015*, 2015, pp. 107 y ss, con múltiples referencias a la doctrina y la jurisprudencia.

[32] Ver S. CARDENAL MONTRAVETA, *La prescripción de la pena tras la reforma del Código Penal de 2015*, 2015, pp. 119 y ss, con múltiples referencias a la doctrina y la jurisprudencia.

[33] Ver S. CARDENAL MONTRAVETA, *La prescripción de la pena tras la reforma del Código Penal de 2015*, 2015, pp. 134-136, con múltiples referencias a la doctrina y la jurisprudencia.

[34] Ver S. CARDENAL MONTRAVETA, *La prescripción de la pena tras la reforma del Código Penal de 2015*, 2015, pp. 137-140, con múltiples referencias a la doctrina y la jurisprudencia.

[35] Ver S. CARDENAL MONTRAVETA, *La prescripción de la pena tras la reforma del Código Penal de 2015*, 2015, pp. 140-142, con múltiples referencias a la doctrina y la jurisprudencia.

pena más grave comporta la suspensión del cómputo de la prescripción de ésta y, también, de las penas que deben cumplirse posteriormente. Este ya era el criterio propuesto por un sector de la doctrina y la jurisprudencia.[36] Cuando todavía no se haya iniciado el cumplimiento de las penas más graves o se haya interrumpido, la prescripción de las penas que no podían cumplirse simultáneamente no se produce de forma sucesiva. El cómputo del plazo de prescripción de las penas que, por ser imposible el cumplimiento simultáneo, deberán cumplirse posteriormente, no se suspende y, por lo tanto, las penas más leves podrán prescribir antes de iniciarse (o reiniciarse) el cumplimiento de las más graves y de que éstas prescriban.

---

[36] Ver STS 450/2012, de 24 de mayo; ATS 2564/2010, de 25 nov. En el mismo sentido, p. ej. AAAP Barcelona (sec. 8) 515/2012, de 13 dic.; Barcelona (sec. 7), 166/2010, de 10 mar. En la doctrina, ver M.A. BOLDOVA PASAMAR, en L. GRACIA MARTÍN (coord.), *Tratado de las consecuencias jurídicas del delito*, 2006, p. 417; M.I. GONZÁLEZ TAPIA, *La prescripción en el derecho penal*, 2003, pp. 258-261; J.L. DÍEZ RIPOLLÉS, *Derecho penal español. Parte General en esquemas*, 3. ed., 2011, p. 796; A. GILI PASCUAL, *La prescripción en Derecho penal*, 2001, p. 169; R. RAGUÉS I VALLÉS, *La prescripción penal: Fundamento y aplicación*, 2004, pp. 201 y ss.; EL MISMO AUTOR, en J.G. FERNÁNDEZ TERUELO Y OTROS (coord), *Estudios penales en homenaje al prof. Rodrigo Fabio Suárez Montes*, 2013, pp. 547-568. Ver también C. MIR PUIG, "Prescripción de la pena (ii)", en Iuris, núm. 187, 2013, pp. 32-33; G. GUINARTE CABADA, en J.L. GONZÁLEZ CUSSAC (dir.), *Comentarios a la reforma del Código Penal de 2015*, 2015, p. 460; S. CAMARENA y J.M. ORTEGA, en J.L. GONZÁLEZ CUSSAC (dir.), *Comentarios a la reforma del Código Penal de 2015*, 2015, p. 1434; estos autores indican que la referencia expresa a estos supuestos en el art. 134.2.b) CP "constituye un inciso aclarador de aquello que ni la práctica judicial, ni la doctrina del TC, identificaban como problema". Ver también J. HERNÁNDEZ GARCÍA y J.L. RAMÍREZ ORTIZ, en G. QUINTERO OLIVARES (dir.), *Comentario a la reforma penal de 2015*, 2015, p. 272; según estos autores, "la decisión por la que se ordena la liquidación y el orden de ejecución, comporta, por un lado, la determinación de la pena normativa resultante y temporalmente ejecutable y, por otro, las penas de cumplimiento sucesivo a la pena que sirve de arranque al proceso de ejecución ya deben considerarse que forman parte del mismo. La solución contraria, entender que la ejecución de la que por el orden legal deba cumplirse en primer lugar no comportaba un efecto legalmente previsto de suspensión de la ejecución de las restantes sería tanto como admitir que en muchos supuestos los límites de cumplimiento previstos en el artículo 76 CP carecerían de sentido y que de la ejecución de la pena más grave se derivaría la extinción por prescripción de las penas impuestas en la misma sentencia. Ello resultaba también inasumible en términos éticos, teleológicos, sistemáticos y pragmáticos".

Tema III

Injúria racial: um crime imprescritível?

Ney Fayet Júnior

Introdução

O artigo 2º da Lei 9.459/1997 estabeleceu um fator qualificador para o crime de injúria (artigo 140 do Código Penal), ao inserir o parágrafo 3º, no qual a ofensa se traduziria na utilização de elementos referentes a raça, cor, etnia, religião ou origem. Posteriormente, em decorrência do Estatuto do Idoso (Lei 10.741/2003), acrescentou-se a esta figura típica a referência à condição de pessoa idosa ou portadora de deficiência. Desse modo, a injúria qualificada (também denominada de injúria com preconceito, preconceituosa ou discriminatória) recebeu a sua plena configuração (artigo 140, parágrafo 3º, do Código Penal: "Se a injúria consiste na utilização de elementos referentes a raça, cor, etnia, religião, origem ou a condição de pessoa idosa ou portadora de deficiência: Pena – reclusão, de 1 [um] a 3 [três] anos, e multa"[1]); e visou a, precipuamente, obstar absolvições indevidas que se verificavam nos casos de ofensas, com marcado conteúdo racial ou discriminatório, mas sem atos de segregação (o que afastava a possibilidade de incidência da Lei 7.716/89 [discriminação racial]), ou, na hipótese de injúria simples (artigo 140, *caput*, do Código Penal), em virtude de os acusados estarem, supostamente, expressando a sua livre manifestação sobre determinado tema. Assim, o crime de injúria qualificada quis tornar mais efetiva a resposta punitiva em face do preconceito em geral.[2]

Neste estudo, entretanto, vai-se enfocar um aspecto específico, relacionado tanto à imprescritibilidade do crime de injúria qualificada (com substrato racial) como, ainda, à possibilidade de o legislador infraconstitucional ter o poder de ampliar o catálogo dos ilícitos imprescritíveis.

Antes, como de rigor, devem ser levantados certos pontos a fim de melhor expor e sobretudo concluir a análise.

---

[1] Os doutrinadores são acordes em considerar que a injúria qualificada implicou, em face da cominação exagerada, ofensa ao princípio constitucional da proporcionalidade entre os delitos e suas respectivas sanções. Por todos: JESUS, Damásio de, 2016, p. 618.

[2] Sobre o histórico problema do preconceito, pode ser consultado: CATALDO NETO, Alfredo; DEGANI, Eliane Peres, 2010.

1. Da (im)prescritibilidade penal

O instituto da prescrição penal se traduz na extinção da pena (a ser ou já aplicada) pelo transcurso do tempo. Cuida-se, pois, de uma autolimitação do *jus puniendi* estatal, levada a efeito por inúmeras razões de ordem político-criminal, sendo a mais significativa a perda de interesse em se punir determinada conduta delituosa. Contudo, vários ordenamentos jurídicos declaram imprescritíveis certos ilícitos penais, consagrando a disciplina segundo a qual, apesar do tempo transcorrido, determinados crimes mantêm sempre (e atual) a necessidade punitiva.

Como regra fundamental, o nosso sistema adota a prescritibilidade dos delitos (ainda que havidos como hediondos); sem embargo, excepcionalmente, poderá haver ilícitos penais que não se sujeitam ao regime traçado no Código Penal. Com efeito, a Constituição Federal de 1988, em seu artigo 5°, estatuiu duas hipóteses de imprescritibilidade: os crimes de racismo (inciso XLII), definidos na Lei 7.716, de 5 de janeiro de 1989, com as alterações da Lei 9.459, de 15 de maio de 1997; e o crime de ação de grupos armados, civis ou militares, contra a ordem constitucional e o Estado Democrático (inciso XLIV).

O instituto da imprescritibilidade penal, *grosso modo*, vincula-se à condição de viabilidade punitiva permanente e, em face disso, à perpétua perseguição do delinquente, impedindo que o fato criminoso seja riscado da memória social.

No curso do desenvolvimento histórico dos sistemas punitivos, as regras de imprescritibilidade, geralmente, encontram-se associadas aos crimes de maior gravidade, que causavam grande alarde social, ou seja, maior incômodo e perturbação aos membros da coletividade. Sendo assim, determinados delitos, por questionar as bases mais essenciais de determinados modelos da sociedade, exigiriam um tempo maior de superação, o que fundamentaria a perseguibilidade e o castigo aos responsáveis enquanto estiverem vivos, além de todos os limites temporais.[3] É esse o principal embasamento que a doutrina costuma dar à imprescritibilidade, uma vez que, de modo amplo, está associada a crimes como o de genocídio, de lesa-humanidade e de guerra. Nas palavras de Antoni Gili Pascual, a imprescritibilidade "(...) encuentra su adecuada explicación precisamente en el principio de necesidad de pena. Dada la gravedad de determinadas conductas, la intolerabilidad social no experimenta esa aminoración producto del paso del tiempo y su comisión no se beneficia, por así decirlo, de ese proceso social de superación, tratándose de hechos que no pierden su relevancia en la configuración de la vida social del presente y respecto de los cuales, por tanto, debe seguir estimándose necesaria y justificada la pena".[4]

A imprescritibilidade está fundamentada, em grande medida, nas teorias penais absolutas, considerando a pena como um fim em si mesma, vale indicar: a retribuição ao mal causado. Dessa forma, para a corrente favorável à impres-

---
[3] RAGUÉS i VALLÈS, Ramon, 2004, p. 92.
[4] GILI PASCUAL, Antoni, 2001, p. 78.

critibilidade, o instituto da prescrição penal afronta a regra de que "a todo delito corresponde uma pena", sendo, portanto, [a prescrição] "antijurídica e refutada sob todas suas formas".[5]

2. Da (im)possibilidade de o legislador infraconstitucional ampliar as hipóteses de crimes imprescritíveis

O artigo 5º, incisos XLII e XLIV, da Constituição Federal, prevê as duas espécies de crimes imprescritíveis no Direito Penal brasileiro: a prática de racismo e a ação de grupos armados, civis ou militares, contra a ordem constitucional e o Estado Democrático. Diante disso o problema recai sobre a legitimidade da norma infraconstitucional para a imposição de regras de imprescritibilidade – tema ainda tormentoso em âmbito doutrinário nacional. Objetiva-se saber se, além dos crimes estatuídos na Constituição Federal, demais casos de não prescrição admitiriam ser criados pela legislação ordinária.[6] Um dos motivos de debate – dentro do tema da imprescritibilidade penal – é a possibilidade de a legislação infraconstitucional estabelecer crimes imprescritíveis (ou regras de imprescritibilidade).

Parte da doutrina acredita que isso seria matéria exclusivamente de índole constitucional;[7] mais: haveria proibição implícita, no texto maior, para estender o rol dos crimes imprescritíveis;[8] ou, ainda, que se cuidaria de rol taxativo, "não podendo ser ampliado por tratados internacionais de direitos humanos nem por emenda constitucional".[9] No entanto, não são raros os posicionamentos em sentido contrário, motivo pelo qual o ponto ainda não se mostra pacífico. Para Paulo Queiroz, parece que a lei ordinária pode ampliar o rol de crimes imprescritíveis, admitido que se trataria de "típica matéria infraconstitucional", em concurso com a previsão de "crimes bem mais graves" fora da Constituição Federal.[10]

---

[5] TRIPPO, Mara Regina, 2004, p. 59.

[6] A imprescritibilidade aplica-se a todas as espécies da prescrição penal, seja da pretensão punitiva, seja da executória. Conforme o voto do Ministro Gilson Dipp no acórdão do *HC* 15155/RS (STJ, 5ª T., Rel. Min. Gilson Dipp, j. 18/12/01, DJ 18/3/02): "O crime de racismo, gizado pela Constituição, é imprescritível, ou seja, a pena é perene, possibilitando que o Estado puna o autor do fato a qualquer tempo – imprescritibilidade, esta, que é aplicada no exercício tanto da pretensão punitiva quanto da pretensão executória". Nesse mesmo sentido: TRIPPO, Mara Regina, p. 81, e OSÓRIO, Fábio Medina; SCHAFER, Jairo Gilberto, 1995, p. 337.

[7] "[A imprescritibilidade] fundamenta-se em opção política que reconhece especial gravidade aos fatos não atingidos pela prescrição, sendo que as hipóteses excepcionais somente podem ser identificadas por opção político-constitucional. Isso significa que o legislador infraconstitucional não pode estabelecer outras hipóteses de imprescritibilidade" (GALVÃO, Fernando, 2017, p. 1069).

[8] "A Lei Maior proibiu implicitamente em seu art. 5º, XLII a XLIV, que normas infraconstitucionais estabelecessem a imprescritibilidade a outras infrações" (MACHADO, Fábio Guedes de Paula, 2000, p. 173). No mesmo sentido: "A razão de não haver previsão expressa é simples: a imprescritibilidade está embasada (...) em aspectos retributivos, ao passo que a Carta Federal tem como missão a contenção do poder punitivo" (MARTINELLI, João Paulo Orsini; BEM, Leonardo Schmitt de, 2017, p. 985).

[9] BARROS, Flávio Augusto Monteiro de, 2011, p. 622. Para Mara Regina Trippo (p. 94), "as hipóteses de imprescritibilidade são aquelas previstas na Constituição; lei federal que instituísse outra seria inconstitucional".

[10] QUEIROZ, Paulo, 2015, p. 567.

Muito embora contrário à utilização excessiva e simbólica dos instrumentos persecutórios de intervenção estatal, avalio que a Constituição Federal não proibiu, de modo expresso, pudesse haver deliberação infraconstitucional sobre imprescritibilidade; e mais: se ao legislador ordinário é possibilitado eliminar (ou alterar) o regramento prescricional, pode, também, tornar, excepcionalmente, certos crimes (significativamente graves) inacessíveis à implementação prescritiva (esse posicionamento, aliás, permite, sob todos os títulos, dar viabilidade maior à internalização do regime internacional, especialmente o que se mostra consentâneo com a preservação dos direitos humanos[11]).

3. Da imprescritibilidade dos crimes de prática de racismo e (de sua extensibilidade ao) de injúria qualificada (com substrato racial)

Para bem pontuar o problema, deve buscar-se, em um primeiro momento, uma definição clássica de "raça", tão somente como norte interpretativo em relação ao conceito legal. Segundo Michel Leiris, a noção de raça "funda-se na idéia de caracteres físicos transmissíveis que permitem distribuir a espécie *Homo sapiens* em vários grupos que equivalem ao que em botânica se chama 'variedade'".[12] E é em virtude desse contraste que se origina o que se denomina de "racismo": quando determinado grupo justifica sua superioridade presumida a partir de "pretensas virtudes" e "qualidades inatas" relacionadas à sua raça.[13]

A Constituição Federal estabeleceu que todas as práticas decorrentes dessa "discriminação que importa a ideia de domínio de uma raça sobre a outra", no conceito de José Afonso da Silva,[14] são crimes que não prescreverão a qualquer tempo. Coube, todavia, ao legislador penal (Lei 7.716/89) definir os tipos criminais que caracterizariam "a prática de racismo", tendo por base um campo vasto, geral e indeterminado, deixado, propositalmente, pela Constituição Federal.[15-16]

A lei infraconstitucional trouxe, no entanto, regras de punição aos "crimes resultantes de discriminação ou preconceito de raça, cor, etnia, religião ou pro-

---

[11] Com mais detalhes: FAYET JÚNIOR, Ney; FERREIRA, Martha da Costa, 2011.

[12] LEIRIS, Michel, 1970, p. 197.

[13] COMAS, Juan, p. 12. Nas palavras de Josiane Pilau Bornia (2007, p. 72), "o racismo é uma ideia que parte de um pressuposto irracional no qual determinado grupo humano inferioriza outro em função de diferenças físicas e biológicas". Ainda se pode destacar que o racismo se mostra um fenômeno tão antigo quanto a política, dado que, em nome da identidade étnica, consegue dar coesão ao grupo social "contra um inimigo verdadeiro ou suposto" (BOBBIO, Norberto, 2010, p. 1059).

[14] SILVA, José Afonso da, p. 139.

[15] TRIPPO, Mara Regina, p. 74. Conforme a autora (p. 78), "a Constituição não empregou as palavras *preconceito* e *raça*, nem mesmo vocábulo mais restrito, como *cor*. Ao acolher o termo *racismo*, amplo e flexível, a norma constitucional acentuou sua *textura aberta* e, propositadamente, deixou largo campo para atuação do legislador penal".

[16] Não se encaixa entre os crimes imprescritíveis a injúria agravada por elementos referentes à raça, cor, etnia, religião, origem ou à condição de pessoa idosa ou portadora de deficiência, prevista no art. 140, § 3º, do CP. Nesse sentido: TRIPPO, Mara Regina, p. 79.

cedência nacional" (artigo 1º). A ausência da palavra "racismo", na lei, exigiu da interpretação doutrinária e jurisprudencial a delimitação da previsão constitucional.[17] Em decorrência disso, uma determinada corrente interpretativa propõe que todos os crimes resultantes de preconceito quanto à cor, religião (como, por exemplo, a propagação de doutrinas antissemitas), etnia e procedência nacional, e não apenas quanto à raça, também estariam sujeitos à imprescritibilidade.

Analisando a abertura de sentido da expressão "racismo", trazida pelo legislador constitucional, em conjunto com a finalidade do dispositivo ("garantir o direito de igualdade entre os grupos, para o mais amplo e digno exercício da cidadania, com a concretização dos direitos humanos e proteção das minorias"), Mara Regina Trippo entende que o significado da prática de racismo englobaria todo "tratamento de inferiorização imposto às pessoas, disfarçado por falsas teorias científicas". Dessa forma, para a autora, a imprescritibilidade do crime de "prática de racismo" comportaria, exatamente, os crimes resultantes de discriminação ou preconceito com base em todas as características previstas no artigo 1º da Lei 7.716/89.[18]

Sobre a matéria, analisando a extensão da regra de imprescritibilidade aos preconceitos antissemitas, no emblemático "caso Ellwanger" (considerado o mais importante precedente sobre o tema), posicionou-se o Supremo Tribunal Federal: "Publicação de livros: Antissemitismo. Racismo. Crime imprescritível. Conceituação. Abrangência constitucional. Liberdade de expressão. Limites. Ordem denegada. 1. Escrever, editar, divulgar e comerciar livros 'fazendo apologia de ideias preconceituosas e discriminatórias' contra a comunidade judaica (Lei 7.716/89, art. 20, na redação dada pela Lei 8.081/90) constitui crime de racismo sujeito às cláusulas de inafiançabilidade e imprescritibilidade (CF, art. 5º, XLII). (...). (*HC* 82424, STF, Rel. Min. Moreira Alves, Rel. p/ acórdão: Min. Maurício Corrêa, TP, j. 17/9/03, DJ 19/3/04)".[19]

---

[17] TRIPPO, Mara Regina, p. 74-5.

[18] TRIPPO, Mara Regina, p. 79. A seu turno, Christiano Jorge Santos (2010, p. 91) entende que a imprescritibilidade, aplicável apenas aos crimes de preconceito ou discriminação por raça ("crime de racismo"), poderia alcançar, também, os crimes de preconceito ou discriminação por cor ou etnia, mas não ao que se refere a grupo humano religioso ou nacional. Para o autor, "existem católicos, evangélicos, muçulmanos e umbandistas de todas as raças, como há judeus negros e brancos. Logo, não existe raça católica, como também não existe raça budista ou judia. Existem grupos unidos por conta da fé professada. Discriminar as pessoas por conta disso será crime da Lei 7.716/1989, mas não racismo. Assim, o delito praticado contra alguém em razão de sua religião ou procedência nacional não será imprescritível".

[19] Adotando a mesma ideia, Celso Lafer (2005, p. 101-2), ao comentar o caso Ellwanger, critica a interpretação minimalista e restritiva ao crime de "prática de racismo": "O sequenciamento do genoma humano confirmou que só existe uma raça – a raça humana. Assim, é certo que os judeus não são uma raça, mas não são uma raça os brancos, também, os negros, os mulatos, os índios, os ciganos, os árabes, e quaisquer outros integrantes da espécie humana. Todos, no entanto, podem ser vítimas da prática do racismo. Por isso, discutir o crime da prática do racismo a partir do tema 'raça' é um equívoco. O crime da prática do racismo tem sua base e reside nas teorias e preconceitos que discriminam grupos ou pessoas a eles atribuindo características 'raciais'. Assim, qualificar o crime da prática do racismo a partir de 'raça' é esvaziar o conteúdo jurídico do preceito constitucional. Significa, no limite, aplicando-se o argumento *contrario sensu*, válido no campo penal, converter o crime da prática do racismo em crime impossível pela inexistência de objeto: as raças, até mesmo a 'raça negra' à qual se endereçaria especificamente o preceito constitucional (...)."

Preocupa o entendimento do Supremo Tribunal Federal e de parte da doutrina que advoga uma interpretação extensiva da regra prevista pela Constituição Federal. Ao contrário do argumento de que uma leitura do dispositivo – a partir do conceito de raça – acabaria por esvaziar seu conteúdo, é possível, sim, uma análise restritiva do texto, a fim de não incorrer em perigosa analogia *in malam partem*, sem que a referida norma perca seu sentido.[20]

Existem diversos métodos interpretativos da norma constitucional, e em função disso, nas palavras de Gilmar Ferreira Mendes, Paulo Gustavo Gonet Branco e Inocêncio Mártires Coelho, "(...) o primeiro e grande problema com que se defrontam os intérpretes/aplicadores da Constituição parece residir, de um lado, e paradoxalmente, na riqueza desse repertório de possibilidades e, de outro, na inexistência de critérios que possam validar a escolha dos seus instrumentos de trabalho, nem resolver os eventuais conflitos entre tais instrumentos (...)".[21]

Entretanto, posto que haja inúmeras possibilidades de interpretação, nenhuma delas pode contrariar os princípios. Nesse caso, o princípio que embasaria a impossibilidade de estender a imprescritibilidade aos crimes resultantes de preconceitos baseados em etnia, religião e procedência nacional é o da legalidade, mais especificamente em seu corolário da taxatividade, segundo o qual "a lei deve descrever com o máximo de precisão possível os tipos penais incriminadores".[22] Penso que essa extensão ultrapassaria o "limite semântico do texto legal".[23]

Embora a classificação do ser humano em "raças" represente uma incorreção do ponto de vista biológico, ela é amplamente utilizada como forma de diferenciação antropológica de certos grupos, com base em características físicas genotípicas,[24] motivo pelo qual a expressão constitucional "prática de racismo" se relaciona, naturalmente, com a palavra "raça" da Lei 7.716/89.

---

[20] Apesar de votar no sentido de incluir o antissemitismo como forma de racismo, vale mencionar a seguinte consideração do Min. Gilson Dipp, ao entender que não seria possível aplicar a analogia, no julgamento pelo STJ, do 'caso Ellwanger': "A legislação infraconstitucional não previu a imprescritibilidade como característica do tipo penal do art. 20 da Lei 7.716/89, sendo certo que não se admite a analogia para fins de se aumentar a incriminação penal, ou seja, aplicar-se a analogia visando a estender, a outras condutas, a imprescritibilidade prevista especificamente para a prática do racismo. Dessa forma, se poderia argumentar que apenas a discriminação e o preconceito fundados em motivos raciais se amoldariam à imprescritibilidade constitucional, e que tal imprescritibilidade não atingiria outras motivações (etnia, convicção religiosa, etc.). Entretanto, a presente hipótese trata, efetivamente, de crime de racismo, tornando-se impróprias maiores digressões a respeito das demais condutas tipificadas no art. 20 da Lei 7.716/89 e se as mesmas seriam, ou não, imprescritíveis" (*HC 15155/RS*, STJ, 5ª T., Rel. Min. Gilson Dipp, j. 18/12/01, DJ 18/3/02). Vale também citar o trecho do voto do Min. Marco Aurélio, no julgamento do mesmo caso, já no STF: "a interpretação do inciso XLII do art. 5º da Constituição deve ser a mais limitada possível, no sentido de que a imprescritibilidade só pode incidir no caso de prática de discriminação racista contra o negro, sob pena de se criar um tipo constitucional penal aberto imprescritível, algo, portanto, impensável em um sistema democrático de direito" (*HC 82424-2/RS*, STF, TP, Rel. Min. Moreira Alves, j. 19/9/03).

[21] MENDES, Gilmar Ferreira; BRANCO, Paulo Gustavo Gonet; COELHO, Inocêncio Mártires, 2008, p. 97.

[22] QUEIROZ, Paulo, p. 50.

[23] ZAFFARONI, Eugenio Raúl; PIERANGELI, José Henrique, 2015, p. 164.

[24] Conforme Michel Leiris (p. 199), "aplicado a largos grupos de passado tumultuoso e distribuídos por extensas áreas, o termo 'raça' significa simplesmente que, para além das distinções nacionais ou tribais, pode-se definir conjuntos caracterizados por certas concentrações de caracteres físicos, conjuntos temporários, dado que prece-

Cabe dizer que os crimes resultantes de preconceito ou discriminação quanto à cor, por ser característica física hereditária, poderiam ser entendidos como imprescritíveis, uma vez que essa característica se encaixa no conceito de raça (e, assim, não se ultrapassaria o limite semântico do texto legal). Já os termos "etnia", "religião" e "procedência nacional" se distanciam dos conceitos de raça e de cor,[25] e, consequentemente, do que se pode entender por "racismo". Portanto, tendo-se como da premissa que os judeus, por simples referência, não formam um grupo racial, uma vez que não há entre estes uma distinção de caracteres físicos hereditários que possa distingui-los,[26] entende-se que a imprescritibilidade penal não poderia ser estendida aos crimes de discriminação com caráter antissemita. Caso contrário, estar-se-ia transgredindo os limites impostos à interpretação da lei penal.

Diante disso, não se poderiam considerar imprescritíveis os delitos de discriminação ou preconceito cujo substrato fossem elementos referentes a etnia, religião, origem ou condição de pessoa idosa ou portadora de deficiência ou, ainda, do vírus HIV (Lei 12.984/2014); exceto aqueles relativos à raça e cor.[27] Além do princípio da legalidade (em seu desdobramento específico – taxatividade[28]), a interpretação restritiva das regras de imprescritibilidade estaria em consonância com os mais atualizados postulados político-criminais garantistas que pregam a diminuição da intervenção penal.[29]

---

dem de massas necessariamente variáveis (justamente por seu movimento demográfico) e comprometidas num jogo histórico de contatos e de caldeamentos constantes".

[25] Na explicação de Ricardo Antonio Andreucci (2017, p. 136): *"etnia* significa coletividade de indivíduos que se diferencia por sua especificidade sociocultural, refletida principalmente na língua, religião e maneiras de agir. Há quem inclua fatores de natureza política no conceito de etnia (p. ex., índios, árabes, judeus, etc.). *Religião* é a crença ou culto praticados por um grupo social, ou ainda a manifestação de crença por meio de doutrinas e rituais próprios (p. ex., católica, protestante, espírita, muçulmana, islamita etc.). (...). *Procedência nacional* significa o lugar de origem da pessoa, a nação da qual provém, o lugar de onde procede o indivíduo (p. ex., italiano, japonês, português, árabe, argentino etc.), incluindo, (...), a procedência interna do País (p. ex., nordestino, baiano, cearense, carioca, gaúcho, mineiro, paulista etc.)".

[26] Como afirma Juan Comas (p. 37): "Assim, a despeito do ponto de vista usualmente mantido, o povo judeu é racialmente heterogêneo; suas constantes migrações e suas relações – voluntárias ou não – com as mais diversas nações e povos originaram um grau de mestiçagem que faz com que possamos encontrar *no chamado povo de Israel exemplos dos traços característicos de todos os povos.* (...). Portanto, até onde chega nosso conhecimento, podemos afirmar que os judeus em conjunto apresentam um grau tão grande de diferenciação morfológica entre si como o que podemos encontrar entre membros de duas ou mais raças diferentes".

[27] No mesmo sentido, contrário à referida analogia *in malam partem*: BORNIA, Josiane Pilau, p. 158-9. Adotando um posicionamento diverso, Fabiano Augusto Martins Silveira (2006, p. 98 e 101) entende que a imprescritibilidade pode ser admitida somente nos casos em que a discriminação relativa à procedência nacional ou à religião guarda relação com o preconceito de raça, cor ou etnia de forma inextricável.

[28] Como anota Guillermo J. Yacobucci (2002, p. 275), "en el principio de legalidad, la ley debe desarrollar con exactitud y claridad los términos de la imputación. En este nivel se habla de una *lex stricta*, por cuanto desenvuelve de manera taxativa qué comportamiento prevé el legislador como extremo de imputación de una sanción y, respecto de esta última, su clara determinación".

[29] Grande parte da doutrina mais atualizada em Direito Penal não encontra legitimidade nos fundamentos da imprescritibilidade. Essa é a posição, por exemplo, de Jorge de Figueiredo Dias, ao afirmar que a imprescritibilidade só estaria embasada nas "(ilegítimas) necessidades 'absolutas' de punição", ou seja, nos sentimentos de "vingança e retribuição" (DIAS, Jorge de Figueiredo, 1993, p. 704). Os crimes de considerado grau de reprovação e repugnância (como, por ilustração, aqueles cometidos pela Inquisição e pelo nazifascismo) tendem a permanecer

De outro giro, ganha força, na doutrina, a concepção segundo a qual a expressão racismo não tem esse sentido denotativo restritivo, dado que englobaria não somente o preconceito derivado de raça, mas, identicamente, todas as formas discriminatórias insertas na Lei 7.716/1989. Com isso, a expressão legal "racismo" seria tão somente o gênero em face do qual haveria desdobramentos específicos (tais como: cor, origem, etnia e, até mesmo, orientação sexual[30]). O Superior Tribunal de Justiça adotou essa orientação: "De acordo com o magistério de Guilherme de Souza Nucci, com o advento da Lei 9.459/97, introduzindo a denominada injúria racial, criou-se mais um delito no cenário do racismo, portanto, imprescritível, inafiançável e sujeito à pena de reclusão" (EDcl no AgRg 686.965/DF, 6ª T., rel. Ericson Maranho [desembargador convocado do TJSP], 13.10.15)".[31]

---

apenas na memória histórica (DIAS, Jorge de Figueiredo, p. 704), que seria incapaz de fundamentar o caráter preventivo da punição. Pela passagem do tempo, a pena acabaria tornando-se desnecessária. Nesse contexto, merecem menção as palavras de Daniel Pastor (2004, p. 118-9) a respeito da imprescritibilidade: "Ya se sabe, entre los poderes del hombre no parece haber lugar para eternidades. La imprescriptibilidad, dado el carácter todavía finito de la existencia humana, supone, culturalmente, una pretensión de llevar el poder penal del Estado hasta la eternidad, algo incompatible, por definición, con la idea del Estado constitucional de derecho que se basa en la ya mentada condición mortal de la especie humana, condición que es el límite de todas sus aspiraciones, lo cual incluye a las aspiraciones del artificio inventado para representar su organización social y asegurar el mejor desarrollo de todos sus miembros. Una pretensión de justicia a ultranza y más allá de los tiempos, es contraria a la naturaleza política de la persona. La idea de perdón y compasión, aun para con el peor de los seres humanos, es un sentimiento respetable de nuestra especie. Cada uno sabrá si es la venganza o la compasión el sentimiento más adecuado a nuestra condición de humanos, pero para el Estado constitucional de derecho, la cuestión es más sencilla: sin límites temporales para la persecución y castigo de los crímenes el Estado de derecho se deprecia tanto a sí mismo, en la idea de que es un Estado limitado, que directamente desaparece. La imprescriptibilidad, que contradice todo humanismo, es la contraparadoja del Estado constitucional de derecho. Es el caso en cual este artificio vuelve a ser omnipotente y levanta una de las barreras que él mismo había creado como límite infranqueable de sus poderes". Partindo de fundamento constitucional-democrático para a prescrição, defendido por Fábio Guedes de Paula Machado (p. 190 e segs.), a imprescritibilidade contraria as doutrinas de intervenção mínima do Direito Penal e o sistema de garantias, mais especificamente da dignidade humana. E, seguindo a lógica funcionalista de prescrição penal trazida pelo mesmo autor (MACHADO, Fábio Guedes de Paula, p. 191), a imprescritibilidade contrapõe a "dimensão simbólico-comunicativa do delito e da sanção", dimensão esta que, além da necessidade de reafirmar a vigência da norma penal, também objetiva integrar os cidadãos conforme a própria norma. Uma vez ausente essa função simbólico-comunicativa, desnecessária se faz a pena, motivo pelo qual não haveria razoabilidade na persecução eterna dos responsáveis por um ilícito penal.

[30] "(...) não se poderia deixar de considerar racista a pessoa que impedisse acesso a um lugar público de um homossexual, bem como proferisse contra ele injúria com base na sua opção de orientação sexual. Se *racismo* é mentalidade segregacionista, não há dúvida de que se deve proteger todos os agrupamentos sociais, independentemente de padrão físico ou ascendência comum" (NUCCI, Guilherme de Souza, 2017, p. 225). Pelos mesmos motivos, dever-se-ia "considerar imprescritível o preconceito efetuado contra portadores do vírus HIV" (ESTEFAM, André, 2016, p. 518).

[31] NUCCI, Guilherme de Souza, p. 225. No caso em foco, o jornalista P.H.S.A., em setembro de 2009, publicou afirmações injuriosas em seu *blog* contra (o também jornalista) H.P.C., que encaminhou representação ao MP, sendo, então, denunciado, o "blogueiro", sob acusação de racismo. Em primeira instância, o juízo da 4ª VC de Brasília alterou a tipificação para injúria com caráter racial. Contudo, considerou que houve decadência, dado que a vítima apresentou representação seis meses e 12 dias após a publicação das afirmações, tendo, pois, ultrapassado o prazo legal. A 3ª TC do TJDF afastou a decadência, com o entendimento de que o prazo decadencial se conta a partir do momento em que a vítima toma conhecimento das ofensas. Ainda, o colegiado considerou que as expressões utilizadas pelo réu "foram desrespeitosas e acintosas à vítima, excedendo os limites impostos pela própria CF e ferindo seu objetivo primordial, que é o exercício da democracia". O Des. Roberval Belinati discordou da decisão, motivo pelo qual o "blogueiro" apresentou embargos infringentes. Assim, sendo decidido pela CC do TJDF pela prescrição da punibilidade, pois, considerando-se a idade do acusado – mais de 70 anos –, o prazo prescricional era de dois anos, e o acórdão condenatório foi publicado somente três anos depois. A maioria

da CC seguiu o entendimento do Des. Roberval Belinati, segundo o qual o crime de injúria racial prescreve, entendendo que injúria racial e racismo são crimes diversos, referindo que a Constituição prevê que somente o racismo é imprescritível. Na ocasião, ficou vencido o Des. João Batista Teixeira, que considerava a injúria racial imprescritível, por ter entrado no CP em legislação sobre crimes resultantes de preconceito de raça ou de cor (Lei 9.459/97), e ter pena igual ao crime de racismo da Lei 7.716/89: um a três anos de prisão. Sendo assim, após a interposição do recurso, o Rel. Ericson Maranho, em unanimidade com seus demais colegas do STJ, entendeu que a Lei 7.716/89 define como criminosa a conduta de "praticar, induzir ou incitar a discriminação ou preconceito de raça, cor, etnia, religião ou procedência nacional", com isso, a prática de racismo constitui crime previsto em Lei e sujeito às cláusulas de inafiançabilidade e imprescritibilidade (CF, 5º, XLII). Nesse sentido, ainda refere que o mesmo tratamento deve ser dado ao delito de injúria racial, porquanto este crime, por também traduzir preconceito de cor – atitude que conspira no sentido da segregação –, veio somar-se àqueles outros, definidos na Lei 7.716/89, cujo rol não é taxativo. Ademais, concordando com o magistério de Guilherme de Souza Nucci, que (...) tece o seguinte comentário: "O art. 5º, XLII, da CF preceitua que a 'prática do racismo constitui crime inafiançável e imprescritível, sujeito à pena de reclusão, nos termos da lei'. O racismo é uma forma de pensamento que teoriza a respeito da existência de seres humanos divididos em 'raças', em face de suas características somáticas, bem como conforme sua ascendência comum. A partir dessa separação, apregoa, a superioridade de uns sobre outros, em atitude autenticamente preconceituosa e discriminatória. Vários estragos o racismo já causou à humanidade em diversos lugares, muitas vezes impulsionando ao extermínio de milhares de seres humanos, a pretexto de serem seres inferiores, motivo pelo qual não mereceriam viver. Da mesma forma que a Lei 7.716/89 estabelece várias figuras típicas de crime resultantes de preconceitos de raça de cor, não quer dizer, em nossa visão, que promova um rol exaustivo. Por isso, com o advento da Lei 9.459/97, introduzindo a denominada injúria racial, criou-se mais um delito no cenário do racismo, portanto, imprescritível, inafiançável e sujeito à pena de reclusão. É caso, a meu aviso, de afastar-se a prescrição". Segue essa decisão: "(...). Cuida--se de dois agravos em recurso especial, o primeiro, interposto por H.P.C., e o segundo, por P.H.S.A., ambos contra acórdão do TJDFT, assim ementado: (...). O primeiro recorrente aponta a violação dos arts. 20, § 2º, da Lei 7.716/89 e 111, III, do CP, alegando, em síntese, que o TJDFT valorou de forma equivocada as provas dos autos quando operou a desclassificação do delito de racismo (art. 20, § 2º, da Lei 7.716/89) para injúria racial (art. 140, § 3º, do CP). Alternativamente, pede que seja reconhecido o caráter permanente do crime de injúria racial, realizado por intermédio da rede mundial de computadores, afastando-se a prescrição. (...). É o breve relatório. Decido. Recurso de H.P.C. De início, afasta-se a arguição de intempestividade do presente agravo em recurso especial levantada no parecer ministerial. (...). Ultrapassado esse ponto, passa-se à análise do mérito recursal. A primeira questão abordada pelo recorrente H.P.C. diz respeito à desclassificação do delito operada pelas instâncias ordinárias. O juiz sentenciante da 5ª VC de Brasília-DF analisando de forma percuciente os elementos de prova dos autos concluiu que a conduta praticada pelo réu, ora segundo recorrente, consistente na publicação de nota em seu *blog* na rede mundial de computadores contendo a expressão 'negro de alma branca', não se amolda ao tipo penal previsto no art. 20, § 2º, da Lei 7.716/89, mas sim, ao tipo penal do art. 140, § 3º, do CP. Ressaltou o julgador que o fato descrito na denúncia não teve o condão de atingir toda a coletividade negra, mas a de ofender a dignidade da vítima. Vê-se que esse entendimento está em conformidade com a jurisprudência desta Corte Superior, que já decidiu que 'o crime do art. 20, da Lei 7.716/89, na modalidade de praticar ou incitar a discriminação ou preconceito de procedência nacional, não se confunde com o crime de injúria preconceituosa (art. 140, § 3º, do CP). Este tutela a honra subjetiva da pessoa. Aquele, por sua vez, é um sentimento em relação a toda uma coletividade em razão de sua origem (nacionalidade)' (*ut*, R*HC* 19.166/RJ, Rel. Min. Felix Fischer, 5ª T., DJ 20/11/06). Tendo isso em conta, não cabe na via do recurso especial alterar a tipificação da conduta já devidamente analisada na origem, porquanto tal providência não dispensa o reexame do material fático-probatório dos autos. (...). No que diz respeito à prescrição, outra será a sorte do recorrente. A Lei 7.716/89 define como criminosa a conduta de praticar, induzir ou incitar a discriminação ou preconceito de raça, cor, etnia, religião ou procedência nacional. A prática de racismo, portanto, constitui crime previsto em lei e sujeito às cláusulas de inafiançabilidade e imprescritibilidade (CF, 5º, XLII). O mesmo tratamento, tenho para mim, deve ser dado ao delito de injúria racial. Este crime, por também traduzir preconceito de cor, atitude que conspira no sentido da segregação, veio a somar-se àqueles outros, definidos na Lei 7.716/89, cujo rol não é taxativo. (...). Diante do exposto, a teor do art. 544, § 4º, II, *c*, do CPC, conheço do agravo e dou parcial provimento ao recurso especial de H.P.C., para afastar a prescrição reconhecida pelo TJDFT, no julgamento dos EI de fls. (...), mantendo a pena do recorrente, P.H.S.A., em 1 ano e 8 meses de reclusão, pela prática do crime previsto no art. 140, § 3º, do CP, no regime inicial aberto, substituída a pena corporal por suas restritivas de direito, a serem especificadas pelo Juízo da VEPEMA, tudo nos termos do acórdão de fls. (...) e nego provimento ao recurso de P.H.S.A. Publique-se. Intimem-se. Brasília, 12 de maio de 2015. Min. Ericson Maranho (Des. conv. do TJ/SP) Relator". (STJ, AREsp: 686965 DF2015/0082290-3, Rel.: Min. Ericson Maranho [Des. conv. do TJ/SP], DP: DJ 18/6/15).

4. Considerações finais

Ao encerrar este trabalho, retomam-se algumas conclusões e ideias que foram expostas ao longo do texto.

(i.) No sistema jurídico brasileiro, via de regra, a prescritibilidade é aplicada a todos os delitos. Excepcionalmente, no entanto, existem delitos que não se sujeitam ao regime traçado no Código Penal. São os casos de imprescritibilidade trazidos pela Constituição Federal de 1988, em seu artigo 5º: os crimes de racismo (inciso XLII); e o crime de ação de grupos armados, civis ou militares, contra a ordem constitucional e o Estado Democrático (inciso XLIV). (ii.) No decorrer da história, a prescrição se fez presente em grande parte dos ordenamentos jurídicos continentais, deixando pouco espaço para normas de imprescritibilidade. No Brasil, a total ausência de prazo para processamento e punição dos crimes só se fez presente no Código Criminal de 1830. Não obstante, o ordenamento pátrio sempre seguiu as tendências internacionais que colocam a prescrição como regra, salvo algumas exceções. (iii.) Pode afirmar-se que a maior parte da doutrina criminal aceita a prescrição como um instituto legítimo, e que, à sua falta, se viabilizaria uma eterna, e inócua, perseguição do delinquente, fundamentada apenas em teorias penais absolutas. Contudo, a imprescritibilidade, no plano internacional, tem sido apontada pela doutrina (igualmente em um amplo espectro) – especialmente no contexto de crimes extremamente graves – como um importante instrumento jurídico de enfrentamento às mais severas violações dos direitos humanos. (iv.) Analisando-se o texto da Constituição Federal, que prevê a imprescritibilidade para o crime de prática de racismo, bem como a lei específica que visa a complementar tal regra, pôde detectar-se alguns pontos obscuros: a Lei 7.716/89 incriminou novas formas de discriminação (etnia, religião e procedência nacional) que não se enquadram, diante de uma visão antropológica, no que se entende por prática de "racismo". Estender a imprescritibilidade prevista na Constituição Federal, a partir de uma analogia *in malam partem*, contraria princípios de Direito Penal, tais como a legalidade e a taxatividade. Dessa forma, são imprescritíveis apenas os crimes cometidos por discriminação ou preconceito de raça e cor (entre os quais se encontram os de injúria qualificada). (v.) Ao enfrentar a discussão sobre a possibilidade de previsão infraconstitucional de regras sobre imprescritibilidade, ressaltou-se que, muito embora contrário à utilização excessiva e simbólica dos instrumentos persecutórios de intervenção estatal, a Constituição Federal não proibiu, de modo expresso, pudesse haver previsão infraconstitucional sobre imprescritibilidade; e mais: se o legislador ordinário pode eliminar ou alterar o regramento prescricional, pode, também, tornar, excepcionalmente, certos crimes (significativamente graves), inacessíveis à implementação prescritiva (esse posicionamento, aliás, permite, sob todos os títulos, dar viabilidade maior à internalização do regime internacional, especialmente o que se mostra consentâneo com a preservação dos direitos humanos).

Referências

ANDREUCCI, Ricardo Antonio. *Legislação penal especial*. 12ª ed. São Paulo: Saraiva, 2017.

BARROS, Flávio Augusto Monteiro de. *Direito penal*: parte geral. 1. 9ª ed. São Paulo: Saraiva, 2011.

BOBBIO, Norberto. *Dicionário de política*. 13ª ed. Norberto Bobbio, Nicola Matteuci e Gianfranco Pasquino; trad. Carmen C. Varriale et ai.; coor. trad. João Ferreira; rev. Geral João Ferreira e Luís Guerreiro Pinto Cacais. Brasília: Universidade de Brasília, 2010.

BORNIA, Josiane Pilau. *Discriminação, preconceito e direito penal*. Curitiba: Juruá, 2007.

CATALDO NETO, Alfredo; DEGANI, Eliane Peres. "Em busca da igualdade prometida: redescobrindo a criminalização do preconceito no Brasil." *In Criminologia e sistemas jurídico-penais contemporâneos*. GAUER, Ruth Maria Chittó (org.). Porto Alegre: EDIPUCRS, 2010. [Publicação eletrônica.]

COMAS, Juan. "Os mitos raciais." *In Raça e Ciência I*. Tradução de Dora Ruhmaan e Geraldo Gerson de Souza. São Paulo: Perspectiva, 1970.

DIAS, Jorge de Figueiredo. *Direito penal português*: parte geral II: as consequências jurídicas do crime. Lisboa: Aequitas e Editorial Notícias, 1993.

ESTEFAM, André. *Direito penal*: parte geral (arts. 1º a 120). 5ª ed. São Paulo: Saraiva, 2016.

FAYET JÚNIOR, Ney; FERREIRA, Martha da Costa. "Da imprescritibilidade." *In Prescrição penal*: temas atuais e controvertidos. Porto Alegre: Livraria do Advogado, 2011. v. 3.

GALVÃO, Fernando. *Direito penal*: parte geral. 8ª ed. Belo Horizonte: D'Plácido, 2017.

JESUS, Damásio de. *Código Penal anotado*. 23ª ed. São Paulo: Saraiva, 2016.

LAFER, Celso. *A internacionalização dos direitos humanos*: Constituição, racismo e relações internacionais. Barueri: Manole, 2005.

MACHADO, Fábio Guedes de Paula. *Prescrição penal*: prescrição funcionalista. São Paulo: RT, 2000.

MARTINELLI, João Paulo Orsini; BEM, Leonardo Schmitt de. *Lições fundamentais de direito penal*: parte geral. 2ª ed. São Paulo: Saraiva, 2017.

MENDES, Gilmar Ferreira; BRANCO, Paulo Gustavo Gonet; COELHO, Inocêncio Mártires. *Curso de direito constitucional*. São Paulo: Saraiva, 2008.

NUCCI, Guilherme de Souza. *Curso de direito penal*: parte especial (arts. 121 a 212 do Código Penal). Vol. 2. Rio de Janeiro: Forense, 2017.

OSÓRIO, Fábio Medina; SCHAFER, Jairo Gilberto. "Dos crimes de discriminação e preconceito: anotações à Lei 8.081, de 21.9.90." *In Revista dos Tribunais*, São Paulo: RT, v. 714, p. 329-38, abr. 1995.

PASTOR, Daniel R. *Tensiones*: ¿derechos fundamentales o persecución penal sin límites? Buenos Aires: Editores Del Puerto, 2004.

QUEIROZ, Paulo. *Curso de direito penal*: parte geral. 11ª ed. Salvador: JusPodivm, 2015.

RAGUÉS I VALLÈS, Ramón. *La prescripción penal*: fundamento y aplicación. Texto adaptado a la LO 15/2003 de reforma del Código Penal. Barcelona: Atelier, 2004.

SANTOS, Christiano Jorge. *Prescrição penal e imprescritibilidade*. Rio de Janeiro: Elsevier, 2010.

SILVA, José Afonso da. *Comentário contextual à Constituição*. São Paulo: Malheiros, 2005.

SILVEIRA, Fabiano Augusto Martins. *Da criminalização do racismo*: aspectos jurídicos e sociocriminológicos. Belo Horizonte: Del Rey, 2006.

TRIPPO, Mara Regina. *Imprescritibilidade penal*. São Paulo: Juarez de Oliveira, 2004.

YACOBUCCI, Guillermo J. *El sentido de los principios penales*. Buenos Aires: Ábaco de Rodolfo Depalma, 2002.

ZAFFARONI, Eugenio Raúl; PIERANGELI, José Henrique. *Manual de direito penal brasileiro*: parte geral. 11ª ed. São Paulo: Revista dos Tribunais, 2015.

Tema IV

Prescrição nos delitos ambientais atribuídos à pessoa jurídica

Maria Elizabeth Queijo

Nota introdutória

Em que pese a posição das Cortes nacionais sobre a constitucionalidade da responsabilidade penal da pessoa jurídica no ordenamento nacional e de sua adoção, de há muito, no direito estrangeiro, ainda resta hesitação quanto à aplicação e ao tratamento de certos institutos de direito penal e de processo penal com referência à pessoa jurídica.

Desde a promulgação da Lei nº 9.605, de 12 de fevereiro de 1998, primeiro diploma brasileiro a adotar a responsabilidade penal da pessoa jurídica, restrita a crimes ambientais, há forte tendência a se aplicar à pessoa jurídica idêntico tratamento processual e no campo do direito material àquele conferido às pessoas físicas, inclusive porque, inegavelmente, e como regra, o direito penal e o processo penal foram estruturados para a pessoa física como sujeito ativo. Alimenta também essa tendência, a nosso ver, a deficiente regulamentação da matéria, que necessitaria, sobretudo no processo penal dedicado à pessoa jurídica, de específica disciplina.

Nesse quadro, exsurge a prescrição como um dos pontos nevrálgicos, quando se trata de crime ambiental atribuído à pessoa jurídica, centrando-se a principal indagação nos parâmetros para seu cálculo, à luz dos dispositivos da Lei nº 9.605/98 e do Código Penal.

Tendo em vista que a Lei nº 9.605/98 comina à pessoa jurídica, por sua própria natureza, penas restritivas de direito e de multa, deve a pena privativa de liberdade servir de parâmetro para o cálculo da prescrição nos delitos atribuídos à pessoa jurídica?

Orientação de julgados do Tribunal de Justiça de São Paulo, calcada em precedente do Superior Tribunal de Justiça, afasta essa possibilidade e adota os parâmetros propostos, no Código Penal, para o cálculo da prescrição da pena pecuniária, quando for a única aplicada ou cominada.

Nossa proposta, no presente escrito, é a análise dessa importante questão, a partir da orientação jurisprudencial retromencionada.

1. As penas cominadas para a pessoa jurídica na Lei nº 9.605/98

O Capítulo II da Lei n° 9.605/98 dedica-se à aplicação da pena e, em seu artigo 21, de forma específica, dispõe sobre as sanções penais cominadas para a pessoa jurídica. Estabelece que são aplicáveis, isolada, cumulativa ou alternativamente às pessoas jurídicas a multa, a pena restritiva de direitos e a prestação de serviços à comunidade. Observe-se que, na disciplina do Código Penal, a prestação de serviços à comunidade é uma das modalidades de pena restritiva de direitos.

O artigo 22 da Lei Ambiental cuidou de enumerar as penas restritivas de direitos passíveis de aplicação para a pessoa jurídica: *i)* a suspensão parcial ou total de atividades; *ii)* a interdição temporária de estabelecimento, obra ou atividade; *iii)* a proibição de contratar com o Poder Público, bem como dele obter subsídios, subvenções ou doações.

Tal qual nas disposições do Código Penal, para aplicação da suspensão parcial ou total de atividades e para a interdição temporária de estabelecimento, obra ou atividade, deve haver correlação com o delito praticado. Assim, dispõe o parágrafo 1º do artigo 22 que a suspensão de atividades será aplicada "quando estas não estiverem obedecendo às disposições legais ou regulamentares, relativas à proteção do meio ambiente". E o parágrafo 2º do mesmo dispositivo prevê que a interdição será aplicada "quando o estabelecimento, obra ou atividade estiver funcionando sem a devida autorização, ou em desacordo com a concedida, ou com violação de disposição legal ou regulamentar".

Já a proibição de contratar com o Poder Público e dele obter subsídios, subvenções ou doações não poderá exceder o prazo de dez anos (art. 22, § 3º). A Lei em questão também definiu em que consiste a prestação de serviços à comunidade aplicável à pessoa jurídica: *i)* custeio de programas e de projetos ambientais; *ii)* execução de obras de recuperação de áreas degradadas; *iii)* manutenção de espaços públicos e *iv)* contribuições a entidades ambientais ou culturais públicas.

Além das referidas penas, a Lei Ambiental previu modalidade de pena extrema para a pessoa jurídica, tratando-se de sua liquidação forçada, quando a pessoa jurídica for constituída ou utilizada preponderantemente com o fim de "permitir, facilitar ou ocultar a prática de crime" ambiental. Nesse caso, segundo a norma do artigo 24, o patrimônio da pessoa jurídica, nas circunstâncias antes mencionadas, será considerado instrumento do crime e será perdido em favor do Fundo Penitenciário Nacional.

Como se verifica, a pessoa jurídica conta com disciplina própria e específica no que tange às penas a ela cominadas, diversas daquelas aplicáveis à pessoa física (arts. 7º ao 13), dadas as peculiaridades de sua natureza.

Decorre do texto legal que, para a pessoa jurídica, as penas restritivas de direitos são autônomas e incidem diretamente, e não por substituição de pena privativa de liberdade, como sucede para a pessoa física (art. 7º).[1]

Digno de nota que o Projeto de Código Penal em tramitação (PLS nº 236/2012), bem como o Anteprojeto que o originou, em seu artigo 42, dispuseram, como regra, que as penas privativas de liberdade, para a pessoa jurídica, serão substituídas por multa, pena restritiva de direitos, prestação de serviços à comunidade e perda de bens e valores. Porém, no Substitutivo apresentado, abandona-se o sistema de substituição da pena privativa de liberdade, retomando-se a aplicação direta, para as pessoas jurídicas, das penas de multa, restritivas de direitos, prestação de serviços à comunidade, perda de bens e valores e acrescenta-se ainda nesse rol a pena de publicidade do fato em órgãos de comunicação de grande circulação ou audiência (art. 66). Tais penas poderão ser aplicadas isolada, cumulativa ou alternativamente. Porém, por disposição expressa, o cálculo da prescrição, para delitos imputados à pessoa jurídica, terá por base o *quantum* de pena privativa de liberdade cominado ao tipo (art. 42 do Projeto e § 1º do art. 66 do Substitutivo).

2. A disciplina das penas restritivas de direitos no Código Penal e em outros diplomas legais

No Código Penal, as penas restritivas de direitos sempre são aplicadas em substituição à pena privativa de liberdade. Essa é a regra geral. Tanto assim que, havendo descumprimento da restrição imposta, a pena restritiva de direitos converte-se em pena privativa de liberdade, descontando-se o tempo cumprido e respeitado saldo mínimo de trinta dias de detenção ou de reclusão (art. 44, *caput* e seu § 4º). E por isso mesmo, ressalvadas a perda de bens e de direitos e a prestação pecuniária, as demais penas restritivas de direitos têm a mesma duração da pena privativa de liberdade que substituem (art. 55).

O artigo 44 do citado diploma dispõe que as penas restritivas de direitos são autônomas e substituem as penas privativas de liberdade, quando: *i)* for aplicada pena privativa de liberdade não superior a quatro anos e o crime não for cometido com violência ou grave ameaça à pessoa, ou qualquer que seja a pena aplicada, se o delito for culposo; *ii)* o réu não for reincidente em crime doloso, anotando-se porém que, mesmo diante da reincidência, o juiz poderá aplicar a substituição se

---

[1] Na doutrina, Sérgio Salomão Shecaira, na obra *Responsabilidade penal da pessoa jurídica*, destaca que, na Lei nº 9.605/98, as penas restritivas de direito "podem ser aplicadas isolada, cumulativa ou alternativamente às pessoas jurídicas de forma a permitir ao julgador um amplo leque de medidas punitivas adequadas às empresas e ao caso concreto das infrações ambientais" (São Paulo: RT, 1998. p. 128). Roberto Delmanto, Roberto Delmanto Junior e Fábio M. de Almeida Delmanto, na consagrada obra *Leis Penais Especiais Comentadas*, salientam que "As penas restritivas de direitos, previstas no inciso II deste art. 21, ao contrário do que ocorre para as pessoas físicas (art. 7º), são penas originárias e não substitutivas, sendo aplicáveis em decorrência de sentença condenatória irrecorrível" (2ª ed. São Paulo: Saraiva, 2014. p. 525).

a medida for socialmente recomendável e se não se tratar de reincidência específica; *iii)* a culpabilidade, os antecedentes, a conduta social e a personalidade, bem como os motivos e as circunstâncias indicarem que a substituição é suficiente.

Não há, portanto, cominação de penas restritivas de direitos nos tipos penais que compõem a Parte Especial.

Contudo, há outros diplomas penais que, não obstante somente contemplem responsabilidade penal de pessoa física, preveem penas restritivas de direitos autônomas, de incidência direta, aplicáveis aos tipos penais que descrevem, tal como sucede no Código de Trânsito.[2] No referido Código, ao lado da pena privativa de liberdade, da pena pecuniária e da multa reparatória,[3] foi prevista também a suspensão para dirigir veículo automotor e a proibição de obter a permissão ou a habilitação para dirigir veículo automotor. Cuida-se de modalidade de pena restritiva de direito. De acordo com o artigo 292, referida pena poderá ser imposta isolada ou cumulativamente com outras sanções e encontra expressa previsão no tipo penal do homicídio culposo (art. 302), da lesão corporal culposa (art. 303), embriaguez ao volante (art. 306), violação de suspensão ou de proibição de obter a permissão ou a habilitação para dirigir veículo automotor (art. 307) e participação em corrida não autorizada ("racha") (art. 308). No mesmo diploma admite-se também a substituição da pena privativa de liberdade por pena restritiva de direitos, consistente em prestação de serviços à comunidade (art. 312-A).[4]

Também a Lei de Entorpecentes (nº 11.343, de 23.8.2006) previu, em seu artigo 28, para o usuário de drogas (condutas de adquirir, guardar, tiver em depósito, transportar ou trouxer consigo, para consumo pessoal, drogas sem autorização ou em desacordo com determinação legal ou regulamentar), a aplicação direta de penas restritivas de direitos, consistentes em advertência sobre os efeitos das drogas, prestação de serviços à comunidade e medida educativa de comparecimento a programa ou curso educativo (incisos I a III do art. 28). A duração de tais penas

---

[2] A propósito, observam Juan Carlos Ferré Olivé, Miguel Ángel Núñez Paz, William Terra de Oliveira e Alexis Couto de Brito, na obra *Direito Penal Brasileiro, Parte Geral,* que "O art. 44 do CP estabelece que as penas restritivas de Direitos podem ser previstas de forma autônoma para alguns delitos, seja no próprio Código Penal ou em leis especiais (por exemplo, o art. 292 do Código de Trânsito, Lei 9.503/1997, que dispõe que 'a suspensão ou a proibição de se obter a permissão ou a habilitação para dirigir veículo automotor pode ser imposta como penalidade principal, isolada ou cumulativamente com outras penalidades'). Também cabe sua utilização com penas substitutivas das privativas de liberdade (vide infra, ponto 8), solução que prevalece no Código" (São Paulo: RT, 2011, p. 638-639).

[3] A multa reparatória assemelha-se à prestação pecuniária, prevista entre as penas restritivas de direitos no Código Penal, e será aplicada sempre que houver prejuízo material resultante do crime (art. 297 do Código de Trânsito). Consiste no pagamento, mediante depósito judicial em favor da vítima, ou de seus sucessores, de quantia calculada com base no art. 49, § 1º, do Código Penal, não podendo exceder o valor do prejuízo demonstrado no processo. O valor da multa reparatória será descontado de indenização civil do dano.

[4] Tal pena deverá ser consistir em trabalho, nos fins de semana, em equipes de resgate dos corpos de bombeiros e em outras unidades móveis especializadas no atendimento a vítima de trânsito; em trabalho em unidades de pronto-socorro de hospitais da rede pública que recebem vítimas de acidente de trânsito e politraumatizados; em trabalho em clínicas ou instituições especializadas na recuperação de acidentados de trânsito ou em outras atividades relacionadas ao resgate, atendimento e recuperação de vítimas de acidentes de trânsito (incisos I a IV do art. 312-A do Código de Trânsito).

não poderá exceder 5 meses e, no caso de reincidência, o prazo máximo será de 10 meses. Caso haja descumprimento, o juiz poderá aplicar admoestação verbal e, sucessivamente, multa,[5] mas não há previsão de conversão da pena restritiva de direitos em pena privativa de liberdade.

Ressalte-se, ainda, que, no artigo 30, a Lei nº 11.343/2006 fixou em dois anos o prazo prescricional relativo à imposição e execução de tais penas, adotadas as causas interruptivas previstas no Código Penal.

3. A orientação de recentes julgados do Tribunal de Justiça de São Paulo, calcada em precedente do Superior Tribunal de Justiça e seu contraponto

Tendo em vista a previsão de aplicação direta de penas restritivas de direitos à pessoa jurídica na Lei Ambiental, bem como de multa, vem se registrando, no Tribunal de Justiça de São Paulo, entendimento segundo o qual a prescrição com referência a crimes ambientais, para a pessoa jurídica, é de dois anos, com fundamento no artigo 114, inciso I, do Código Penal, aplicável àquele diploma por força do art. 79 da Lei nº 9.605/98. De acordo com esse posicionamento, não havendo cominação de pena privativa de liberdade à pessoa jurídica, o cálculo da prescrição com relação aos crimes ambientais a ela imputados não poderá ter por base a pena corporal. Aduz-se que as penas restritivas de direitos previstas para a pessoa jurídica não terão prescrição calculada pelos parâmetros da pena privativa de liberdade cominada no tipo, mas deverá ser adotado, por analogia, o disposto no artigo 114, inciso I, do Código Penal, aplicável à pena pecuniária.

Nesse sentido, pode-se destacar, a título ilustrativo, acórdão da 4ª Câmara Criminal Extraordinária da referida Corte, na apelação de autos nº 0003215-23.2008.8.26.0157, de 11 de novembro de 2015, no qual se reconheceu a prescrição da pretensão punitiva, na modalidade retroativa, com referência à pessoa jurídica. Em sentença, que transitou em julgado para a acusação, foram impostas pena de multa e de prestação pecuniária à pessoa jurídica pelo delito tipificado no artigo 56 da Lei Ambiental. Com fundamento no artigo 79 da Lei Ambiental, aplicou-se o disposto no artigo 114, inciso I, do Código Penal, por analogia, às penas impostas à pessoa jurídica, resultando em prazo prescricional de dois anos.

No mesmo diapasão, cite-se acórdão da 6ª. Câmara de Direito Criminal daquela Corte, em Embargos de Declaração em apelação de autos nº 0000485-21.2011.8.26.0614/50000, julgados em 15 de setembro de 2016, nos quais foi decretada a prescrição com relação ao delito ambiental atribuído à pessoa jurídica com suporte no artigo 114, inciso I, do Código Penal. Colhe-se do relatório do

---

[5] No cálculo da multa, de acordo com a reprovabilidade da conduta, o juiz fixará o número de dias-multa, entre o mínimo de 40 e o máximo de 100, no valor unitário de 1/30, até 3 vezes o maior salário mínimo, segundo a capacidade econômica do agente (art. 29 da Lei de Entorpecentes).

julgado que a pessoa jurídica, no caso, havia sido condenada à pena de multa e também à pena restritiva de direitos, consistente em execução de obras para recuperação de área degradada, por infração ao artigo 39 da Lei Ambiental. Sustentou-se que a "pena pela prática de crimes ambientais para as pessoas jurídicas não está vinculada à privativa de liberdade prevista para a violação do mesmo tipo penal para pessoas naturais". E que "condenada a pessoa jurídica a penas de multa e prestação de serviços à comunidade" "não há que se falar no caráter substitutivo de tais sanções à privativa de liberdade". A prescrição decretada, no caso, foi da pretensão punitiva intercorrente, levando em conta a pena imposta na sentença, confirmada no acórdão de apelação.

Em outro julgado, de 20 de outubro de 2016, a 15ª. Câmara de Direito Criminal do mesmo Tribunal, no Recurso em Sentido Estrito autos nº 0003993-50.2014.8.26.0361, de igual modo, decretou a extinção da punibilidade pela prescrição da pretensão punitiva em abstrato. Na fundamentação do acórdão destacou-se que "as pessoas jurídicas, quando figuram como rés em uma ação penal, estão sujeitas as penas previstas nos artigos 21 a 24 da Lei 9.605/98, dentre as quais não está prevista a pena privativa de liberdade. Para a pessoa jurídica ré, a imposição de pena restritiva de direitos ou prestação de serviços à comunidade não resulta da substituição, mas de direta cominação, sem prévio vínculo com pena privativa de liberdade cominada a qualquer um dos tipos penais". E prossegue: "Ocorre que inexiste previsão legal quanto ao prazo prescricional da pena restritiva quando cominada como principal. No entanto, tal previsão existe quanto à pena de multa, e, desse modo, entendo mais adequada a equiparação do prazo prescricional da pena restritiva ao da pena de multa, seja por inexistência de previsão legal a autorizar a utilização do prazo da pena privativa de liberdade, seja pela própria natureza da pena, seja pela vedação da utilização da analogia *in malam partem*".

Os acórdãos em foco estão calcados em decisão anterior, do Superior Tribunal de Justiça, nos Embargos de Declaração no Agravo Regimental em Recurso Especial nº 1.230.099, da Quinta Turma, de 20 de agosto de 2013. No caso, foi condenada apenas a pessoa jurídica, à pena de prestação de serviços à comunidade, consistente em contribuição em valor à entidade ambiental credenciada. Ressaltou-se que, a teor do que dispõe o artigo 79 da Lei Ambiental, prevendo a aplicação subsidiária do Código Penal, e em se tratando de aplicação exclusiva de pena restritiva de direitos, subsidiariamente deveria ter incidência, no caso, o artigo 114, inciso I, do diploma penal. Destacou-se, ainda, que a pena de multa, assim como a de prestação de serviços à comunidade, não são privativas de liberdade, o que justifica a aplicação do mesmo prazo prescricional previsto para a pena de multa, isoladamente aplicada ou prevista.

Conforme se extrai da análise dos julgados em questão, a primeira premissa posta é que as penas restritivas de direitos para a pessoa jurídica, na sistemática da Lei Ambiental, são penas principais, aplicadas diretamente, sem substituir pena privativa de liberdade que, aliás, não tem incidência, tampouco previsão para a pessoa jurídica. Tal constatação afasta a aplicação dos parâmetros postos no Código Penal para o cálculo da prescrição, a partir da pena privativa de liberdade cominada no tipo penal, ou imposta em sentença ou acórdão. De outra parte, à míngua de previsão normativa específica quanto à prescrição das penas restritivas de direitos, os acórdãos em tela, com fundamento no artigo 79 da Lei nº 9.605/98 e por analogia, aplicam parâmetro da prescrição da pena de multa previsto no artigo 114, inciso I, do Código Penal (prazo prescricional de dois anos, quando a pena de multa for a única prevista ou a única aplicada).

Mas há julgados em sentido diverso na matéria. No próprio Tribunal de Justiça, a título ilustrativo, no julgamento da apelação de autos nº 0007364-98.2003.8.26.0428, em 12 de maio de 2015, na qual se arguiu prescrição pela pena não corporal, em delito atribuído à pessoa jurídica, decidiu a 3ª Câmara de Direito Criminal que, faltando previsão legal, aplica-se a analogia. E acrescentou-se que a analogia, no caso, conduz a que a prescrição, antes de transitar em julgado a sentença final, regula-se pelo máximo da pena privativa de liberdade cominada ao crime, salvo as hipóteses previstas no artigo 110, parágrafos 1º e 2º (no caso, antes da Lei nº 12.234/2010).

Na mesma esteira, julgado do Supremo Tribunal Federal, por sua Segunda Turma, de 30 de setembro de 2016, no Agravo Regimental em Recurso Extraordinário com Agravo nº 944.034, da Relatoria do Min. Gilmar Mendes, afastou expressamente a aplicação do artigo 114, inciso I, do Código Penal para o cálculo de prescrição nos delitos atribuídos à pessoa jurídica. Defende-se, no julgado, que os critérios para aferição de prazos prescricionais são disciplinados pelo Código Penal e que se aplica às penas restritivas de direitos, conforme artigo 109, *caput*, e parágrafo único, antes de transitar em julgado sentença final, o mesmo prazo prescricional previsto para as penas privativas de liberdade. Ou seja, regula-se a prescrição das penas restritivas de direitos, antes do trânsito em julgado da sentença para a acusação, pelo máximo da pena privativa de liberdade cominada ao delito.

Segundo o julgado da Corte Suprema em questão, o "fato de o preceito secundário da norma tipificadora encontrar-se, neste caso, em outro dispositivo da lei penal ambiental quando a conduta tipificada for imputada a pessoa jurídica, em nada interfere nos parâmetros de aferição de prazos prescricionais, por se tratar de situação claramente disciplinada pelo Código Penal. Assim, nos termos do artigo 109, parágrafo único, do Código Penal, antes de transitar em julgado a sentença final, aplica-se às penas restritivas de direitos o mesmo prazo previsto para as privativas de liberdade".

Tal decisão do Supremo Tribunal Federal não levou em conta a distinção entre as disciplinas da pena restritiva de direitos, ou seja, aquela aplicada à pessoa jurídica na Lei Ambiental – de forma direta e não por substituição – e a outra, constante do Código Penal, que considera que, como regra, a pena restritiva de direitos aplica-se em substituição à pena privativa de liberdade.

4. Análise do cenário jurisprudencial em exame à luz da legislação

Em nosso entendimento, a partir da análise da legislação e das orientações jurisprudenciais na matéria, o ponto de partida para a solução da questão repousa na distinção de disciplinas sobre a pena restritiva de direitos: em outras palavras, o diferencial reside em se a pena restritiva de direitos é aplicada diretamente ou se ela substitui pena privativa de liberdade.

Se a pena restritiva de direitos substitui pena privativa de liberdade, ressalvada a hipótese de disposição normativa diversa, aplica-se a disciplina do Código Penal, que é norma geral,[6] ainda que a legislação especial não contemple expressa menção a respeito. Assim, a prescrição, seja da pretensão punitiva em abstrato, ou em concreto, seja a prescrição da pretensão executória, será calculada com suporte no *quantum* de pena privativa de liberdade (pelo máximo legal, no caso da prescrição da pretensão punitiva em abstrato e pela pena concretamente imposta na sentença e/ou no acórdão, no caso da prescrição da pretensão punitiva em concreto ou da pretensão executória). Tem incidência, desse modo, o disposto nos artigos 109 e 110 do Código Penal, combinados com os artigos 44, 54 e 55 do mesmo diploma.

No entanto, se a pena restritiva de direitos não substitui pena privativa de liberdade, mas é aplicada diretamente, por expressa cominação no tipo penal ou, como sucede com as pessoas jurídicas na Lei nº 9.605/98, por força de disposições expressas concernentes à aplicação de pena, a prescrição deve ser regulada por norma específica, em obediência ao princípio da legalidade, sobre o qual se alicerça o Direito Penal. Essa foi a opção legislativa contemplada, por exemplo, na Lei nº 11.343/2006, quanto às penas restritivas de direitos cominadas ao usuário de drogas, incidente nas condutas do artigo 28, ao fixar, no artigo 30, o prazo prescricional de dois anos para as penas em questão, seja quanto à pretensão punitiva, seja quanto à pretensão executória. Trata-se da melhor técnica legislativa e que proporciona maior segurança jurídica, sobretudo em obediência ao princípio da legalidade.

Contudo, havendo lacuna na lei, ou seja, inexistente norma expressa sobre a prescrição com relação à pena restritiva de direitos aplicada diretamente, mais uma vez, é o princípio da legalidade que fornece a solução. Seu conteúdo é de inestimável valia para o deslinde das mais diversas questões de Direito Penal e deve ser sempre rememorado, expressando a principal garantia da sociedade frente ao poder punitivo do Estado. Daí sua inarredável associação ao Estado Democrático de Direito. Uma de suas decorrências é a vedação da analogia *in malam*

---

[6] A propósito, Magalhães Noronha destaca que, na reforma penal, a pena restritiva de direito foi instituída para substituir a pena privativa de liberdade, evitando os malefícios do encarceramento (*Direito Penal*. 23ª ed. São Paulo: Saraiva, 1985. v. 1, p. 233). Também René Ariel Dotti aponta como função essencial da pena restritiva de direito a substituição da pena privativa de liberdade (*Curso de Direito Penal*. 3ª ed., São Paulo: RT, 2010. p. 540).

partem, já que somente a lei, em sentido estrito,[7] poderá criar novas incriminações ou agravar, de qualquer modo, a situação do réu.[8] Por conseguinte, ao se realizar a integração da lacuna existente[9] no que toca à prescrição da pena restritiva de direito, em determinada legislação, jamais se poderá invocar, por analogia, a disciplina mais gravosa para o acusado. A norma integradora será sempre a mais benéfica ao acusado, sob pena de afronta ao princípio da legalidade.[10] E deverá incidir tanto para a prescrição da pretensão punitiva em abstrato, ou em concreto, quanto para a prescrição da pretensão executória.

Dessa maneira, com relação à prescrição nos delitos ambientais atribuídos à pessoa jurídica na Lei nº 9.605/98, verifica-se que as penas restritivas de direitos são aplicadas a ela diretamente, não havendo substituição de pena privativa de liberdade.[11] Não há, porém, no texto legal em foco norma específica que trate da prescrição dessa modalidade de pena. Está-se, pois, diante de lacuna da lei. A própria Lei nº 9.605/98, em seu artigo 79, reconhece a aplicação subsidiária do Código Penal e do Código de Processo Penal, como normas integradoras. O Código Penal, por sua vez, disciplina a prescrição com referência à pena privativa de liberdade (na qual se inclui a das penas restritivas de direitos substitutivas de pena corporal) (art. 109) e a prescrição da pena pecuniária (art. 114). Vedada, pelo princípio da legalidade, a analogia *in malam partem*, a integração haverá de ser feita pelo dispositivo que rege a prescrição da pena pecuniária, isoladamente aplicada ou cominada (art. 114, inciso I), posto que descabe invocar como norma

---

[7] Ferrrajoli, na clássica obra *Diritto e Ragione,* salienta que a proibição à analogia é um corolário do princípio da estrita legalidade (4ª ed. Roma: Laterza, 1997, p. 378).

[8] A esse respeito, o saudoso Professor Heleno Cláudio Fragoso observa que a analogia sofre restrições no Direito Penal, em razão do princípio da reserva legal. Segundo o referido autor, "Não é possível aplicar analogicamente a lei penal para criar novas figuras de delito ou para contemplar penas ou medidas de segurança que não estejam taxativamente previstas, ou para agravar a situação do réu (analogia *in malam partem*) (*Lições de Direito Penal,* 4ª ed. Rio de Janeiro: Forense, 1994. p. 86). No mesmo sentido, Francisco de Assis Toledo escreveu, na consagrada obra *Princípios básicos de Direito Penal,* que um dos corolários do princípio da legalidade ("lex stricta") é a proibição da analogia para fundamentar ou agravar a pena (*analogia in malam partem*). Segundo o referido autor, "A exigência da lei prévia e estrita impede a aplicação, no direito penal, da analogia *in malam partem,* mas não obsta, obviamente, a aplicação da analogia *in bonam partem,* que encontra justificativa em um princípio de equidade. É preciso notar, porém, que a analogia pressupõe falha, omissão da lei, não tendo aplicação quando estiver claro no texto legal que a *mens legis* quer excluir de certa regulamentação determinados casos semelhantes" (5ª ed. São Paulo: Saraiva, 2002, p. 26-27).

[9] O festejado Professor Paulo José da Costa Jr., em sua obra *Direito Penal Objetivo,* recorda que a analogia é um meio de integração das normas legais e destaca que, para admiti-la, indispensável que "o caso não contemplado tenha em comum com aquele previsto a mesma 'ratio legis': 'ubi eadem ratio, ibi eadem juris dispositio'" (3ª ed. Rio de Janeiro: Forense, 2003. p. 4).

[10] Também quanto a esse aspecto incide o critério geral do *favor rei,* consoante destaca Ferrajoli com referência à analogia *in bonam partem* (*Diritto e Ragione,* cit., p. 378).

[11] Em reforço a tal posicionamento, Rodrigo Iennaco de Moraes, em artigo intitulado *Prescrição bienal da pretensão de punir pessoas jurídicas em virtude de imputação de crime ambiental",* publicado no "site" da Associação Mineira do Ministério Público, ressalta que, no art. 22, § 3º, limita-se uma das penas restritivas de direito aplicáveis à pessoa jurídica ao prazo de 10 anos e não há nenhum crime na lei ambiental que comine pena máxima sequer próxima desse limite, o que vem a comprovar que as penas restritivas de direito cominadas às pessoas jurídicas, na Lei nº 9.605/98, não substituem penas privativas de liberdade, nem guardam com essas últimas vinculação (s.d. Disponível em: <http:www.ammp.org.br/inst/artigo/Artigo34.doc.>. Acesso em: 14 fevereiro 2017).

integradora o inciso II do artigo 114, que pressupõe a cumulação com pena privativa de liberdade.[12]

Em síntese, a prescrição com relação a delitos ambientais atribuídos à pessoa jurídica deverá ser regida pelo artigo 114, inciso I, do Código Penal,[13] seja quanto à prescrição da pretensão punitiva em abstrato, ou em concreto, seja quanto à prescrição da pretensão executória.

Diante da aplicação direta de pena restritiva de direito à pessoa jurídica e da lacuna normativa identificada a respeito na Lei Ambiental, a integração normativa haverá de ser feita pelo Código Penal, pela disciplina mais benéfica ao acusado, em atenção ao princípio da legalidade, que veda analogia *in malam partem*.

Destaca-se que na decisão do Supremo Tribunal Federal, antes citada, no Agravo Regimental no Recurso Extraordinário com agravo nº 944034, como no acórdão do Tribunal de Justiça de São Paulo nos autos nº 0007364-98.2003.8.26.0428, aplicou-se analogia *in malam partem*, invocando como norma integradora aquela referente à prescrição da pena privativa de liberdade (art. 109), que é mais gravosa do que a disciplina da pena pecuniária, isoladamente aplicada ou cominada (art. 114, inciso I). Além disso, tais decisões judiciais não distinguiram entre a pena restritiva de direito substitutiva de pena privativa de liberdade e aquela aplicada de forma direta, como sucede na Lei Ambiental, com referência à pessoa jurídica.

Referências bibliográficas

COSTA JR., Paulo José. *Direito penal objetivo*: comentários ao Código penal e ao Código de propriedade industrial. 3ª ed. Rio de Janeiro: Forense, 2003.

DELMANTO, Roberto, DELMANTO JUNIOR, Roberto e DELMANTO, Fábio M. de Almeida. *Leis penais especiais comentadas*. 2ª ed. São Paulo: Saraiva, 2014.

DOTTI, René Ariel. *Curso de direito penal*: parte geral. 3ª ed. São Paulo: RT, 2010.

FERRAJOLI, Luigi. *Diritto e Ragione*. Teoria del Garantismo Penale. 4ª ed. Roma: Laterza, 1997.

FRAGOSO, Heleno Cláudio. *Lições de direito penal*: parte geral. 4ª ed. Rio de Janeiro: Forense, 1994.

JESUS, Damásio E. de. *Prescrição penal*. 4ª ed. São Paulo: Saraiva, 1989.

MORAES, Rodrigo Iennaco de. *Prescrição bienal da pretensão de punir pessoas jurídicas em virtude de imputação de crime ambiental*. s.d. Disponível em: <http://www.ammp.org.br/inst/artigo/Artigo34.doc.>. Acesso em: 14 fevereiro 2017.

NORONHA, Edgard Magalhães. *Direito penal*. 23ª ed. São Paulo: Saraiva, 1985. v. 1.

---

[12] *Mutatis mutandi*, analisando hipótese na qual a pena restritiva de direitos seja imposta em razão de condenação por crime culposo, sem que a sentença tenha estabelecido o *quantum* de pena privativa de liberdade cominada no caso, Antonio Rodrigues Porto, na obra *Da prescrição penal*, sustenta a mesma solução de direito por nós preconizada neste escrito: "Na hipótese de a sentença impor pena restritiva de direito, em crime culposo, sem mencionar qual a pena detentiva substituída, a solução equitativa será considerar-se, para efeito de prescrição, o menor prazo previsto na lei, ou seja, o de dois anos" (4ª ed. São Paulo: Revista dos Tribunais, 1988, p. 100).

[13] Sustenta a mesma conclusão Rodrigo Iennaco de Moraes, em artigo anteriormente citado, realçando que deve ser aplicada às infrações imputadas à pessoa jurídica o prazo prescricional da multa isoladamente prevista ou aplicada (art. 114, inciso I do Código Penal), acrescentando que "Entendimento diverso remeteria o prazo prescricional, sem respaldo legal explícito, ao arbítrio do juiz, que elevaria livremente o prazo prescricional ao prever sanções por período demasiadamente elástico, unicamente para fugir do prazo de prescrição exíguo da multa".

OLIVÉ, Juan Carlos Ferré; PAZ, Miguel Ángel Núñez; OLIVEIRA, William Terra; BRITO, Alexis Couto de. *Direito penal brasileiro*: parte geral: princípios fundamentais e sistema. São Paulo: RT, 2011.

PORTO, Antonio Rodrigues. *Da prescrição penal*. 4ª ed. São Paulo: RT, 1988.

PRADO, Luiz Regis. *Direito penal do ambiente*. 3ª ed. São Paulo: RT, 2011.

SCHMIDT, Andrei Zenkner. *O princípio da legalidade penal no Estado Democrático de Direito*. Porto Alegre: Livraria do Advogado, 2001.

SHECAIRA, Sérgio Salomão. *Responsabilidade penal da pessoa jurídica*. São Paulo: RT, 1998.

TOLEDO, Francisco de Assis. *Princípios básicos de direito penal*. 5ª ed. São Paulo: Saraiva, 2002.

Tema V

A lei Joanna Maranhão: a vítima, o Direito Penal e a flutuabilidade do prazo prescricional

Ney Fayet Júnior

Introdução

A lei Joanna Maranhão (Lei 12.650/2012) tem suas origens no relato, levado a efeito em fevereiro de 2008, da nadadora brasileira Joanna Maranhão, que revelou ter sido abusada sexualmente aos nove anos de sua idade pelo seu então treinador. No ano seguinte, o Senado Federal aprovou o projeto de lei que alterava o Código Penal, estabelecendo que o prazo de prescrição (da pretensão punitiva) de abuso sexual de crianças e adolescentes fosse contado a partir da data em que a vítima completasse dezoito anos, a menos que ação penal tivesse sido iniciada em data anterior; no curso normal, o referido projeto foi aprovado pela Câmara dos Deputados em maio de 2012, com a sua posterior promulgação. O presente estudo quer compreender, em um contexto mais amplo, o significado dessa nova regra e de suas consequências. (Aliás, trata-se, essa nova disciplina, da mais recente alteração legal no que tange à temática da prescrição penal.)

1. A ciência penal e a vítima

Antes de tudo, importa referir que a ciência penal passou a destinar, de modo destacado a partir dos anos 1950, um interesse específico e ampliado ao fenômeno da vitimização.[1] Daí não ser exagero afirmar que, em redor desse tema, se produziram estudos, políticas legislativas e, especialmente, práticas de intervenção.[2] De início, a abordagem levava em consideração, predominantemente, tanto a própria experiência (traumática) da vitimização – discutindo-se, assim, sobre as necessidades das vítimas e acerca dos meios de se lhes assistir –, quanto a sua situação no curso do processo criminal, isto é, sobre todas as dificuldades (de ordem material ou psicológica) que emergiam em decorrência do crime. Depois, alterou-se

---

[1] Pode aceitar-se que, em face dos eventos de 11 de setembro de 2001 (Nova Iorque) e de 11 de março de 2004 (Madri), se tornou "cada vez mais necessário prestar a máxima atenção ou analisar mais profundamente todos os campos que afetam as vítimas, tanto na ordem científico-penal própria da dogmática como no âmbito processual, penitenciário, criminológico e de criminalística policial" (FERRÉ OLIVÉ, Juan Carlos; NÚÑEZ PAZ, Miguel Ángel; OLIVEIRA, William Terra de; e BRITO, Alexis Couto de, 2017, p. 706).

[2] ALMEIDA, Maria Rosa Crucho de, 1993, p. 103.

o campo de interesse, que se tornou mais abrangente, para incluir, também, um conjunto de insatisfações de outra ordem, atinentes à condição das vítimas durante o processo, tais como: "a falta de informação, as demoras, o desconforto das salas de espera, a proximidade forçada com os autores dos crimes e, acima de tudo, a falta de voz, o papel passivo".[3] Hans Joachim Hirsch lembra que a euforia fixada na ressocialização do criminoso, dos anos 1960, foi substituída, nos anos 1970, pela euforia que recaia sobre a vítima; dessa sorte, a vitimologia conhece um auge impetuoso, ou seja, "partiendo de una disciplina científica, se convirtió en un movimiento internacional de reforma".[4] Esse influxo implicou, nos anos 1980, a configuração de uma nova vitimologia, que se diferencia, particularmente, da anterior por: (i.) sua preocupação pelas necessidades e direitos da vítima; (ii.) e sua sensibilidade por não contrapor os direitos da vítima aos do delinquente.[5]

Importa, para além disso, indicar, em largos traços, a importância historicamente destinada pelo direito penal à vítima.

2. Do papel da vítima na história do direito penal

De forma muito ampla, pode reconhecer-se que houve três fases marcantes de mutação das atribuições desempenhadas pelo ofendido à luz da evolução

---

[3] ALMEIDA, Maria Rosa Crucho de, p. 104. Neste sentido, "diversos estudos sobre as vítimas têm mostrado que a idemnização é apenas uma destas, e que muitas vezes as vítimas precisam também de que alguém, investido numa função de autoridade, lhes confirme que os actos que sofreram são moralmente condenáveis. No dizer de um autor, 'o que fica radicalmente traumatizado na vítima é o seu sentido de comunidade. A ordem social do seu universo imediato foi perturbada.' Por isso, quando as vítimas contactam a polícia, compreende-se que esperem dela a confirmação de que essa ordem moral continua a existir, 'de que vivem ainda num mundo essencialmente civilizado'. 'Os estudos já realizados sugerem que as vítimas precisam de informações, reconhecimento, aconselhamento, apoio, protecção e tranquilização e que, frequentemente, nada disto obtém da polícia'" (ALMEIDA, Maria Rosa Crucho de, p. 108-9). Por outro lado, "algumas jurisdições de países de matriz anglo-saxónica – Estados Unidos, Canadá e Austrália – introduziram recentemente a prática dos *victim impact statements*, em respostas a reinvindicações de algumas correntes vitimológicas e às recomendações contidas na Declaração das Nações Unidas. Um *victim impact statement* é uma declaração da vítima ao tribunal sobre as consequências físicas, psicológicas, sociais e financeiras do crime. Nalgumas jurisdições esta declaração pode ser produzida oralmente pela vítima; noutras, requer-se um texto escrito. Consoante as jurisdições, os *victim statements of opinion* são ou não admissíveis. Nestes, as vítimas exprimem os seus sentimentos relativamente aos crimes, aos seus autores e às penas que entendem deverem ser-lhes aplicadas" (ALMEIDA, Maria Rosa Crucho de, p. 115).

[4] HIRSCH, Hans Joachim, 2008, p. 93-4.

[5] LARRAURI, Elena, 2008, p. 284-5. Acerca das razões pelas quais foi possível o desenvolvimento dessa nova vitimologia, Elena Larrauri (2008, p. 285) aponta as seguintes: "la justificación de una política de 'ley y orden' y la mayor rentabilidad política de satisfacer a las víctimas que a los delincuentes; la necesidad de establecer un contrapeso a la criminología crítica que, con sus análisis deterministas (sociales), parecía eximir implícitamente al delicuente de toda responsabilidad; el ímpetu del movimiento feminista, señalando el alto grado de victimización sufrido por las mujeres; y el surgimiento e impacto de las encuestas de victimización que demostraron la extensión del delito y su concentración en los estratos más vulnerables de la población. Esta preocupación por las víctimas ha dado lugar al surgimiento de diversas organizaciones como la NOVA (1979) en EE.UU., la NAVSS (1979) en Inglaterra, la *Weiser Ring* en Alemania, etc. Incluso en España, si bien limitado al fenómeno del terrorismo, se ha organizado la Asociación de Víctimas del Terrorismo. Es difícil encontrar un denominador común –más allá de su preocupación por las víctimas–, en tanto unas hacen bandera de no realizar planteamientos políticos sino de atender las necesidades de la víctima, otras se han constituido en grupos de presión reclamando diversos câmbios en el sistema penal y procesal".

histórica do direito penal, a saber: "a vingança privada, o período de esquecimento e a redescoberta da vítima";[6] em outras palavras, protagonismo, neutralização e redescoberta são o *status* da vítima[7] ao longo da história.[8]

A propósito, ponderam Antonio García-Pablos de Molina e Luiz Flávio Gomes que a vítima lesionada pela prática delitiva "experimentou um secular e deliberado abandono. Desfrutou do máximo protagonismo – sua 'idade de ouro' – durante a época da justiça privada, sendo depois drasticamente 'neutralizada' pelo sistema legal moderno".[9]

Em um primeiro momento, viveu-se a era da vindita privada (ou a época de sangue ou bárbara[10]), que compreendeu o período histórico no qual a vítima agia por meios próprios de vingança (não raro, efetivada de forma desproporcional). Na origem do direito penal, reforça Bernd Schünemann, "la víctima y la prosecución fueron idénticas".[11] O fato criminoso e o revide vinculavam a comunidade em que o ofendido vivia e, por razões de conotação religiosa, "da ação cometida e da reação punitiva aplicada, brotavam os conflitos entre tribos existentes. Era o tempo dos certames sangrentos, constantes e generalizados".[12] Na sequência regular dos fatos, a vingança do agrupamento primitivo, ao exercitar a sua reação, causava danos superiores àqueles sofridos,[13] o que determinou a necessidade de limitar-se a vindita; assim, surgiu a fórmula do talião.[14]

A lei de talião, constante do Código de Hamurabi, representou o primeiro documento regulador dessa desproporcional carga de reação primitiva ao delito. A pena de talião também foi prevista no Código de Manu, no Pentateuco e na

---

[6] DAOUN, Alexandre Jean, 2006, p. 22.

[7] Heitor Piedade Júnior (1993, p. 86) lembra que [a expressão] vítima "vem do latim 'victima, ea', significando a pessoa ou animal sacrificado ou que se destinaria a um sacrifício. A primeira visão da vítima é antropológica (...) como sacrifício humano aos deuses, para aplacar sua ira ou pedir suas 'benesses' através da oferenda da vida humana, depois substituída pela de animais, para expiação dos pecados do grupo". De outro plano, "vitimização, processo vitimizatório ou vitimação são termos neológicos", e correspondem à "ação ou efeito de alguém (indivíduo ou grupo) se autovitimar ou vitimizar outrem (indivíduo ou grupo). (...). No processo de vitimização, salvo no caso de autovitimização quando ocorre a autolesão, necessariamente, encontra-se a clássica dupla vitimal, ou seja, de um lado, o vitimizador (agente) e de outro a vítima (paciente). Tradicionalmente, imaginava-se que todo vitimário – agente vitimizador – era o único culpado num processo de vitimização. A vitimologia veio chamar a atenção dos estudiosos, despertando-os para uma nova visão do problema" (PIEDADE JÚNIOR, Heitor, p. 107).

[8] Com mais detalhes, ver o estudo de RODRIGUES, Roger de Melo, 2014, p. 30-51.

[9] GARCÍA-PABLOS DE MOLINA, Antonio; GOMES, Luiz Flávio, 2008, p. 73.

[10] A vingança privada recebe também a denominação de vingança de sangue porquanto se originou por meio da morte e das lesões, condutas que, por sua natureza, se denominavam de sangue. Para os germanos, o nome era *blutrache*, generalizando-se, posteriormente, a toda classe de delitos (cf. CASTELLANOS, Fernando, 1973, p. 32).

[11] SCHÜNEMANN, Bernd, 2006, p. 28.

[12] SCHÜNEMANN, Bernd, p. 22-3.

[13] "Dans la phase de la vengeance privée, la victime d'un agissement répréhensible (éventuellement sa famille et/ou son groupe social) exerce librement sa vengeance sur l'auteur du fait (et éventuellement sur sa famille et son groupe). Il n'existe aucune limitation dans les mesures susceptibles d'être prises ni aucune organisation 'procédurale' de la vengeance" (RASSAT, Michèle-Laure, 2014, p. 5).

[14] Cf. CASTELLANOS, Fernando, p. 32.

Lei das XII Tábuas, de Roma;[15] e seu objetivo foi abolir conflitos entre grupos, motivados pela vindita, pois essas disputas retardavam o desenvolvimento da civilização. Para tanto, estabeleceu limites entre a ofensa desferida e a punição aplicada, segundo a famosa fórmula "olho por olho, dente por dente". A lei de talião – como limite absoluto do reproche –, à época, implicou significativo avanço civilizacional, moral e jurídico;[16] além disso, permite supor a existência de um poder moderador e, por via própria de consequência, envolve um desenvolvimento considerável.[17]

Outro instituto que merece destaque é o da composição, segundo o qual o culpável, por intermédio de um pagamento (animais, armas, utensílios ou dinheiro), se livrava da vingança do ofendido.[18] A composição também representou um progresso moral e jurídico, na medida em que tendia a atenuar e a, sobretudo, regulamentar os excessos das vinganças pessoais e familiares.[19] Na Grécia antiga, as leis penais basicamente reproduziram – do direito primitivo – os institutos da vingança, que se praticavam apesar da noção graças à qual o delito era imposto pelo destino (*ananké*); contudo, foram demarcadas as primeiras afirmações do poder e dos interesses do Estado, limitando, por um lado, o poder sacerdotal e, por outro, os excessos das reações individuais. Estabeleceu-se então, de modo claro, a distinção fundamental entre delitos públicos e delitos privados; com isso, iniciou-se a imposição (do conceito) da justiça penal como função soberana do Estado.[20] O direito penal grego conheceu duas fases – como descreve Luiz Alberto Machado: "na primeira, o crime era considerado uma fatalidade inafastável, uma

---

[15] SCHÜNEMANN, Bernd, p. 23.

[16] Tendo-se em consideração que os excessos de vingança, especialmente entre pessoas do mesmo agrupamento, "acababan por debilitar el grupo social, que, por el contrario, precisaba ser fuerte en hombres válidos para la guerra agresiva o defensiva contra los grupos sociales vecinos y enemigos, surge por parte de la colectividad la imposición de normas limitadoras de la venganza entre los individuos del mismo grupo, apareciendo en primer término el talión y después la composición" (FERRI, Enrique, 1933, p. 16). Oportunamente ainda se assinala que, não obstante a evolução da ciência penal, não se eliminou, por completo, a pena de talião; assim, por exemplo, "as formas mais graves do homicídio são castigadas com a morte, não se explica de outra maneira a função repressiva desta medida senão infligindo ao ofensor o mesmo mal que ele ocasionou ao ofendido" (CARNELUTTI, Francesco, 2015, p. 47). Por conta disso, "o erro da lei de Talião está, pois, em somar os dois males em lugar de subtrair o segundo do primeiro. [...] hoje em dia, se reconhece universalmente, [...], a sua incivilidade, até o ponto em que, nas leis modernas, no que se refere à maior parte dos delitos, está abandonado" (CARNELUTTI, Francesco, p. 47).

[17] Cf. CASTELLANOS, Fernando, p. 33.

[18] Cf. CASTELLANOS, Fernando, p. 33. Como assinala Michèle-Laure Rassat (p. 5-6), "Dans la phase de la justice privée, les protagonistes restent les mêmes (avec toutefois une certaine tendance à une restriction des agentes actifs et passifs), mais un certain nombre de règles vient limiter l'exercice de cette vengeance. Du point de vue des peines, deux changements se produisent qui s'expliquent par l'épuisement que provoquaient pour les groupes sociaux des luttes éternellement renouvelées et terminées le plus solvent par une ou plusieurs morts ou de graves atteintes corporelles. Le premier incite à rechercher un rapport entre le mal souffert et le mal causé. Le second conduit à essayer, lorsque c'est possible, de régler les litiges par des compensations matérielles librement consenties. Par contrecoup et sur le terrain de la forme, naissent des procédures de 'négociation' pouvant aboutir à l'offre et l'acceptation de règlement du litige entre les protagonistes ainsi que des tentatives pour cantonner procéduralement la vengeance (lieux d'asile et temps de trêve)".

[19] FERRI, Enrique, p. 16.

[20] FERRI, Enrique, p. 18.

imposição dos deuses, por isso a pena tinha caráter sacral; na segunda, o crime, em consequência da doutrina do livre arbítrio de Aristóteles, incompatível com o determinismo absoluto da fatalidade, passou a ser considerado como um acontecimento humano evitável, e a pena caracterizou-se pelo caráter público e aplicação individual".[21] No direito romano, configurou-se – e constituiu-se em uma das bases de seu modelo de direito – a distinção entre *delicta publica* e *delicta privata*, sendo que, os primeiros eram perseguidos e castigados no interesse (e por obra dos representantes) do Estado; e os segundos, no interesse (e por obra) dos ofendidos.[22] Quanto aos *crimina publica*, a pena é severa, normalmente a capital ou o desterro sob a modalidade de *aquae et ignis interdictio*;[23] já quanto aos *delicta privata*, a repressão é transferida ao ofendido junto à Justiça civil, para o reconhecimento ao direito à *compositio*[24] (aliás, a composição, sob a forma de composição legal, transmudou-se no meio comum de sanção nos *delicta privata*, dando lugar à *poena*, isto é, "preço que o agente pagava ao ofendido, segundo a importância da ofensa"[25]). No período imperial, criaram-se os *crimina extraordinaria* – categoria intermediária entre os crimes públicos e os privados –, em virtude dos quais se passou – com o procedimento *extra ordinem* – (quase que inteiramente) à pena pública, também nos casos dos delitos privados, afirmando-se, de modo constante, que a justiça penal é uma função e uma prerrogativa do Estado.[26]

Na Idade Média, a vítima perdeu ainda mais sua importância, visto que "os procedimentos e a aplicação das penas estavam adstritos aos reis, senhores feudais e igreja".[27] Nesse momento histórico, impunham-se castigos severos aos infratores, como tortura e pena de morte. As vítimas, à exceção daquelas que detinham posição social privilegiada, eram relegadas ao esquecimento completo. Sobre o tema, refere Rogério Greco que, nesse período, "percebendo a impossibilidade de deixar ao alvedrio dos particulares a resolução de seus conflitos, e sendo influenciado pelo Direito Canônico, o Estado evoluiu para o chamado sistema inquisitorial".[28]

Com o fortalecimento das monarquias, durante o Estado Moderno, o direito penal "passa a ter, definitivamente, a conotação de ordem pública, estabelecendo crime como ofensa à ordem social, restringindo, consequentemente, a relação en-

---

[21] MACHADO, Luiz Alberto, 1987, p. 21.
[22] FERRI, Enrique, p. 19.
[23] BRUNO, Aníbal, 1959, p. 66.
[24] BRUNO, Aníbal, p. 66.
[25] BRUNO, Aníbal, p. 67.
[26] FERRI, Enrique, p. 19.
[27] SCHÜNEMANN, Bernd, p. 23. Vera Malaguti Batista (2006, p. 37-8) afirma que "as mudanças nas relações de poder confiscariam às vítimas o conflito criminalizado, que passa a ser administrado de forma centralizada pela Igreja e pelas primeiras formas de Estado para gerir a conflitividade e a violência, além de garantir uma determinada ideia de ordem. Surge então uma nova atitude para determinar a verdade: a busca da verdade 'criminosa' era o método da Inquisição. Instituiu-se uma averiguação realizada por aquele que exerce o poder sobre o objeto estudado, a partir de uma posição privilegiada, sem diálogo com 'o outro'".
[28] GRECO, Rogério, 1992, p. 107.

tre julgador, acusador e acusado".²⁹ O ofendido foi, então, completamente "neutralizado". Sob esse prisma, o sistema *legal* – o processo – foi desenvolvido com "o propósito deliberado de 'neutralizar' a vítima, distanciando os dois protagonistas do conflito criminal, precisamente como garantia de uma aplicação serena, objetiva e institucionalizada das leis ao caso concreto".³⁰ A vítima, em vista de sua condição degradada na relação processual, converte-se, então, no "convidado de piedra del sistema penal".³¹

Ao final, no terceiro período, experimentado pela vítima a partir do término da Segunda Guerra Mundial,³² houve o redescobrimento do ofendido no processo criminal. Nesse contexto, "os tempos se abrem para uma época de autorização explícita para que a vítima exerça com mais valia seus interesses no processo".³³ A mais disso, o estudo da vitimologia, nos últimos anos,³⁴ impulsionou um processo

---

²⁹ DAOUN, Alexandre Jean, p. 23. "O fortalecimento das monarquias e do Estado moderno relegou a vítima a um segundo plano, visto que o direito penal passou a ser de ordem pública, com o crime a representar ofensa à boa ordem social, razão por que é função do soberano ou do Estado reprimi-lo" (CHOUKR, Fauzi Hassan, 1999, p. 75).

³⁰ GARCÍA-PABLOS DE MOLINA, Antonio; GOMES, Luiz Flávio, p. 74. Carlos Parma (2005, p. 174) destaca: "se insiste en que la víctima sufrió un despojo por parte del sistema penal ya que éste sustituyó a la 'persona de carne y hueso' por una víctima simbólica y abstracta: la comunidad". E, nesse sentido, "la víctima quedó relegada a un plano interior y terminó constituyéndose, exclusivamente, en un objeto de prueba, exento de derechos y en total estado de indefensión, en general revictimizada por el mismo procedimiento penal" (PARMA, Carlos, p. 174).

³¹ REYNA ALFARO, Luis Miguel, 2006, p. 110. Em sugestiva imagem, Antônio José Fabrício Leiria (1974, p. 212), após comentar que, por meio dos parâmetros da criminologia clássica, "a problemática antropológica sobre a gênese do crime, quase que de modo exclusivo, desenvolveu-se em torno do delinquente, que era visto como elemento dinâmico por excelência", assevera que "a vítima era tratada como um elemento estático no fenômeno do crime, de onde decorre a sua denominação de sujeito passivo".

³² Na evolução histórica dos movimentos e associações de vítimas, não se pode deixar de registrar que, nos anos de 1950 e 1960, surge, nos Estados Unidos, uma série de coletivos de minorias que reivindica, inicialmente, o reconhecimento oficial de sua existência e importância. Tenham-se, assim, presentes, apesar das profundas diferenças, os grupos de consumidores, de pessoas afetadas por determinadas doenças infectocontagiosas, de defensores da pena capital, de feministas, de negros, de defensores dos menores vítimas de abusos sexuais, de pacifistas etc. Esses diferentes grupos sociais receberam especial apoio de setores acadêmicos, que se "encargaron de enaltecer su labor y defender la necesidad de su existencia" (CEREZO DOMÍNGUES, Ana Isabel, 2010, p. 19). E, uma vez atingido o reconhecimento existencial, "las metas de estos movimientos pronto se expanden hacia otro objetivo, a saber, reclaman que sea el Estado el que se implique más en el problema y que adopte una serie de medidas encaminadas a satisfacer las necesidades de las víctimas. De este modo, las primeras agrupaciones de víctimas de delitos reclaman que sea el Estado el que compense económicamente a la víctima por el delito sufrido, que se mejore el trato insensible e injusto que recibe la víctima por parte del sistema penal y que se pongan de relieve las terribles consecuencias psicológicas que padecen algunas de ellas. La respuesta estatal es casi inmediata: A comienzos de los años 70 se establecen los primeros programas de ayuda y asistencia a las víctimas de delitos en los Estados Unidos. Se identifica a las víctimas que padecen idénticas consecuencias psicológicas con la finalidad de desarrollar tratamientos específicos dirigidos a avaluar el trauma. Gracias a ello se logra que esos síntomas sean reconocidos en el catálogo de enfermedades mentales" (CEREZO DOMÍNGUES, Ana Isabel, p. 19).

³³ PATENTE, Antônio Francisco, 2002, p. 4.

³⁴ Sobre o tema, ver o artigo de BOVINO, Alberto, 1998, p. 417-38. Afirma Selma Pereira de Santana (2009, p. 335) que, na atualidade, em virtude "do avanço da vitimologia como disciplina científica, os esforços dos vitimólogos dirigem-se também à elaboração de programas de assistência às vítimas, de tratamento dirigido a elas e de prevenção do delito (programas direcionados a vítimas em potencial), tais como, recentemente, as propostas de programas de indenização às vítimas, tanto a cargo do infrator quanto do Estado".

de revisão científica do 'papel' da vítima no fenômeno delitivo, "sua redefinição à luz dos acontecimentos empíricos atuais e da experiência acumulada".³⁵ Em rigor, de modo particularmente acentuado na criminologia, o estudo das vítimas assume grande relevância: "existen sujetos con una gran predisposición victimal, que necesitan una mayor atención (...). Hay también sujetos con gran peligrosidad victimal, los cuales, por sus peculiares características, son un peligro para sí y para los demás. No cabe duda de que muchas víctimas necesitan más ayuda, protección y tratamiento que sus victimarios. (...). Quizá lo más importante del problema de la Victimología sea la deducción de que no solamente debemos hacer prevención criminal, sino también prevención victimal".³⁶

Em decorrência de dois preceitos – segurança da vítima e de seus familiares e colaboração no processo, este último, quase sempre imprescindível para apuração dos fatos –, o ofendido voltou a ser valorizado até mesmo, com a aprovação pela Organização das Nações Unidas da Declaração Universal das Vítimas de Crimes e de Abusos de Poder, de 1985.³⁷ De tal arte, "a partir desse novo enfoque de relevância no papel desempenhado pela vítima, resultante de fatores sociojurídicos, ocorreram iniciativas legislativas que deram maior prestígio e participação

---

[35] GARCÍA-PABLOS DE MOLINA, Antonio; GOMES, Luiz Flávio, p. 73. Acrescenta Cándido Conde-Pumpido Ferreiro (1999, p. 110) que, além da perspectiva criminológica, "aparece también la perspectiva del sujeto paciente –más que pasivo– del delito como objeto de ofensas, muchas veces reduplicadas por la propia estructura de un proceso establecido en garantía del reo y por la neutralización en él del papel de la víctima, cuyos derechos y cuya dignidad personal se hace preciso también tomar en consideración".

[36] RODRÍGUEZ MANZANERA, Luis, 1999, p. 514. Pode ser consultado, ainda, o artigo de NEGREIROS, Felipe, 2012, p. 155-67.

[37] DAOUN, Alexandre Jean, p. 24. Por óbvio, esse fenômeno – de valorização das vítimas no contexto do sistema penal – já se vinha produzindo em diferentes espaços, tal como, por exemplo, com o desenvolvimento – a partir de 1960, na América, e de 1970, na Europa – de programas de indenização coletiva das vítimas (fundamentalmente ancorados em recursos públicos ou, por outra, em seguros), visando a estabelecer uma certa responsabilização estatal em face dos ofendidos e lesados por ilícitos penais. Mireille Delmas-Marty (2004, p. 19) afirma que esse programa surgiu, na Nova Zelândia, em 1963, e, na Inglaterra (em caráter experimental), em 1964, mas "o princípio de indenização pelo Estado desenvolveu-se a partir de 1965 na maioria dos Estados americanos, bem como no Canadá; mais tarde, a partir dos anos setenta, nos países europeus da família romano-germânica (na Áustria, em 1972, depois na Finlândia, Alemanha, Dinamarca, França, Suécia, Noruega)". O sistema em causa "seria justificado pelo fato de que a realização efetiva da indenização representa uma tarefa de ordem pública que se justifica nas bases dos imperativos modernos da solidariedade social, especialmente nos casos em que o autor da infração permanece ignorado, não é processado ou quando, mesmo sendo condenado, permanece insolvente" (DELMAS-MARTY, Mireille, p. 19). A mais disso, sob o ponto de vista da vítima, "os argumentos utilizados são essencialmente humanitários, exprimindo uma tomada de consciência das necessidades das vítimas que, devido à infração, sofrem, além do dado direto, patrimonial, corporal, moral, um trauma emocional (assim, durante um roubo à sua residência, a vítima às vezes sente de forma muito mais cruel a invasão à sua vida privada do que a perda financeira). Acrescentam-se ainda todos os aborrecimentos ligados à investigação policial e às modalidades do processo penal" (DELMAS-MARTY, Mireille, p. 19-20). No que diz respeito à sociedade, representada pelo Estado, "sua responsabilidade estaria baseada em direito: 'Seja no contrato (violação da obrigação explícita de proteger o cidadão), seja no quase delito ou 'erro' (violação da obrigação de garantir de forma razoável a proteção do cidadão), seja, ainda, na teoria do risco (a sociedade considerada como uma empresa cujos beneficiários, ou seja, os cidadãos, sofrem os riscos inerentes a essa situação)'" (DELMAS-MARTY, Mireille, p. 20). E, derradeiramente, "o interesse do delinquente seria salvaguardado, pois a indenização da vítima pelo Estado teria, para ele, a vantagem de facilitar o apaziguamento necessário à sua reinserção social: 'Uma vez indenizada, a vítima reagiria de forma menos passional e agressiva em relação a ele'" (DELMAS-MARTY, Mireille, p. 20).

às vítimas de crimes tanto no campo penal quanto processual. Com isso, passamos a uma realidade que, ao menos em âmbito legislativo, prestigiou a vítima de crime".[38]

No atual panorama, sem embargo, o ofendido ainda tem sua participação mitigada no processo criminal, pois não passa, normalmente, de mero instrumento de prova, cujo papel se restringe, quase que de modo exclusivo, a declarar o fato criminoso a que foi submetido.[39] De certo, ainda há forte receio em se reconhecer maior efetividade à participação da vítima na processualística penal.

Presentemente, a doutrina criminal especializada tem referido a existência de um momento de transição, ante o qual a vítima vem de adquirir um maior protagonismo nos sistemas processuais penais. Longe de expressar um anseio de retorno a eras primitivas e rudimentares da *vendetta* privada, esse novo rol que se lhe dá o processo penal quer permitir que o outro vértice importante da relação processual não seja abandonado a um papel meramente coadjuvante, mas, bem ao contrário disso, possa contribuir com a formação (e a efetivação) da justiça penal.[40]

Por óbvio, a publicização de todo o universo penal (delitos, penas, processo) implicou considerável evolução (e conquista) do mundo civilizado, não havendo campo para que se retrocedesse;[41] contudo, a (re)aproximação da vítima do

---

[38] DAOUN, Alexandre Jean, p. 24. Selma Pereira de Santana (p. 337-8) sustenta que "o Brasil, conquanto encontre-se, ainda, tímido, no tratamento dispensado às vítimas de delitos, não permanece absolutamente inerte diante desse quadro, uma vez que a CF, no seu art. 245, reconhece que: 'A Lei disporá sobre hipóteses e condições em que o Poder Público dará assistência aos herdeiros e dependentes carentes de pessoas vitimadas por crime doloso, sem prejuízo da responsabilidade civil do autor do ilícito'. Relembremos, ainda, das Leis dos JEC. Recentemente, a Lei brasileira 10.741, de 01.10.2003, que dispõe sobre o *Estatuto dos Idosos*, prevê, no seu art. 94, que aos crimes nela previstos, cuja pena máxima privativa de liberdade não ultrapasse quatro anos, aplica-se o procedimento previsto na Lei 9.099/1995. Por outro lado, ressalte-se a vigência da Lei 11.340, de 7.8.2006 (Lei Maria da Penha), como, também, a recente reforma do CPP comum que, entre outras alterações, estabeleceu no seu art. 387, IV, que o magistrado, ao proferir sentença condenatória, fixará valor mínimo para a reparação dos danos causados pela infração, considerando os prejuízos sofridos pelo ofendido". Na mesma esteira, pode-se, igualmente, lembrar dos esforços que têm sido exercidos no que diz respeito à criminalização da homofobia (PL 5.003/2001 e PLC 122/2006). Aliás, esse fenômeno de encampação dos anseios das vítimas sob a perspectiva criminal vem de adquirir, modernamente, especial relevância, na medida em que várias correntes criminológicas, antes refratárias à utilização do direito penal, passam, agora, em certas circunstâncias, a admitir certos efeitos simbólicos e positivos da criminalização de condutas particularmente lesivas aos interesses de determinados segmentos sociais. Essa postura é bastante nítida, por exemplo, no [movimento criminológico] neorrealismo de esquerda (sobre essa questão: FAYET JÚNIOR, Ney; COELHO, Roberta Werlang, 2012, p. 345-65).

[39] Ensina Alexandre Jean Daoun (p. 26) que o entendimento restritivo de participação da vítima no processo, "sintetizado, basicamente, no dever de noticiar o suposto fato criminoso e testemunhar no processo, passou a ser refutado no último século e não condiz com a tendência internacional atual".

[40] Para Nils Christie (2012, p. 371), "é importante ver que há outro caminho aberto para o movimento das vítimas. Não é um caminho para a vingança, mas direcionado à efetiva restauração dos danos causados. Não é um caminho para aumentar a ingerência sobre as decisões relativas à culpabilidade do acusado e à 'infligão de sofrimento', mas um caminho para a participação em um cenário alternativo de tratamento do desvio".

[41] "Questa crescente centralità della vittima si manifesta in numerosi settori del diritto e della politica del diritto. Essa ha condotto ad esiti in linea di principio positivi, ma solleva altresì complessi interrogativi quando spiega i suoi effetti nel circuito della giustizia penale, in cui la marginalizzazione della vittima, storicamente, riposava su ragioni profonde, legate al superamento del meccanismo della vendetta. In questo settore, le tendenze di protagonismo della vittima nel processo possono aprire una pericolosa breccia nelle fondamentali garanzie erette a difesa dell'autore del reato. Non a caso, la pubblicizzazione dello *ius puniendi* si è fondata sulla necessità di

processo penal decorre da necessidade de se lhe conferir maiores espaços de cidadania (o que se traduz como uma dimensão dos direitos humanos), permitindo que se desenvolvam procedimentos consensualmente articulados, que repercutam na relação processual. Paralelamente a isso, os interesses e os sentimentos das vítimas têm sido a base sobre a qual se apoiam as medidas de enfrentamento da criminalidade. Nos Estados Unidos, como lembra David Garland, os agentes políticos convocam conferências de imprensa para anunciar leis mais severas, em cuja ocasião se fazem acompanhar por familiares das vítimas;[42] também têm sido aprovadas leis que levam o nome das vítimas: lei Megan;[43] lei Jenna;[44] lei Brady;[45] [no Brasil] lei Maria da Penha;[46] lei Carolina Dieckmann;[47] entre outras. Na Grã-Bretanha, as vítimas aparecem, frequentemente, como oradoras nas conferências dos partidos políticos.[48]

3. Da Lei 12.650/12 (Lei Joanna Maranhão)

A Lei 12.650/12 acresceu, ao artigo 111 do Código Penal, o inciso V, segundo o qual, nos crimes contra a dignidade sexual de crianças e adolescentes, previstos neste Código ou em legislação especial, a prescrição, antes de transitar em julgado a sentença final, começa a correr da data em que a vítima completar

---

'controll[are] l'irrazionalità della vittima' nell'ambito del processo penale, così da contenere le sofferenze generate dal delitto. Si teme in sostanza che, allorchè l'ago della bilancia venga spostato a favore del soggetto passivo del reato, ciò si realizzi a spese dei diritti dell'imputato, in particolare di quello ad ottenere un giusto processo, celebrato in ossequio alla presunzione d'innocenza" (LOBBA, Paolo, 2016, p. 288).

[42] GARLAND, David, 2005, p. 46.

[43] Refere-se a uma forma de lei que varia de estado para estado; tais normas visam a fazer um registro de criminosos que cometem abuso sexual. A primeira lei que propôs esse registro surgiu em Nova Jersey, e ganhou o nome de uma menina que sofreu abusos. Os pais da vítima propuseram o surgimento da lei. Com efeito, foi a partir do ocorrido com Megan Nicole Kanka, de 7 anos, que uma lei estadual passou a obrigar que informações sobre abusadores sexuais fossem ativamente divulgadas. Após o sucesso dessa lei estadual, o projeto adentrou a esfera federal. No âmbito federal, as informações sobre abusos sexuais devem ser disponibilizadas ao público e não precisam ser "notificadas ativamente", que seria a disseminação da informação "porta a porta" por meio de policiais ou agentes competentes, tal qual acontece em Nova Jersey. A lei passou a vigorar, em Nova Jersey, em 1994, 89 dias após o desaparecimento de Megan (29 de julho de 1994); em maio de 1996, a lei alcançou a esfera federal.

[44] Trata-se de um ato que quer garantir o melhor entendimento das crianças acerca de abusos sexuais; e, para que isso seja possível, várias recomendações foram endereçadas às escolas e aos pais. A proposta dessa lei foi trazida por vítima de abusos sexuais. Quando adolescente, Jenna Quinn, em um período aproximado de quatro anos, sofreu sérios abusos sexuais e, à época, não tinha conhecimento nem condições de reagir. Em 2009, o texto foi aprovado pelo estado do Texas e, a seguir, por outros estados.

[45] Essa lei estabelece um prazo de 5 (cinco) dias para que um comprador possa adquirir uma arma de fogo. Nesse prazo, será feito um *background check*, isto é, serão avaliados os antecedentes do adquirente.

[46] Maria da Penha Maia Fernandes foi a mulher que iniciou a luta para a aprovação de uma lei que adotasse políticas públicas para punir e prevenir a violência contra a mulher. Ela sofreu diversos abusos pelo seu marido e sua história inspirou um livro. Essa lei foi criada em 07 de agosto de 2006.

[47] Criada em 2012, essa lei visou à criação de dispositivos legais que tipificassem os atentados cibernéticos à intimidade. O nome popular da lei foi dado em razão do ocorrido com a atriz Carolina Dieckmann, que teve fotos íntimas divulgadas após a invasão de seu computador.

[48] GARLAND, David, p. 46.

18 anos, salvo se a esse tempo já houver sido proposta a ação penal ou se a vítima houver falecido.

a) Dos motivos inspiradores da nova regra prescritiva

Essa nova disciplina legal quis elevar o espectro de proteção às crianças e aos adolescentes – à luz do comando constitucional estabelecido no inciso 4º do artigo 227[49] – em face das violências sexuais a que são submetidos;[50] para tanto, a alteração legislativa trouxe uma medida destinada a evitar a impunidade de crimes dessa natureza, dado que "diversas razões dificultam a sua imediata apuração",[51] como, por exemplo, "o trauma, a inibição e o temor normalmente provocados por crimes dessa natureza, sobretudo nas vítimas menores que têm sua personalidade em formação",[52] ou, ainda, pelo fato de serem tais crimes, via de regra, "praticados por familiares e por estes acobertados".[53] Frequentemente a vítima não dispõe de meios para se insurgir diante de abusos; com a nova regra, modifica-se o termo inicial do prazo prescricional (da pretensão punitiva), agora estabelecido na data em que o ofendido completar 18 anos de sua idade; com isso, estabelece-se uma maior possibilidade de satisfação da pretensão punitiva.[54] Nessa data, "torna-se maior e capaz para todos os atos civis e penalmente responsável, motivo pelo qual, se pressionada foi anteriormente, poderá defender-se, denunciando o crime e seu autor".[55] Desse modo, na hipótese de o representante legal da criança ou do adolescente não ter comunicado, às autoridades competentes, o fato delituoso, deixando de impulsionar, nos termos do artigo 225, parágrafo único, do Código Penal, a ação penal pública, poderá a vítima, ao atingir a idade de 18 anos, fazê--lo, admitido que somente a partir desse marco fluirá o prazo prescricional (da pretensão punitiva).[56]

b) Da operatividade

Como se sabe, a regra geral – no que tange ao início da contagem do prazo prescricional – se estabelece no dia da *consumatio* (isto é, a pretensão punitiva estatal nasce a partir do momento da consumação do delito [independentemente de quaisquer condições de perseguibilidade]); contudo, existem várias exceções, entre as quais a do inciso V do artigo 111 do Código Penal, pois a pretensão

---

[49] "(...) os direitos fundamentais não podem ser considerados apenas como proibições de intervenção, expressando também um postulado de proteção. (...) os direitos fundamentais (...) podem ser traduzidos como proibições de proteção insuficiente ou imperativos de tutela" (CUNHA Rogério Sanches, 2016, p. 324).

[50] "Trata-se de atender a realidade brasileira, diante dos inúmeros casos de vitimização de menores e adolescentes, nestas condições fáticas" (COSTA, Álvaro Mayrink da, 2015, p. 966).

[51] MIRABETE, Julio Fabbrini; FABBRINI, Renato N., 2016, p. 401.

[52] MIRABETE, Julio Fabbrini; FABBRINI, Renato N., p. 401.

[53] MIRABETE, Julio Fabbrini; FABBRINI, Renato N., p. 401.

[54] Cf. GALVÃO, Fernando, 2017, p. 1081.

[55] NUCCI, Guilherme de Souza, 2017, p. 984.

[56] Cf. DELMANTO, Celso; DELMANTO, Roberto; DELMANTO JÚNIOR, Roberto; DELMANTO, Fábio M. de Almeida, 2016, p. 411.

punitiva estatal, *in casu*, começará a fluir, tão somente, a partir do momento em que a vítima atingir a idade de 18 anos, salvo se a esse tempo já houver sido proposta a ação penal (em cuja hipótese o termo inicial será a data do ajuizamento da ação penal,[57] e não a do recebimento da petição inicial acusatória;[58] ou a da prática delitiva;[59] ou, ainda, a da investigação policial[60]) ou se a vítima houver falecido (nesta última hipótese, "a prescrição começa a correr da morte, não de quando se completariam os dezoito anos"[61] ou de data pretérita [a da consumação ou a do último ato de execução][62]).

c) Do alcance e dos sujeitos passivos

A disciplina legal em análise se aplica tanto ao Código Penal (artigos 213 a 234-B, previstos no Título VI da Parte Especial) como ao Estatuto da Criança e do Adolescente (artigos 240 e 241, 241-A ao 241-E; 244-A e 244-B). Quanto aos sujeitos passivos, trata-se das crianças (pessoas até 12 anos completos) ou dos adolescentes (pessoas entre 12 e 18 anos de idade).[63]

d) Da natureza da nova regra

Cuida-se, a nova disciplina, de um novo marco inicial da prescrição (da pretensão punitiva), a implicar um fator obstativo da marcha prescricional, admitido

---

[57] "(...) a ação penal é proposta pelo oferecimento da denúncia e não pelo seu recebimento" (JESUS, Damásio de, 2016, p. 445). Obviamente que, nos termos do parágrafo 3º do art. 100 do CP, a ação de iniciativa privada pode intentar-se nos crimes de ação pública, se o Ministério Público não oferece denúncia no prazo legal; sobre o tema: FAYET JÚNIOR, Ney; VARELA, Amanda Gualtier, 2017.

[58] Com efeito, indica Fernando Galvão (p. 1081) que "a propositura da ação penal antes de a vítima completar 18 anos indica que não houve obstáculos à persecução penal e, por isso, não se justifica postergar o termo inicial da contagem da prescrição".

[59] "A norma excepciona a hipótese de nessa data já ter sido proposta a ação penal. Se a ação penal já foi ajuizada quando a vítima ainda era menor, não mais subsiste razão para se impedir o início de fluência do prazo prescricional, que terá início na data do ajuizamento da ação penal, que ocorre com o oferecimento da denúncia, e não na data da consumação do crime (...). Entendimento contrário conduziria ao absurdo de se retroagir indevidamente a fluência da prescrição precisamente nos casos em que a ação penal é proposta ainda na menoridade da vítima, com risco, inclusive, de extinção da punibilidade nos crimes praticados contra vítimas em tenra idade e que são elucidados anos depois" (MIRABETE, Julio Fabbrini; FABBRINI, Renato N., 2016, p. 401-2). Em sentido contrário: "Quanto à parte final do inciso V do art. 111, se o delito sexual já foi descoberto, investigado e deu ensejo ao ajuizamento da ação penal contra o autor, por óbvio, o termo inicial da prescrição é computado nos termos do inciso I (data da consumação), pouco importando a idade da vítima" (NUCCI, Guilherme de Souza, p. 984).

[60] "(...) trata-se de um novo marco inicial do lapso prescricional. A lei nova impede, de maneira absoluta, o início do prazo, mesmo pela pena em abstrato, na fase de investigação, o que se desloca do sistema. Se o fato foi noticiado à autoridade policial, com representação ou início de inquérito policial, pensamos que deveria começar a correr o prazo (somente pela pena em abstrato aqui)" (GOMES, Luiz Flávio, 2013, p. 34).

[61] CUNHA, Rogério Sanches, p. 323.

[62] "(...) se a prescrição não estava correndo até então, não se pode admitir que a morte da vítima faça com que o prazo passe a ser contado a partir de uma data passada. O falecimento da vítima não pode ressuscitar a contagem do prazo. Além disso, esse raciocínio faria com que o autor do delito fosse beneficiado com a morte do sujeito passivo" (ESTEFAM, André, 2016, p. 523). Em idêntico sentido: "(...) o termo *a quo* do prazo prescricional é a data do falecimento, e não a da consumação do crime, porque, nos termos da lei, o prazo não estava ainda em andamento" (GONÇALVES, Victor Eduardo Rios, 2015, p. 427). Ou ainda: "se (...) ocorrer o falecimento da vítima (...) antes de ela completar 18 anos" antecipa "o *dies a quo* do prazo prescricional para a data (...) do óbito" (PEDROSO, Fernando de Almeida, 2017, p. 727).

[63] Cf. JESUS, Damásio de, p. 444.

que o prazo prescricional somente começa a correr na data em que a vítima completar dezoito anos (ou se antes tiver sido proposta a ação penal ou tiver falecido o ofendido).[64] Não pode entender-se a nova regra como uma causa interrputiva da prescrição, pois, para tanto, o prazo prescricional deveria estar em andamento; e, na hipótese do inciso V do artigo 111 do Código Penal, diferentemente, quando de sua ocorrência, o prazo prescricional não se encontrava em marcha.[65] De mesma forma, não se trata de uma nova hipótese de imprescritibilidade penal,[66] até porque, ao legislador ordinário, falta poder de intervenção nessa matéria. Aliás, não se cuida de uma causa suspensiva, admitido que, para isso, o tempo decorrido antes da causa deveria ser computado no prazo.

e) Da irretroatividade

Obviamente, por se cuidar de norma que permite a ampliação do poder punitivo (isto é, norma de dimensão penal *gravior*), não é possível alcançar fatos anteriores, vale indicar, os crimes eventualmente realizados antes da vigência da Lei 12.650 (17 de maio de 2012). Por oportuno, aponta-se que, sendo a prescrição tema de direito material, incide o comando do artigo 10 do Código Penal, "incluindo-se na contagem do prazo, qualquer que seja, o dia do começo".[67]

4. Das críticas e soluções

Sob certo aspecto, convergem algumas críticas doutrinárias no sentido tanto de uma elasticidade aberrante no prazo[68] como de incontornáveis dificuldades de prova que haverá em virtude da longa passagem do tempo;[69] para mais, também se questiona o porquê de a proteção ter-se endereçado exclusivamente para crianças e adolescentes, e não também para outros delitos de idêntica (ou, sobretudo, maior) ofensividade;[70] ou, ainda, sobrepujar-se a eventual ação penal aos interesses da vítima.[71] Tais considerações críticas têm, inegavelmente, bastante forte e expressão, quer por expressarem a falta de proporcionalidade, quer por assinalarem a falta de coerência sistêmica (penal e processual).

Daí porque se pode cogitar de um ajuste (por óbvio, *de lege ferenda*) por meio do qual se conseguiria, de um lado, preservar a maior proteção estatal aos

---

[64] Sob outro enfoque, sustenta-se que, "para evitar a impunidade, (...), o prazo prescricional só começará a correr na data em que a vítima completar dezoito anos. Até lá, esse prazo ficará suspenso" (MARTINELLI, João Paulo Orsini; BEM, Leonardo Schmitt de, 2017, p. 995).

[65] Cf. JESUS, Damásio de, p. 444.

[66] Cf. CUNHA, Rogério Sanches, p. 324.

[67] MIRABETE, Julio Fabbrini; FABBRINI, Renato N., p. 402.

[68] Cf. JESUS, Damásio de, p. 445.

[69] Cf. NUCCI, Guilherme de Souza, p. 984. Sobre o valor processual do depoimento (testemunhal ou vitimário) infantil, pode ser consultado: FAYET JÚNIOR, Ney, 2013.

[70] Cf. JESUS, Damásio de, p. 444.

[71] Cf. JESUS, Damásio de, p. 446.

menores ofendidos e, de outro, garantir uma razoabilidade persecutória; desse modo, poderia, ao preservar um mínimo de coerência sistêmica, escapar-se do particular retribucionismo baseado tão somente na vítima do delito. Antes de tudo, deveria existir uma flutuabilidade do prazo, nos seguintes termos: seria concedido, ao ofendido, quando completasse 18 anos de sua idade, o prazo (decadencial) de 6 meses para impulsionar a *persecutio criminis*; se não o fizesse, o prazo retroagiria à data do fato, de acordo com a regra do artigo 111, incisos I e II, do Código Penal. Tal solução evitaria a extensão absurda do prazo prescricional, sem favorecer a impunidade dos crimes sexuais em foco; por outro lado, também permitiria a avaliação da vítima – agora, ao menos em tese, já com maiores condições de discernimento – no que concerne à existência de uma ação penal; ainda, não impediria que o tempo – e isso é da essência do instituto da prescrição penal – jogasse a favor do imputado; e, finalmente, manteria a coerência sistêmica com outros delitos de idêntica (ou, sobretudo, de maior) gravidade.

Em suma, na hipótese de não ter sido proposta a ação penal antes de a vítima atingir o marco de 18 anos de sua idade e, ademais, ter fluído o prazo de 6 meses para o impulso persecutório, não se excepcionaria a regra geral (da prescrição da ação) segundo a qual a pretensão punitiva do Estado nasce a partir do momento da *consumatio* do delito ou, no caso da tentativa, do dia em que cessou a atividade criminosa, independentemente de quaisquer condições (processuais) de perseguibilidade. O maior interesse e protagonismo dos sujeitos passivos dos crimes (ainda que graves, tais quais os que se apresentam *in casu*) não representa, *sous tous les rapports*, uma *carte blanche* para ferir garantias e para conferir desequilíbrios à coerência sistêmica do direito penal, *maxime* em uma época em que a dimensão política se tem inoculado, fortemente, na do processo criminal. A prescrição penal – apesar de sua aparente indefensabilidade – cumpre um importante papel na harmonização e na pacificação dos conflitos sociais; o movimento contínuo e inexorável do tempo pode, *de per si*, tornar insubsistente a necessidade de intervenção do direito penal; e isso, na eloquência de seus termos, atesta a importância que se lhe concede.

Referências

ALMEIDA, Maria Rosa Crucho de. "As relações entre vítimas e sistema de justiça criminal em Portugal." In *Revista Portuguesa de Ciência Criminal*. Ano 3, 1º, jan./mar., 1993. Director: Jorge de Figueiredo Dias. Lisboa: Aequitas.

BATISTA, Vera Malaguti. "A questão criminal no Brasil contemporâneo." In *Margem esquerda* — ensaios marxistas. São Paulo: Boitempo, 2006.

BOVINO, Alberto. "La participación de la víctima en el procedimiento penal." In *Revista Brasileira de Ciências Criminais*, ano 6, nº 21, jan./mar. de 1998, São Paulo: RT.

BRUNO, Aníbal. *Direito penal*: parte geral. Tomo 2: do fato punível. 2ª ed. Rio de Janeiro: Forense, 1959.

CARNELUTTI, Francesco. *O problema da pena*. Tradução Ricardo Pérez Banega. São Paulo: Pillares, 2015.

CASTELLANOS, Fernando. *Lineamientos elementales de derecho penal*. México: Unión Grafica, 1973.

CEREZO DOMÍNGUEZ, Ana Isabel. *El protagonismo de las víctimas en la elaboración de las leyes penales*. Valencia: Tirant lo Blanch, 2010.

CHOUKR, Fauzi Hassan. *Processo penal à luz da Constituição*. Bauru: EDIPRO, 1999.

CHRISTIE, Nils. "Dilemas do movimento de vítimas." *In Discursos sediciosos*: crime, direito e sociedade. Ano 17, n° 19/20, 1° e 2° semestre de 2012. Rio de Janeiro: Revan, 2012.

COSTA, Álvaro Mayrink da. *Curso de direito penal*: parte geral. Rio de Janeiro: GZ, 2015.

CUNHA, Rogério Sanches. *Manual de direito penal*: parte geral (arts. 1º ao 129). 4ª ed. Salvador: JusPODIVM, 2016.

DAOUN, Alexandre Jean. "A participação do ofendido na ação penal pública. Pontos controvertidos." *In Processo penal e garantias constitucionais*. SILVA, Marco Marques da (coord.). São Paulo: Quartier Latin, 2006.

DELMANTO, Celso; DELMANTO, Roberto; DELMANTO JÚNIOR, Roberto; DELMANTO, Fábio M. de Almeida. *Código Penal comentado*. 9ª. ed. rev., atual. e ampl. São Paulo: Saraiva, 2016.

DELMAS-MARTY, Mireille. *Os grandes sistemas de política criminal*. Tradução Denise Radanovic Vieira. Barueri, SP: Manole, 2004.

ESTEFAM, André. *Direito penal*: parte geral (arts. 1º a 120). 5ª ed. São Paulo: Saraiva, 2016.

FAYET JÚNIOR, Ney; VARELA, Amanda Gualtieri. *A ação (penal) privada subsidiária da pública*: das vantagens ou desvantagens da participação do ofendido na atividade jurídico-penal. 4ª ed. Porto Alegre: Livraria do Advogado, 2017.

——. "O valor processual do depoimento (testemunhal ou vitimário) infantil." *In Revista Jurídica Consulex*. V. XVII, p. 36-64, 2013.

——; COELHO, Roberta Werlang. "Da contribuição do neorrealismo de esquerda ao pensamento criminológico: um passo em frente, dois passos atrás." *In Discursos sediciosos*: crime, direito e sociedade. Ano 17, n° 19/20, 1° e 2° semestre de 2012. Rio de Janeiro: Revan, 2012.

FERRÉ OLIVÉ, Juan Carlos; NÚÑEZ PAZ, Miguel Ángel; OLIVEIRA, William Terra de; e BRITO, Alexis Couto de. *Direito penal brasileiro*: parte geral: princípios fundamentais e sistema. 2ª ed. São Paulo: Revista dos Tribunais, 2017.

FERRI, Enrique. *Principios de derecho criminal*: delincuente y delito en la ciencia, en la legislación y en la jurisprudencia. Traducción por José-Arturo Rodríguez Muñoz. Madrid: Reus, 1933.

GALVÃO, Fernando. *Direito penal*: parte geral. 8ª ed. Belo Horizonte: D'Plácido, 2017.

GARCÍA-PABLOS DE MOLINA, Antonio; GOMES, Luiz Flávio. *Criminologia*: introdução a seus fundamentos teóricos: introdução às bases criminológicas da Lei 9.099/95, lei dos juizados especiais criminais. São Paulo: Revista dos Tribunais, 2008.

GARLAND, David. *La cultura del control*: crimen y orden social en la sociedad contemporánea. Traducción de Máximo Sozzo. Barcelona: Gedisa, 2005.

GIACOMUZZI, Vladimir. "Apontamentos sobre a prescrição penal." *In Estudos Jurídicos*, ano XVIII, nº 42, Universidade do Vale do Rio dos Sinos, São Leopoldo, 1985.

GOMES, Luiz Flávio. "Prescrição: nova recorrência do legislador punitivista." *In Prescrição Penal*: temas atuais e controvertidos: doutrina e jurisprudência. V. 4. FAYET JÚNIOR, Ney (org.). Porto Alegre: Livraria do Advogado, 2013.

GONÇALVES, Victor Eduardo Rios. *Curso de direito penal*: parte geral. São Paulo: Saraiva, 2015.

GRECO, Rogério. "Ação penal subsidiária da pública e assistência do ministério público." *In Jus*: Revista jurídica do Ministério Público, Belo Horizonte, v. 23, n. 14, 1992.

HIRSCH, Hans Joachim. "Acerca de la posición de la víctima en el Derecho penal y en el Derecho procesal penal: sobre los límites de las funciones jurídico-penales." Traducción de Julio B. J. Maier y Daniel R. Pastor. *In De los delitos y de las víctimas*. Albin Eser et al. Buenos Aires: Ad-Hoc, 2008.

JESUS, Damásio de. *Código Penal anotado*. 23ª ed. São Paulo: Saraiva, 2016.

LARRAURI, Elena. "Victimología." *In De los delitos y de las víctimas*. Albin Eser et al. Buenos Aires: Ad-Hoc, 2008.

LEIRIA, Antônio José Fabrício. *Autoria e participação criminal*. São Paulo: Davidip, 1974.

LOBBA, Paolo. "Le vittime nel sistema penale internazionale." *In Introduzione al diritto penale internazionale*. 3ª ed. Enrico Amati; Matteo Costi; Emanuela Fronza; Paola Lobba; Elena Maculan; Antonio Vallini. Torino: Giappichelli, 2016.

MACHADO, Luiz Alberto. *Direito criminal*: parte geral. São Paulo: Revista dos Tribunais, 1987.

MARTINELLI, João Paulo Orsini; BEM, Leonardo Schmitt de. *Lições fundamentais de direito penal*: parte geral. 2ª ed. São Paulo: Saraiva, 2017.

MIRABETE, Julio Fabbrini; FABBRINI, Renato N. *Manual de direito penal*: parte geral: arts. 1° a 120 do CP. 32ª ed. São Paulo: Atlas, 2016.

NEGREIROS, Felipe. "Vitimologia: estudos que reforçam a proteção dos diferentes." *In Revistas de Estudos Criminais*. Publicação do Instituto Transdisciplinar de Estudos Criminais, com apoio do Programa de Pós-Graduação em Ciências Criminais da PUCRS, nº 44, jan./mar., de 2012. Porto Alegre: Síntese, p. 155-67.

PARMA, Carlos. "La víctima." *In Estudios de derecho penal*. Lima: ARA Editores, 2005.

PATENTE, Antônio Francisco. *O assistente da acusação*. Belo Horizonte: Del Rey, 2002.

PEDROSO, Fernando de Almeida. *Direito penal*: parte geral. Doutrina e jurisprudência. 5ª ed. Leme: J. H. Mizuno, 2017.
PIEDADE JÚNIOR, Heitor. *Vitimologia*: evolução no tempo e no espaço. Rio de Janeiro: Freitas Bastos, 1993.
RASSAT, Michèl-Laure. *Droit pénal général*. 3ª édition. Paris: Ellipses, 2014.
REYNA ALFARO, Luis Miguel (org.). "La víctima en el sistema penal." *In La víctima en el sistema penal*: dogmática, proceso y política criminal. Lima: Editora Jurídica Grijley, 2006.
RODRIGUES, Roger de Melo. *A tutela da vítima no processo penal brasileiro*. Curitiba: Juruá, 2014.
RODRÍGUEZ MANZANERA, Luis. *Criminología*. 14ª ed. México: Porrúa, 1999.
SANTANA, Selma Pereira. "A vitimodogmática: uma faceta da justiça restaurativa?" *In Ciências Penais*. Revista da Associação Brasileira de Professores de Ciências Penais. jul./dez. de 2009, vol. 11. São Paulo: RT.
SCHÜNEMANN, Bernd. "El papel de la víctima dentro del sistema de justicia criminal: un concepto de tres escalas." *In La víctima en el sistema penal*: dogmática, proceso y política criminal. REYNA ALFARO, Luis Miguel (org.). Lima: Editora Jurídica Grijley, 2006.

Tema VI

Do termo inicial da prescrição (da pretensão punitiva) em face do delito de descaminho (*caput* do artigo 334 do Código Penal)

Ney Fayet Júnior

João Pedro Petek

Introdução

O presente estudo quer debater o exato momento em que se verifica a *consumatio* do delito de descaminho (se com o simples ingresso [ou saída] da mercadoria em território nacional – sem o pagamento dos tributos devidos –, ou como lançamento definitivo do débito tributário), na medida em que isso impactará na aferição do prazo prescricional; desse modo, a questão reside na necessidade, ou não, de esgotamento da instância administrativa como condição de procedibilidade da persecução penal para o crime de descaminho, isto é, se haveria, efetivamente, uma questão prejudicial (apuração na esfera administrativa) no que concerne a este delito.

Antecedentemente, é importante o enfrentamento de algumas premissas, as quais transmitirão o necessário suporte a esta análise. (Cumpre, ainda, indicar o advento da Lei 13.008/2014, que separou os crimes de descaminho e contrabando em dois dispositivos – artigos 334 e 334-A, respectivamente.)

1. Da discussão doutrinária e jurisprudencial

Tanto no âmbito doutrinário como no jurisprudencial, percebe-se não só uma divisão como também um movimento pendular (notadamente no Superior Tribunal de Justiça), existindo fortes divergências no que diz respeito à conceituação do bem jurídico deste delito; à sua exata categoria (formal ou material); à possibilidade de extinção da punibilidade em virtude do pagamento do tributo antes do oferecimento da denúncia; e, ainda, ao momento de sua consumação. E tais aspectos repercutem, inquestionavelmente, tanto na persecução penal como na aferição do prazo prescricional deste delito. Vejamos, mais detalhadamente, esses pontos.

1.1. DO DESCAMINHO COMO DELITO FORMAL: CONSEQUÊNCIAS

Sustenta-se, de um lado, que o delito de descaminho se consuma com o mero ingresso da mercadoria no território nacional, ou seja, com a entrada (ou com a saída) da mercadoria na alfândega, com a entrada no (ou a saída do) território nacional.[1] Em virtude disso, a eventual instauração de procedimento administrativo – para a constituição definitiva do créditio tributário – não traria qualquer repercussão na via persecutório-penal. De um modo geral, tem-se reconhecido como desnecessária a constituição definitiva do crédito tanto para a consumação do delito de descaminho,[2] admitido que se trate de delito formal (prescindindo, portanto, da ocorrência de um resultado naturalístico; além de ser um crime instantâneo, mas de efeitos permanentes), quanto para dar início à fase persecutório-penal.[3] O crime de descaminho não teria a mesma natureza que os da Lei 8.137/90, vale indicar, não seria um ilícito tributário. Ainda que o tipo penal envolvesse o não recolhimento de tributos, ele teria conotação diversa dos ilícitos fiscais; e isso porque o bem jurídico protegido seria a Administração Pública, a política comercial

---

[1] Segundo José Paulo Baltazar Júnior, o delito de descaminho "se consuma com o ingresso da mercadoria no território nacional (TRF1, AC 200538000284672, Hilton Queiroz, 4ª T., u, 22.3.11; TRF2, AC 9702421640, Feltrin, 2ª T., u, 7.3.01; HC 200902010000020, André Fontes, 2ª TE., u, 14.4.09; TRF4, AC 96.04.17179-8, Dipp, 1ª T., u, DJ 19.11.97), ou seja, quando a mercadoria deixa a zona alfandegária (SJT, CC 12257, 3ª S., u., 16.3.95), ou, mais precisamente, sua área zona primária, tal como definida no art. 3º, I, do Regulamento Aduaneiro (Cardozo da Silva: 49)" (BALTAZAR JUNIOR, José Paulo, 2017, p. 366).

[2] Nesse sentido: JESUS, Damásio de, 2016, p. 1247.

[3] "(...). 2. Crime de descaminho. Crime formal. Desnecessidade da constituição definitiva do tributo para a consumação do delito e o início da persecução penal. Precedente do STF. 3. Ordem denegada" (HC 122325, Rel. Min. Gilmar Mendes, 2ª T., DJe 12.6.14). "(...). 1. 'A consumação do delito de descaminho e a posterior abertura de processo-crime não estão a depender da constituição administrativa do débito fiscal. Primeiro, porque o delito de descaminho é rigorosamente formal, de modo a prescindir da ocorrência do resultado naturalístico. Segundo, porque a conduta materializadora desse crime é 'iludir' o Estado quanto ao pagamento do imposto devido pela entrada, pela saída ou pelo consumo de mercadoria. E iludir não significa outra coisa senão fraudar, burlar, escamotear' (HC 99.740, 2ª T., Rel. Min. Ayres Britto, DJe de 1º.2.11). No mesmo sentido: HC 120.783, 1ª T., Relª. Minª. Rosa Weber, DJe de 11.04.14. 2. (...)" (RHC 119960, Rel. Min. Luiz Fux, 1ª T., DJe 2.6.14). "(...). 2. A conduta engendrada pelos pacientes – importação clandestina de cigarros – configura contrabando, e não descaminho, como apontado pela Defesa. Precedentes. 3. Desnecessária a constituição definitiva do crédito tributário na esfera administrativa para configuração dos crimes de contrabando e descaminho. Precedente. 4. Habeas corpus extinto sem resolução de mérito" (HC 120783, Relª. Minª. Rosa Weber, 1ª T., DJe 11.4.14). Identicamente, o "STF tem decidido que se trata de crime formal e, portanto, não se exige efetivo prejuízo ao erário para a consumação; basta a ilusão de direito ou imposto. (...) a orientação do tribunal se dá na direção de que o esgotamento da via administrativa é dispensável. (...). O STJ segue a mesma linha (...), mas não podendo deixar de mencionar a existência de decisões em sentido contrário (ainda que em caráter minoritário e contra a tendência), que apontam a materialidade do descaminho, donde surgiria a identidade com os crimes contra a ordem tributária a que se refere a súmula vinculante, justificando-se, portanto, a prévia apuração administrativa da obrigação tributária (...)" (CUNHA, Rogério Sanches, 2015, p. 837). Para José Paulo Baltazar Junior (p. 375), "está superada a orientação contrária, exigindo o lançamento definitivo, ao argumento de que o crime de descaminho é, na essência, um crime contra a ordem tributária, devendo ser submetido ao mesmo regime dos demais".

brasileira, não tendo o objetivo de proteger a arrecadação de tributos (tal como os delitos da Lei 8.137/90).[4] Ante tal premissa, verificar-se-ia que seriam distintas suas finalidades e, por conseguinte, sua natureza, não se aplicando – ao tipo penal do artigo 334 do Código Penal – a necessidade de esgotamento da instância administrativa para que pudesse o Estado desencadear a persecução penal.[5] Veja-se que as condutas típicas do artigo 1º da Lei 8.137/90 envolvem o lançamento de tributos, vale dizer, o sujeito passivo teria uma obrigação tributária, a qual, em não cumprida espontaneamente, sujeitaria a ação do Estado no sentido da sua cobrança.

Dessa maneira, a constatação de que os tributos eram devidos decorre da sua não declaração à Autoridade Fiscal, ou declaração fraudulenta, e o consequente lançamento. De modo diverso ocorre com os tributos incidentes sobre as importações: em tais casos, deve o contribuinte honrar as obrigações tributárias previamente ao ingresso da mercadoria em território nacional. Se não o fizer, ou o fizer a menor ou usando documentos falsos, em sendo as mercadorias apreendidas, o contribuinte estaria sujeito ao perdimento delas, sem que lhe fossem cobrados os encargos que incidiriam sobre a importação. A cobrança de impostos sobre importações somente ocorreria quando não fosse possível a apreensão das mercadorias, isto é, quando não fosse possível à Administração Pública ficar com

---

[4] "1. O fato de um dos bens jurídicos tutelados pelo crime de descaminho ser a arrecadação tributária não leva à conclusão automática de que a sua natureza jurídica é a mesma do crime previsto no art. 1º da Lei 8.137/90. De rigor conceder tratamento adequado às especificidades de cada tipo, a fim de lhes emprestar a iluminação interpretativa mais conivente com a natureza de cada crime, com o sistema jurídico como um todo, e com a linguagem utilizada pelo legislador. 2. A norma penal do art. 334 do CP – elencada sob o Título XI: 'Dos Crimes Contra a Administração Pública' – visa proteger, em primeiro plano, a integridade do sistema de controle de entrada e saída de mercadorias do país, como importante instrumento de política econômica. Engloba a própria estabilidade das atividades comerciais dentro do país, refletindo na balança comercial entre o Brasil e outros países. A fraude pressuposta pelo tipo, ademais, denota artifícios mais amplos para a frustração da atividade fiscalizadora do Estado do que o crime de sonegação fiscal, podendo se referir tanto à utilização de documentos falsificados, quanto, e em maior medida, à utilização de rotas marginais e estradas clandestinas para sair do raio de visão das barreiras alfandegárias. 3. A exigência de lançamento tributário definitivo no crime de descaminho esvazia o próprio conteúdo do injusto penal, mostrando-se quase como que uma descriminalização por via hermenêutica, já que, segundo a legislação aduaneira e tributária, a regra nesses casos é a incidência da pena de perdimento da mercadoria, operação que tem por efeito jurídico justamente tornar insubsistente o fato gerador do tributo e, por conseguinte, impedir a apuração administrativa do valor devido. 4. O descaminho não se submete à Súmula Vinculante nº 24 do STF, expressa em exigir o exaurimento da via administrativa somente em 'crime *material contra a ordem tributária, previsto no art. 1º, I a IV, da Lei 8.137/90*'. 5. Em suma: o crime de descaminho se perfaz com o ato de iludir o pagamento de imposto devido pela entrada de mercadoria no país. Não é necessária a apuração administrativo-fiscal do montante que deixou de ser recolhido para a configuração do delito, embora este possa orientar a aplicação do princípio da insignificância quando se tratar de conduta isolada. Trata-se de crime formal, e não material, razão pela qual o resultado da conduta delituosa relacionado ao *quantum* do imposto devido não integra o tipo legal. Precedente da 5ª Turma do STJ e do STF. 6. Ordem de *habeas corpus* denegada" (STJ, *HC* 270285/RS, 5ª T., Relª. Minª. Laurita Vaz, DJe 2.9.14).

[5] "1. Não se exige a prévia constituição do crédito tributário para o processamento de ação penal pelos delitos de descaminho ou contrabando. (...)" (TRF4, AC 5005856-17.2015.4.04.7005/PR, 7ª T., Rel.: Márcio Antônio Rocha, j. 27.4.17). "2. A conclusão do processo administrativo não é condição de procedibilidade para a deflagração do processo-crime pela prática de descaminho, tampouco a constituição definitiva do crédito tributário é pressuposto ou condição objetiva de punibilidade. (...)" (TRF4, ACR 5006618-72.2011.404.7005/PR, 7ª T., Rel. Sebastião Ogê Muniz, j. 29.3/16).

os bens importados mediante o perdimento deles pelo infrator (Decreto-lei 37/66, artigo 1º, parágrafo 4º, inciso III).

Por essa razão, percebe-se que o lançamento dos tributos – no caso da importação fraudulenta, por simples ilustração – não seria condição necessária para a configuração da conduta descrita no artigo 334 do Código Penal, haja vista que tal crime se configuraria com a constatação de (que houve a) irregular importação das mercadorias, ou seja, no momento em que os bens ingressassem no território nacional pagando tributos a menor. Não seria necessário houvesse o pronunciamento final sobre o montante dos tributos devidos pelo contribuinte em caso de "regular importação" para que se desencadeasse a investigação criminal e os demais atos persecutórios, uma vez que a materialidade do crime estaria provada mediante o ingresso indevido de mercadorias no país. O lançamento fiscal definitivo não se configuraria como condição de procedibilidade para o crime de descaminho, porque, no caso em que as mercadorias fossem apreendidas, o órgão fiscal não procederia ao lançamento de tributos, dado que estes não incidiriam em tal hipótese. Com isso, para a tipificação do delito de descaminho, a constituição definitiva de crédito tributário não seria impositiva, na medida em que o bem jurídico tutelado pelo delito previsto no artigo 334 do Código Penal não se restringe ao mero interesse fiscal, motivo pelo qual não poderia ser equiparado às típicas infrações penais contra a ordem tributária, de que é hipótese o artigo 1º da Lei 8.137/90.[6] À vista disso, para o início da *persecutio criminis*, pela prática do crime de descaminho, não se mostraria indispensável a conclusão de procedimento administrativo; tampouco a constituição definitiva do crédito tributário seria pressuposto ou condição objetiva de punibilidade para o início da ação penal com relação ao delito em foco.

---

[6] "(...). Há inequivocamente diferença entre o crime de descaminho e o contra a ordem tributária. São tipos penais com objetividade jurídica distinta, não podendo ser aplicado o mesmo entendimento para ambos, no que se refere à condição objetiva de punibilidade. O delito de contrabando ou descaminho tutela a Administração Pública, em especial o erário, protegendo também a saúde, a moral, a ordem pública. De outro modo, no crime do art. 1º da Lei 8.137/90, o bem jurídico protegido é a ordem tributária, entendida como o interesse do Estado na arrecadação dos tributos, para a consecução de seus fins. Neste delito, exige-se o resultado naturalístico, tanto que o pagamento do tributo extingue a punibilidade (art. 34 da Lei 9.249/95), ao contrário do descaminho, no qual, mesmo que declarado o perdimento da mercadoria ou tendo sido paga a exação tributária, não há qualquer conseqüência no âmbito penal. A conclusão do processo administrativo não é condição de procedibilidade para a deflagração do processo-crime pela prática de delito do art. 334 do CP, tampouco a constituição definitiva do crédito tributário é, no caso, pressuposto ou condição objetiva de punibilidade. Os tributos exigidos, na hipótese de descaminho, cumprem função extrafiscal, ao contrário, do crime contra a ordem tributária. A extrafiscalidade, nas palavras de Hugo de Brito Machado, configura-se 'quando seu objetivo principal (do tributo) é a interferência no domínio econômico, buscando um efeito diverso da simples arrecadação de recursos financeiros' (*in* Curso de Direito Tributário. São Paulo: Malheiros, 2001, p. 61)" (*HC* 2008.04.00.044930-0, 8ª T., Relª. Juíza Federal Cláudia Cristina Cristofani, D.E. 21.1.09) "(...). O descaminho é delito instantâneo, que se consuma no momento em que se configura a transposição das barreiras alfandegárias na posse das mercadorias de procedência estrangeira, sem o recolhimento dos tributos de importação pertinentes, não se perquirindo porém acerca da efetiva constituição desses tributos, daí desimportando a existência e exaurimento prévio da via administrativo--fiscal" (*HC* 5003050-14.2011.404.0000, 7ª T., Rel. Des. Néfi Cordeiro, D.E. 22.3.11).

1.2. DO DESCAMINHO COMO DELITO MATERIAL: CONSEQUÊNCIAS

Por outro lado, afirma-se que o momento consumativo do delito de descaminho se daria no instante da constituição definitiva do crédito tributário relativo aos tributos iludidos pelos agentes,[7] equiparando-se o descaminho aos delitos de natureza tributária. Sob tal perspectiva não se poderia negar a natureza tributária do delito de descaminho e, com isso, não se lhe poderia tratar de modo diverso que outros crimes da mesma natureza.[8] Para esta concepção, o descaminho nada mais seria do que uma modalidade de sonegação fiscal especificamente relacionada a operações aduaneiras; para além disso: o núcleo do tipo do artigo 334 ("iludir, no todo ou em parte, o pagamento de direito ou imposto") é muito aparentado ao da sonegação fiscal – artigo 1º da Lei 8.137/1990 ("suprimir ou reduzir tributo"). O Superior Tribunal de Justiça já decidiu que "o crime de descaminho é intrinsecamente tributário, ou seja, tutela-se o direito que o Estado tem de instituir e cobrar impostos e contribuições".[9]

Malgrado estar o delito em foco, topograficamente, previsto entre os praticados em desfavor da Administração Pública, é majoritária a orientação segundo a qual os bens jurídicos imediatos, que são tutelados pelo tipo penal, são o erário e a atividade arrecadatória públicos, diretamente atingidos pela evasão de numerário resultante de operações realizadas à margem do sistema legal.[10] De mais, a robustecer esse posicionamento, basta que se verifiquem as inúmeras decisões jurisprudenciais que reconhecem a atipicidade do delito de descaminho (artigo 334 [*caput*, 2ª parte] do Código Penal), aplicando-se o princípio da insignificância[11] em virtude de o valor tributário envolvido não conduzir à cobrança fiscal;

---

[7] "Término do processo administrativo-fiscal, parcelamento e pagamento (extinção da punibilidade): (...) em face da natureza tributária do delito de descaminho (art. 334, segunda parte), o mesmo tratamento lhe deve ser conferido" (DELMANTO, Celso; DELMANTO, Roberto; DELMANTO JÚNIOR, Roberto; DELMANTO, Fábio M. de Almeida, 2016, p. 999). No que tange ao pagamento do tributo como forma de extinção da punibilidade: "(...), como se considera que o bem jurídico em questão no descaminho é o patrimônio público, evidentemente, o pagamento do tributo antes do oferecimento da denúncia esvazia o interesse persecutório, a ponto de afastar os requisitos legais da persecução do crime" (BUSATO, Paulo César, 2016, p. 644); no mesmo sentido: "(...) é possível a admissibilidade do favor legal (extinção da punibilidade) em todos os crimes fiscais, incluindo o descaminho 'que cuida de fraude ocorrida na entrada e saída de mercadoria do país, com o objetivo de frustrar os pagamentos de direitos alfandegários'" (PRADO, Luiz Regis, 2017, p. 848).

[8] STF, *HC* 85.942/SP, 1ª T., Rel. Min. Luiz Fux, j. 24.5.11. No mesmo sentido: STJ, *HC* 265.706/RS, 5ª T., j. 28.5.13.

[9] STJ, *HC* 48805/SP, Relª. Minª. Maria Thereza de Assis Moura, 6ª T., j. 26.6.07, DJ 19.11.07, p. 294.

[10] Além disso, "(...) o argumento da diferença de bens jurídicos protegidos é absolutamente inconsistente, pois (...) – na essência – a criminalização do descaminho objetiva tutelar, 'acima de tudo, a salvaguarda dos interesses do erário público, diretamente atingido pela evasão de renda resultante dessas operações clandestinas ou fraudulentas'" (BITENCOURT, Cezar Roberto, 2008, p. 232).

[11] Quanto ao princípio da insignificância, é crucial ressaltarmos os diversos entendimentos jurisprudenciais acerca da latitude e longitude de sua incidência no campo penal, notadamente em relação ao crime de descaminho. Desse modo, é preciso apontar a divergência existente entre julgados do TRF4 e do STJ no que se refere ao patamar mínimo exigido para que se possa proceder à persecução criminal por este crime: o TRF4, para o reconhecimento da atipicidade do delito de descaminho com base no reconhecimento do princípio bagatelar, leva em

consideração a Portaria nº 75/2012 do MF, que estabelece o valor de R$ 20.000,00 (vinte mil reais) para o processamento de execuções fiscais: "1. Na linha da orientação jurisprudencial, aplica-se o princípio da insignificância jurídica, como excludente de tipicidade, aos crimes em que há elisão tributária não excedente ao patamar considerado irrelevante pela Administração Pública para efeito de processamento de execuções fiscais de débitos inscritos como DAU, atualmente no valor de R$ 20.000,00 (vinte mil reais), conforme Portaria 75/2012 do MF. 2. No caso de suposta prática de delito capitulado no art. 334 do CP, o cálculo do montante do crédito tributário relativo às mercadorias estrangeiras importadas sem regularidade fiscal, de acordo com o inc. III do art. 2º da Lei 10.865/2004, deve levar em consideração apenas o Imposto de Importação (II) e o Imposto sobre Produtos Industrializados (IPI), sem computar as quantias devidas a título de COFINS e PIS. 3. Afeiçoando-se a hipótese dos autos a esses parâmetros, uma vez que o montante dos tributos federais iludidos é inferior ao limite mínimo de relevância administrativa, está-se diante de conduta atípica. 4. Eventual reiteração criminal não importa o afastamento da tese despenalizante, porquanto o reconhecimento da bagatela não pressupõe a análise de circunstâncias subjetivas, sendo aferida apenas em função de aspectos objetivos referentes ao delito perpetrado. 5. Ordem concedida, para o fim de determinar o trancamento da ação penal originária" (TRF4, *HC* 5010626-48.2017.404.0000, 8ª T., Rel. Victor Luiz dos Santos Laus, j. 27.4.17). Já o STJ utiliza o parâmetro de R$ 10.000,00 (dez mil reais) para o reconhecimento da atipicidade do crime de descaminho, levando em consideração a dicção legal do art. 20 da Lei 10.522/2002: "1. Soa imponderável, contrária à razão e avessa ao senso comum tese jurídica que, apoiada em mera opção de política administrativo-fiscal, movida por interesses estatais conectados à conveniência, à economicidade e à eficiência administrativas, acaba por subordinar o exercício da jurisdição penal à iniciativa da autoridade fazendária. Sobrelevam, assim, as conveniências administrativo-fiscais do PFN, que, ao promover o arquivamento, sem baixa na distribuição, dos autos das execuções fiscais de débitos inscritos como DAU, de valor consolidado igual ou inferior a R$ 10.000,00, impõe, mercê da elástica interpretação dada pela jurisprudência dos tribunais superiores, o que a Polícia deve investigar, o que o MP deve acusar e, o que é mais grave, o que – e como – o Judiciário deve julgar. 2. Semelhante esforço interpretativo, a par de materializar, entre os jurisdicionados, tratamento penal desigual e desproporcional, se considerada a jurisprudência usualmente aplicável aos autores de crimes contra o patrimônio, consubstancia, na prática, sistemática impunidade de autores de crimes graves, decorrentes de burla ao pagamento de tributos devidos em virtude de importação clandestina de mercadorias, amiúde associada a outras ilicitudes graves (como corrupção, ativa e passiva, e prevaricação) e que importam em considerável prejuízo ao erário e, indiretamente, à coletividade. 3. Sem embargo, o STJ, ao julgar o RERC 1.112.748/TO, rendeu-se ao entendimento firmado no STF no sentido de que incide o princípio da insignificância no crime de descaminho quando o valor dos tributos iludidos não ultrapassar o montante de R$ 10.000,00, de acordo com o disposto no art. 20 da Lei 10.522/2002. Ressalva pessoal do relator. 4. A partir da Lei 10.522/2002, o MF não tem mais autorização para, por meio de simples portaria, alterar o valor definido como teto para o arquivamento de execução fiscal sem baixa na distribuição. E a Portaria MF 75/2012, que fixa, para aquele fim, o novo valor de R$ 20.000,00 – o qual acentua ainda mais a absurdidade da incidência do princípio da insignificância penal, mormente se considerados os critérios usualmente invocados pela jurisprudência do STF para regular hipóteses de crimes contra o patrimônio – não retroage para alcançar delitos de descaminho praticados em data anterior à vigência da referida portaria, porquanto não é esta equiparada a lei penal, em sentido estrito, que pudesse, sob tal natureza, reclamar a retroatividade benéfica, conforme disposto no art. 2º, § único, do CPP. 5. Recurso especial provido, para, configurada a contrariedade do acórdão impugnado aos arts. 3º e 334 do CP e art. 20 da Lei 10.522/2002, cassar o acórdão e a sentença absolutória prolatados na origem e, por conseguinte, determinar o prosseguimento da ação penal movida contra o recorrido" (REsp 1401424/PR, Rel. Min. Rogerio Schietti Cruz, 3ª S., j. 12/11/14). De outro giro, cumpre destacar a polêmica acerca do reconhecimento do princípio da insignificância face a habitualidade criminosa; com efeito, os tribunais têm analisado, ao se depararem com casos nos quais seria possível a aplicação do princípio da bagatela em virtude do valor (tendo-se em conta o *quantum* explicitado no ponto anterior em relação aos parâmetros [em reais] utilizados para a sua aplicação), a existência da habitualidade do acusado na prática do crime de descaminho. É que, nessas hipóteses, são também conflitantes as decisões dos tribunais no que tange à possibilidade de reconhecimento da bagatela quando forem reiteradas as condutas praticadas pelo acusado. O TRF4, *ad esempio*, entende que a habitualidade não pode obstaculizar o reconhecimento da insignificância penal, dado que se deve considerar cada fato ilícito praticado isoladamente, sendo irrelevante a existência de outros registros administrativos (ou judiciais) envolvendo o mesmo agente: "1. Aplica-se o princípio da insignificância ao crime de descaminho considerando (a) o somatório de tributos iludidos (II e IPI), (b) o parâmetro fiscal de R$ 20 mil estabelecido pela Portaria MF 75/2012. 2. Como corolário do direito penal do fato, a habitualidade não pode obstaculizar o reconhecimento da insignificância penal. 3. Para a avaliação da insignificância penal, deve-se considerar cada fato ilícito praticado isoladamente, sendo irrelevante a existência de outros registros administrativos de apreensão envolvendo o mesmo agente. 4. Recurso criminal em sentido estrito desprovido" (TRF4 5016738-95.2016.404.7201, 8ª T., Rel. Nivaldo Brunoni, j. 12.5.17); por outro lado, o STJ reputa incabível o

o que resulta, por consectário lógico, no arquivamento das execuções fiscais. A aplicação do princípio da insignificância às hipóteses de descaminho faz sobressair a natureza patrimonial do bem juridicamente protegido, quando se sabe que a jurisprudência não tem acolhido a aplicação desse princípio nos casos em que a lei penal protege valores não patrimoniais. Atente-se que o delito de descaminho, em face do bem jurídico que ofende (ordem tributária), seria desta mesma natureza e, nesse passo, assemelhar-se-ia aos crimes da Lei 8.137/90.

Ademais, tal qual acontece com as modalidades de sonegação fiscal – tratadas no artigo 1º da Lei 8.137/90 –, o descaminho deveria ser considerado um crime material, porque exigiria, para sua *consumatio*, a ilusão no pagamento integral ou parcial do direito ou imposto. Destarte, a consumação do descaminho requereria que tivesse havido entrada (ou saída) de mercadoria do país, e que a autoridade competente constituísse o crédito tributário que deixou de ser declarado nessa operação, identificando, de forma inolvidável, se houve imposto ou direito cujo pagamento foi iludido. Sendo um crime material de natureza tributária, cujo núcleo do tipo é iludir o pagamento de direito ou imposto, o descaminho pressuporia que a autoridade fiscal competente determinasse (e exigisse) o crédito tributário por meio de um processo administrativo fiscal.

A súmula vinculante nº 24 do Supremo Tribunal Federal esclarece que serão atípicos os crimes contra a ordem tributária antes de serem lançados, de forma definitiva (pelo órgão fiscal responsável), os valores dos tributos iludidos a partir da prática de tais delitos. Sob esse prisma, a existência do tributo é elemento objetivo do tipo nos crimes materiais fiscais, tal como consta na referida súmula. Por esse modo, o lançamento definitivo seria pressuposto para a própria ocorrência do crime de descaminho. Haveria, portanto, uma condição objetiva de punibilidade para o descaminho, qual seja, a existência de lançamento definitivo dos tributos supostamente iludidos (após a tramitação de processo administrativo com a observância do devido processo legal e da ampla defesa assegurados ao contribuinte),

---

reconheimento da atipicidade do fato com base na insignificância penal quando for constatada a habitualidade criminosa por parte do agente: "1. No julgamento do REsp 1.112.748/TO (representativo de controvérsia), consolidou-se orientação de que incide o princípio da insignificância ao crime de descaminho quando o valor do débito tributário não ultrapasse o limite de R$ 10.000,00 (dez mil reais), a teor do disposto no art. 20 da Lei 10.522/2002, inaplicável ao caso dos autos. 2. A Portaria MF 75, (...), do MF, por cuidar de norma infralegal que não possui força normativa capaz de revogar ou modificar lei em sentido estrito, não tem o condão de alterar o patamar limítrofe para a aplicação do princípio da bagatela. 3. Esta Corte entende ser incabível a aplicação do princípio da insignificância quando constatada a habitualidade delitiva nos crimes de descaminho, configurada tanto pela existência de procedimentos administrativos quanto por ações penais ou inquéritos policiais em curso. Agravo regimental desprovido" (AgRg no REsp 1593351/RS, Rel. Min. Joel Ilan Paciornik, 5ª T., j. 2.5.17); e ainda: "3. A orientação jurisprudencial do STJ sedimentou-se no sentido de que, ainda que o valor do tributo seja inferior ao patamar estipulado no art. 20 da Lei 10.522/2002, não se aplica o princípio da insignificância para o crime de descaminho, previsto no art. 334 do CP, quando se tratar de criminoso habitual. 4. Apesar de não configurar reincidência, a existência de outras ações penais, inquéritos policiais em curso ou procedimentos administrativos fiscais, é suficiente para caracterizar a habitualidade delitiva e, consequentemente, afastar a incidência do princípio da insignificância. Precedentes. 5. Agravo regimental a que se nega provimento" (AgInt no REsp 1622588/RS, Rel. Min. Antonio Saldanha Palheiro, 6ª T., j. 9.3.17).

sem a qual não seria possível a instauração, sequer, de inquérito policial.¹² Em

---

¹² "1. Os tipos de descaminho previstos no art. 334, § 1º, 'c' e 'd', do CP têm redação definida pela Lei 4.729/65. 2. A revogação do art. 2º da Lei 4.729/65 pela Lei 8.383/91 é irrelevante para o deslinde da controvérsia, porquanto, na parte em que definidas as figuras delitivas do art. 334, § 1º, do CP, a Lei 4.729/65 continua em pleno vigor. 3. Deveras, a Lei 9.249/95, ao dispor que o pagamento dos tributos antes do recebimento da denúncia extingue a punibilidade dos crimes previstos na Lei 4.729/65, acabou por abranger os tipos penais descritos no art. 334, § 1º, do CP, dentre eles aquelas figuras imputadas ao paciente – alíneas 'c' e 'd' do § 1º. 4. A Lei 9.249/95 se aplica aos crimes descritos na Lei 4.729/65 e, *a fortiori*, ao descaminho previsto no art. 334, § 1º, 'c' e 'd', do CP, figura típica cuja redação é definida, justamente, pela Lei 4.729/65. 5. Com efeito, *in casu*, quando do pagamento efetuado a causa de extinção da punibilidade prevista no art. 2º da Lei 4.729/65 não estava em vigor, por ter sido revogada pela Lei 6.910/80, sendo certo que, com o advento da Lei 9.249/95, a hipótese extintiva da punibilidade foi novamente positivada. 6. A norma penal mais favorável aplica-se retroativamente, na forma do art. 5º, XL, da CF. 7. O crime de descaminho, mercê de tutelar o erário público e a atividade arrecadatória do Estado, tem nítida natureza tributária. 8. O caso *sub judice* enseja a mera aplicação da legislação em vigor e das regras de direito intertemporal, por isso que dispensável incursionar na seara da analogia *in bonam partem*. 9. Ordem concedida" (STF, *HC* 85942, Rel. Min. Luiz Fux, 1ª T., j. 24.5.11). "1. Consoante recente orientação jurisprudencial do e. STF, seguida por esta Corte, eventual crime contra a ordem tributária depende, para sua caracterização, do lançamento definitivo do tributo devido pela autoridade administrativa. 2. O crime de descaminho, por também possuir natureza tributária, eis que tutela, dentre outros bens jurídicos, o erário público, deve seguir a mesma orientação, já que pressupõe a existência de um tributo que o agente logrou êxito em reduzir ou suprimir (iludir). Precedente. 3. Ordem concedida para trancar a ação penal ajuizada contra os pacientes no que tange ao delito de descaminho, suspendendo-se, também, o curso do prazo prescricional" (STJ, *HC* 109.205/PR, Relª. Minª Jane Silva [Desª. conv. TJ/MG], 6ª T., j. 2.10.08). "1. De acordo com a jurisprudência do STJ, o raciocínio adotado pelo STF relativamente aos crimes previstos no art. 1º da Lei 8.137/90, consagrando a necessidade de prévia constituição do crédito tributário para a instauração da ação penal, deve ser aplicado, também, para a tipificação do crime de descaminho. Precedentes. 2. Embora o crime de descaminho encontre-se, topograficamente, na parte destinada pelo legislador penal aos crimes praticados contra a Administração Pública, predomina o entendimento no sentido de que o bem jurídico imediato que a norma inserta no art. 334 do CP procura proteger é o erário público, diretamente atingido pela evasão de renda resultante de operações clandestinas ou fraudulentas. 3. O descaminho caracteriza-se como crime material, tendo em vista que o próprio dispositivo penal exige a ilusão, no todo ou em parte, do pagamento do imposto devido. Assim, não ocorrendo a supressão no todo ou em parte do tributo devido pela entrada ou saída da mercadoria pelas fronteiras nacionais, fica descaracterizado o delito. 4. Na espécie, confirmou-se a ausência de constituição definitiva do crédito tributário, uma vez que ainda não foram apreciados os recursos administrativos apresentados pela defesa dos recorrentes. Dessa forma, não é possível a instauração de inquérito policial ou a tramitação de ação penal enquanto não realizada a mencionada condição objetiva de punibilidade. 5. Recurso ordinário que se dá provimento a fim de extinguir a ação penal 5001641-71.2010.404.7005, da 2ª VFSJ de Cascavel, SJ do Paraná" (STJ, R*HC* 31.368/PR, Rel. Min. Marco Aurélio Bellizze, 5ª T., j. 8.5.12). "A jurisprudência da Corte consolidou-se no sentido de que 'a constituição definitiva do crédito tributário é pressuposto da persecução penal concernente a crime contra a ordem tributária previsto no art. 1ª da Lei 8.137/90' (TRF4R, súmula nº 78), tendo a c. 4ª Seção, ao aprovar a redação do referido enunciado, consignado, expressamente, que a expressão persecução criminal deve ser interpretada em seu sentido mais amplo, de forma a abranger inclusive o inquérito policial. Suficiente para o prosseguimento das investigações quanto ao delito do art. 299 do CP, a constatação de a potencialidade lesiva do *falsum* não se esgotar no crime fiscal, além deste constituir-se em crime autônomo" (TRF4, *HC* 5017681-26.2012.404.0000, 8ª T., Rel. p/a Paulo Afonso Brum Vaz, D.E. 22.11.12). "1. Tal como nos crimes contra a ordem tributária, o início da persecução penal no delito de descaminho pressupõe o esgotamento da via administrativa, com a constituição definitiva do crédito tributário. Doutrina. Precedentes. 2. Embora o delito de descaminho esteja descrito na parte destinada aos crimes contra a Administração Pública no CP, motivo pelo qual alguns doutrinadores afirmam que o bem jurídico primário por ele tutelado seria, como em todos os demais ilícitos previstos no Título IX do Estatuto Repressivo, a Administração Pública, predomina o entendimento de que com a sua tipificação busca-se tutelar, em primeiro plano, o erário, diretamente atingido pela ilusão do pagamento de direito ou imposto devido pela entrada, pela saída ou pelo consumo de mercadoria. (...). 3. O delito previsto na segunda parte do *caput* do art. 334 do CP configura crime material, que se consuma com a liberação da mercadoria pela alfândega, logrando o agente ludibriar as autoridades e ingressar no território nacional em posse das mercadorias sem o pagamento dos tributos devidos, não havendo, por conseguinte, qualquer razão jurídica para não se lhe aplicar o mesmo entendimento já pacificado no que se refere aos crimes materiais contra a ordem tributária, cuja caracterização só ocorre após o lançamento definitivo do crédito fiscal. (...). 5. Na hipótese vertente, ainda não houve a conclusão do processo

razão da natureza tributária do descaminho, não se poderia aceitar a tramitação de investigação criminal a apurar esse delito sem que tivesse havido o total e absoluto esgotamento das vias administrativas a ele relacionadas, uma vez que, sem o lançamento definitivo do tributo pelo Fisco, o crime de descaminho não se perfectibilizaria.

2. Da compreensão do tema

Com base em entendimento doutrinário e jurisprudencial segundo o qual o crime de descaminho se equipara ao de sonegação fiscal (artigo 1º da Lei 8.137/1990) e, por conseguinte, a ele se aplica a Súmula Vinculante nº 24 do Supremo Tribunal Federal – que delineia ser o exaurimento da via administrativa uma *conditio sine qua non* para o prosseguimento da *persecutio criminis* –, entendemos que a melhor compreensão do tema se vincula à consideração do descaminho como um crime de feição tributária, isto é, nada mais é que uma modalidade de sonegação fiscal especificamente relacionada a operações aduaneiras, admitido, ainda, a similitude entre os tipos penais.

Em outro quadrante, o bem jurídico do descaminho é, em essência, o patrimônio público, por cuja linha de entendimento se lhe devem estender todos os benefícios havidos em se tratando das hipóteses de sonegação fiscal. Posto que o tipo penal de descaminho se encontre, topograficamente, na parte destinada aos crimes praticados contra a Administração Pública, é relevante destacar que predomina a compreensão no sentido de que os bens jurídicos imediatos – que a norma inserta no artigo 334 do Código Penal procura proteger – são o erário público e a atividade arrecadatória estatal, diretamente atingidos pela evasão de renda resultante de operações clandestinas ou fraudulentas. Não são poucas as decisões do Supremo Tribunal Federal que reconhecem a atipicidade do delito de descaminho (artigo 334 [*caput*, 2ª parte] do Código Penal), aplicando-se-lhe o princípio da insignificância em razão de o valor tributário envolvido não conduzir à cobrança fiscal, daí derivando o arquivamento das respectivas execuções fiscais.

Em sendo considerado, pois, [o descaminho] um crime material, por exigir, à sua *consumatio*, a ilusão no pagamento integral (ou parcial) do direito (ou imposto), é impositivo que a autoridade competente constitua o crédito tributário que deixou de ser declarado na operação, identificando, de forma cabal, se houve imposto (ou direito) cujo pagamento foi iludido, tudo por meio de um processo administrativo respeitador dos direitos e garantias do devido processo legal e da ampla defesa em relação ao contribuinte. Se, então, o lançamento definitivo é pressuposto para a própria perfectibilização de tal crime, existe uma condição objetiva de punibilidade: a existência de lançamento definitivo dos tributos

---

administrativo por meio do qual se apura a suposta ilusão do pagamento de tributos incidentes sobre operações de importação por parte dos pacientes, pelo que não se pode falar, ainda, em investigação criminal para examinar a ocorrência do crime de descaminho" (STJ, *HC* 139.998, Rel. Min. Jorge Mussi, DJ de 14.2.11).

supostamente iludidos, sem cujo dado sequer é possível a instauração de uma investigação pré-processual. Logo, em virtude da natureza tributária do descaminho, não se pode compreender a tramitação de investigação criminal sem que tenha havido o total e absoluto esgotamento das vias administrativas, uma vez que, ausente o lançamento definitivo do tributo pelo Fisco, o crime de descaminho não se corporifica.

Contudo, a discussão cinge-se, para os fins da aferição do termo inicial da prescrição – na forma do artigo 111, inciso I, do Código Penal –, à verificação do momento da *consumatio* do delito de descaminho tanto nos casos em que tenha havido a subfaturameto do valor aduaneiro, como naqueles em que o Fisco, posteriormente, ao revisar o ato de importação, lança os tributos devidos (em razão da diferença entre o valor aduaneiro declarado e o efetivamente pago ao exportador estrangeiro).

Significa que parte da jurisprudência – que considera formal a natureza do delito de descaminho – entende ser o momento de sua consumação aquele do ingresso da mercadoria no território nacional; daí decorrendo a compreensão de que a prescrição punitiva estatal teria início a partir da data da entrada do bem no território brasileiro.[13] Por outro lado, há uma parcela da jurisprudência[14] que distingue, para fins de definição do momento consumativo do delito (se de natureza formal ou material – e, por decorrência lógica, do ponto de partida do fluxo prescritivo), os casos em que houve a introdução da mercadoria no território nacional sem declaração ao Fisco (e, por conseguinte, sem o pagamento dos tributos) com a sua posterior apreensão, daqueles em que a mercadoria ingressa no território nacional mediante ato regular de importação, mas sem o pagamento de tributos (ou com o pagamento de tributos a menor) a partir da realização de

---

[13] "1. A Turma, ao apreciar anterior recurso criminal em sentido estrito, já decidiu que o crime imputado aos investigados reveste-se de natureza formal e, portanto, a sua consumação independe da constituição definitiva de eventual crédito tributário. 2. Frente a esse quadro, ou seja, refutada, por decisão definitiva, a existência de uma pretextada condição objetiva de punibilidade, não pode o MPF, agora, sem olvido à segurança jurídica, pretender reabrir tal discussão ao afirmar que os delitos imputados aos recorridos alcançaram consumação apenas ao final da tramitação do procedimento administrativo de apuração do débito fiscal, pois tal assertiva estaria em manifesta contrariedade com o acórdão proferido no RCCR 5005911-42.2013.404.7100, no qual se assentou que os crimes qualificavam-se como formais e, portanto, sua consumação prescindia de verificação de eventual crédito fazendário. 3. Os termos do que já foi decidido no julgamento anterior impõem o reconhecimento – excepcional – de que os delitos de descaminho narrados na exordial acusatória consumaram-se, desde logo, no momento do ingresso das mercadorias no território nacional, isto é, a modo instantâneo, premissa da qual decorre a conclusão que sobre aquele deve recair o termo inicial do cômputo dos prazos prescricionais, na linha da decisão ora combatida. Inteligência, *mutatis mutandis*, do artigo 651 do CPP ('A concessão do *habeas corpus* não obstará, nem porá termo ao processo, desde que este não esteja em conflito com os fundamentos daquela'). 4. Recurso criminal em sentido estrito ao qual se nega provimento" (TRF4 5070044-88.2016.404.7100, 8ª T., Rel. Victor Luiz dos Santos Laus, j. 13.3.17).

[14] "A revisão, de ofício, pela RF, de operações de importação cujo desembaraço aduaneiro da mercadoria foi regularmente feito ao tempo da importação, com o fim de apurar imposto no procedimento de revisão, não implica subsunção automática do fato ao tipo penal do descaminho, pois as circunstâncias do fato diferem da generalidade dos casos enquadrados no art. 334 do CP, que consistem na importação irregular de mercadorias sem a submissão ao controle aduaneiro" (TRF4 5005528-06.2014.404.7205, 7ª T., Rel. Márcio Antônio Rocha, j. 9.7.15).

expedientes do importador com vistas a suprimir (ou reduzir) o pagamento dos encargos fiscais.

Segundo este entendimento jurisprudencial, na primeira hipótese o crime ter-se-ia consumado quando da entrada da mercadoria no país; por outro prisma, na segunda hipótese, não obstante a prática do crime ter-se dado pelo ingresso de mercadorias no país, a sua consumação somente ocorrerá quando houver a constituição do crédito tributário, *id est*, quando o Fisco revisar o ato de importação, constatar a falta do pagamento (ou o pagamento a menor) do tributo e efetuar o lançamento.

Assim sendo, se a conduta de sonegação dos tributos somente veio a ser apurada mediante a revisão dos atos de importação, apenas com a final decisão sobre tal revisão é que haveria o início da marcha prescricional do delito.[15]

Mas existe outra nota de pecualiaridade a recair sobre o tema: há casos nos quais a Autoridade Fiscal, após apreender a mercadoria, aplica a pena de perdimento dos bens em favor da União, uma sanção administrativa prevista em norma legal (artigo 105 do Decreto-lei 37/1966) e em regulamento aduaneiro (artigo 689 do Decreto 6.759/2009), o que, por sua vez, acaba por impedir o próprio lançamento fiscal. Dessa maneira, ao invés de simplesmente liberar a mercadoria e proceder regularmente à constituição do crédito tributário sonegado, acrescido de penalidades pecuniárias, a Receita Federal realiza procedimento administrativo voltado à legitimação do confisco dos bens.

Ao assim proceder, o órgão fiscal fica impedido de lançar o tributo por meio do expediente do lançamento fiscal, haja vista que a lei prevê a expropriação de bens, os quais inclusive poderão ser objeto de alienação ou incorporação, ressarcindo o erário daquilo que deixou de ser recolhido – tributar, nessa situação, configuraria enriquecimento sem causa por parte do Estado.

Saliente-se, ademais, que não se fala, neste momento, propriamente em "tributo", porquanto não houve sequer prévio lançamento tributário, quanto menos, definitivo! O que há, nesses casos, é uma mera estimativa do valor que po-

---

[15] "Denúncia oferecida pela prática, em tese, de sonegação de tributos decorrente da realização de operações de importações fraudulentas. Fatos reclassificados, em princípio, para o art. 334 do CP, em se tratando de ilusão tributária decorrente de importação de mercadorias, forte no princípio da especialidade. Entendimento do STJ e deste TRF. Se o descaminho exsurge por força da revisão dos procedimentos administrativos de importação, pela RF, após o desembaraço aduaneiro, a consumação do crime, em tese, não ocorre momento da entrada das mercadorias no território nacional. Caso em que sequer havia tributo devido na entrada, ante a suspensão da exigibilidade pelo regime aduaneiro das operações. No caso de revisão posterior, de ofício, do ato administrativo, em procedimento formal submetido ao contraditório, não há espaço para a persecução penal enquanto o fato é objeto da esfera administrativo-fiscal. Nessa hipótese, é condição de procedibilidade penal a prévia definição da questão na esfera administrativa, com a apuração da respectiva ilusão tributária. Em se tratando de crime, em tese, consumado após a vigência da Lei 12.234, (...), que alterou a redação do § 1º do art. 110 do CP, não há prescrição retroativa da pretensão punitiva pela pena eventualmente aplicada, e tampouco se verifica prescrição pela pena máxima cominada em abstrato, considerando o lapso temporal decorrido desde a constituição definitiva do crédito tributário. Havendo elementos comprobatórios da materialidade dos fatos, e indícios suficientes da autoria, deve ser recebida a denúncia, nos termos da Súmula 709 do STF" (TRF4 5015745-74.2015.404.7205, 7ª T., Rel. para acórdão Márcio Antônio Rocha, j. 11.7.16).

deria ter sido lançado, caso tivesse havido o regular desembaraço aduaneiro, ou seja, do dano que seria experimentado pelo erário e que é compensado pelo perdimento. É assim que o artigo 776 do Regulamento Aduaneiro estabelece que, na formalização do processo administrativo fiscal, para aplicação da pena de perdimento, a autoridade poderá indicar um "montante correspondente" àquele que "seria devido" na importação regular. E a expressão "seria devido", no texto do regulamento, demonstra que, com o confisco, nada pode ser cobrado a título de tributo.

Tanto isso é verdade que a jurisprudência, nos casos em que há perdimento dos bens e, ao mesmo tempo, pagamento dos tributos, determina a restituição dos valores eventualmente pagos ao Fisco a título de imposto.[16]

Nesse sentido o confisco de bens é incompatível com a tributação. Se houver decretação de perdimento, tem-se, em verdade, a extinção antecipada da potencial obrigação tributária que sequer vem a ser constituída, porquanto a pena administrativa impede a incidência do tributo ou, como se queira, a ocorrência do fato gerador do imposto aduaneiro, obstando o próprio desembaraço.

Nesses moldes, os bens apreendidos pela Administração Fiscal e submetidos a processo administrativo de perdimento de mercadoria não sofrem a incidência do imposto de importação. A tributação só seria cabível na hipótese de não haver os meios para se apreender a mercadoria e concretizar o confisco.

---

[16] "1. Uma vez cassada a liminar ou cessada a sua eficácia, voltam as coisas ao *statu quo ante*. Desse modo, se é correto afirmar a impossibilidade de se obstar a aplicação da pena de perdimento com a denegação do *mandamus*, não menos correto afirmar-se que a retroação da cassação da liminar que autorizou a importação do bem também irradia seus efeitos na esfera tributária, qual seja, no tocante aos recolhimentos dos impostos (IPI e II) devidos por ocasião da operação de importação, posteriormente tornada sem efeito devido à denegação da ordem. 2. A leitura do art. 118, I, do CTN, segundo o qual a definição legal do fato gerador é interpretada abstraindo-se da validade jurídica dos atos efetivamente praticados pelos contribuintes, responsáveis, ou terceiros, bem como da natureza do seu objeto ou dos seus efeitos, deve ser conjugada com a do art. 85, III, do RA (Dec. 91.030/85) que prevê a não incidência dos tributos sobre mercadoria estrangeira que tenha sido objeto da pena de perdimento. 3. Negar o direito à restituição dos tributos à demandante que teve contra o seu veículo a aplicação da pena de perdimento consistiria em dar um tratamento mais gravoso para o contribuinte que importa o bem albergado por um provimento judicial, ainda que precário, do que o previsto para o caso de importação clandestina, uma vez que para este último caso somente aplicar-se-ia o perdimento do bem, enquanto na primeira situação, além do perdimento da mercadoria, o importador ainda teria que arcar com os tributos respectivos, incidentes sobre um objeto que não mais integra o seu patrimônio, exatamente devido à cassação do provimento judicial que permitira a operação de importação, em total afronta aos princípios da razoabilidade e da proporcionalidade, os quais norteiam o nosso ordenamento jurídico. 4. A insubsistência do fato tributável, com a completa supressão de seus efeitos econômicos, implica inexoravelmente a impossibilidade de exigência do tributo, porque leva ao desaparecimento do suporte fático de incidência da norma de tributação, que é o signo presuntivo de capacidade contributiva. Assim, tanto do ponto de vista da lógica jurídica formal não se pode mais falar de obrigação tributária, à míngua do fato gerador respectivo, como do ponto de vista axiológico não se pode mais falar de capacidade contributiva, que desaparece com o perdimento da riqueza sobre a qual incidiria o tributo. (...). 5. Ademais, embora o automóvel já havia sido alienado quando da aplicação da pena de perdimento, a parte autora comprova a indenização ao adquirente, consoante documento trazido aos autos, o qual não foi impugnado pela FN, daí exsurgindo estreme de dúvidas a legitimidade da demandante para pleitear a devolução dos tributos que recolheu no momento da importação do bem. 6. Reconhecimento do direito à restituição dos tributos recolhidos (IPI e II), corrigidos monetariamente" (TRF4, AC 2000.72.01.000306-5, 1ª T., Relª. Maria Lúcia Luz Leiria, DJ 15.12.04).

Significa dizer que se a mercadoria importada ilegalmente vem a ser confiscada pela Administração Pública, não cabe cobrança de tributo a ela referente. E mais: se porventura tivesse havido declaração de importação, a posterior decretação de perdimento do bem daria ao antigo proprietário o direito de pedir de volta o tributo que eventualmente tenha adiantado ao fazer a declaração. O confisco de bens é, neste estado de coisas, incompatível com a tributação.

Para aclarar ainda mais o tema, destaca-se que o Regulamento Aduaneiro, ao tratar do imposto de importação (artigo 71, inciso III), estatui, expressamente, que não incide o imposto sobre mercadoria estrangeira que tenha sido objeto de pena de perdimento. O mesmo ocorre em relação ao imposto sobre produtos industrializados (artigos 238 c/c 570, parágrafo 1º, inciso II c/c artigo 571 do Regulamento Aduaneiro), assim como a contribuição para o PIS/PASEP–importação e a COFINS–importação (artigos 250 c/c 71, inciso III).

Não sendo hipótese de incidência tributária, sequer se poderia cogitar em ilusão do pagamento de imposto ou direito; logo, o núcleo (do tipo penal do artigo 334 do Código Penal) não se apresenta.

Ora, nesse sentido, é de rigor a crítica – e o fazemos na esperança de que se possa modificar algo no estado d'arte – em relação ao tratamento diferenciado para o mesmo crime (descaminho), pois, em determinados casos, a alguns acusados, se lhes dará a possibilidade de realizarem o pagamento dos tributos relacionados às mercadorias para verem a sua punibilidade extinta (nos casos de bens não apreendidos, mas em relação aos quais tenha havido lançamento fiscal) e, a outros (cujas mercadorias foram apreendidas e não houve lançamento fiscal), não se lhes dará tal opção.

Ademais, deve ter-se em conta que a jurisprudência construída em face da constituição do crédito tributário como condição de punibilidade tem fundamento na possibilidade conferida pelo ordenamento de que o pagamento do débito extingue a pretensão punitiva estatal nos delitos tributários. Em relação aos crimes de contrabando e descaminho, a simples inexistência de previsão legal de idêntica benesse impede que o agente tenha sua punibilidade extinta pelo pagamento – o que não se coaduna com a sistemática de política-criminal implementada em nosso país segundo a qual, ao se exigir a constituição do crédito tributário, tem-se uma condição objetiva de punibilidade sem a qual não se poderá dar início à persecução criminal.

Em suma, o descaminho se classifica como delito de natureza material e de feição tributária, não sendo, sob qualquer aspecto, demasiado negar-lhe o mesmo tratamento que se destina aos delitos materiais contra a ordem tributária, os quais somente se perfectibilizam ao depois do lançamento definitivo do crédito; portanto, deverá existir o exaurimento da esfera administrativa, graças à qual será aferida a eventual ilusão do pagamento dos tributos incidentes à espécie e, em sendo o caso, autorizar o desencadeamento da *persecutio criminis*.

3. Dos reflexos na aferição do marco prescricional

Tendo em mira essa premissa, a aferição da marcha prescricional se irá equipar aos crimes materiais tributários (ou mesmo aos previdenciários), com todos os seus desdobramentos e repercussões; desse modo, o prazo prescricional não terá início antes da perfectibilização do crime de descaminho, que se dará, apenas, no esgotamento da via administrativa e na comprovação da ilusão do pagamento dos tributos que eram devidos. De outro curso, deve reconhecer-se que o marco prescricional anterior (ingresso ou saída da mercadoria descaminhada do território nacional) não tem mais significado, na medida em que o momento consumativo se dará em virtude do trânsito em julgado da decisão administrativo-fiscal, em cujo momento se terá, com efeito, reconhecida a exigibilidade do crédito tributário e determinado o respectivo valor, bem como a configuração do descaminho como ilícito penal, de cuja realidade defluem o início do prazo prescricional (da pretensão punitiva) e a investigação do fato com vistas à proponibilidade da ação penal.

4. Conclusão

Conclusivamente, pode reconhecer-se que o descaminho é um ilícito de feição tributária (*in casu*, aduaneira; daí por que se distingue dos demais crimes tributários, em virtude do princípio da especialidade – resolutivo do concurso aparente de tipos penais coexistentes –, cuja especificidade se estabelece no tipo de tributo incidente, que decorre da exportação ou da importação, ao passo que, no que tange à Lei 8.137/1990, o objeto pode referir-se a qualquer outro fator desencadeante do tributo),[17] dado que, ao fim e ao cabo, o objeto jurídico é, em essência, o patrimônio federal, no que diz respeito à arrecadação de impostos devidos por ocasião da entrada ou saída de mercadoria do país.[18] Logo, em razão de um tratamento adequado e harmônico do sistema, não se mostra inviável – em decorrência da analogia *in bonam partem*[19] – estender ao crime de descaminho o mesmo tratamento que se concede aos demais crimes materiais tributários, vale indicar: (i.) a impossibilidade de persecução criminal antes do encerramento da via administrativa;[20] (ii.) a extinção da punibilidade face ao pagamento da dívida fiscal antes do oferecimento da denúncia ou queixa; bem como se transmitir à temática da prescrição penal os mesmos ditames que se inscrevem em relação aos demais crimes tributários materiais.

---

[17] BALTAZAR JUNIOR, José Paulo, p. 370.

[18] Cf. ESTEFAM, André, 2011, p. 319.

[19] Cf. ESTEFAM, André, p. 319.

[20] "O inquérito policial ou o processo criminal só deverão ser instaurados *após* o término do processo administrativo-fiscal no injusto do tipo de descaminho, admitindo-se o parcelamento do débito e com o pagamento integral, dá-se a extinção da punibilidade, que poderá ocorrer até a *res judicata*. (...). Não há justa causa para a ação penal quando o crédito tributário *não* está devidamente constituído" (COSTA, Álvaro Mayrink da, 2013, p. 902).

Referências

BALTAZAR JUNIOR, José Paulo. *Crimes federais*. 11ª ed. São Paulo: Saraiva, 2017.

BITENCOURT, Cezar Roberto. *Tratado de direito penal*: parte especial 5. 2ª ed. São Paulo: Saraiva, 2008.

BUSATO, Paulo César. *Direito penal*: parte especial, v. 3. São Paulo: Atlas, 2016.

COSTA, Álvaro Mayrink da. *Código Penal comentado*: parte geral; parte especial. Rio de Janeiro: LMJ Mundo Jurídico, 2013.

CUNHA, Rogério Sanches. *Código Penal*: doutrina, jurisprudência e questões de concursos. 8ª ed. Salvador: JusPodivm, 2015.

DELMANTO, Celso; DELMANTO, Roberto; DELMANTO JÚNIOR, Roberto; DELMANTO, Fábio M. de Almeida. *Código Penal comentado*. 9ª ed. rev., atual. e ampl. São Paulo: Saraiva, 2016.

ESTEFAM, André. *Direito penal*: parte especial (arts. 286 a 395-H). São Paulo: Saraiva, 2011.

JESUS, Damásio de. *Código Penal anotado*. 23ª ed. São Paulo: Saraiva, 2016.

PRADO, Luiz Regis. [Colab. Gisele Mendes de Carvalho.] *Curso de direito penal brasileiro*: volume II: parte especial. 15ª ed. rev., atual. e reform. São Paulo: Revista dos Tribunais, 2017.

Tema VII

A pena criminal na democracia: o compromisso da dogmática com a racionalidade: a importância do instituto da prescrição penal

Ney Fayet Júnior

É necessário, antes de tudo, advertir que o presente artigo quer pôr em evidência algumas características da pena criminal no quadro da democracia,[1] perspectivadas tanto por compromissos intrínsecos de legitimação e justificação – que são concebidos pela Dogmática – como por programas de ação – que são articulados e traçados pelo pensamento criminológico e, sobretudo, político--criminal.

Nesse cenário, afloram diferentes abordagens que trazem, a ferro e fogo, as marcas de suas concepções ideológicas, dado que as teorias da pena (notadamente as atuais) têm sido estruturadas em um contexto pretensamente mais amplo, dentro de cujos limites se encontram o indivíduo, a sociedade e o Estado. O embate sobre a resposta punitiva não se encontra aferrolhado às ciências tradicionalmente comprometidas com o saber (global) penal (Direito Penal; Criminologia; Penologia; entre outras) ou com a justificativa (moral) da pena (Filosofia; Ética), na medida em que se abre a novos campos do conhecimento que têm, pouco a pouco, incorporado à sua temática, de maneira orgânica, [a pesquisa sobre] o papel desempenhado pela punição na sociedade contemporânea (Sociologia; Psicologia; Antropologia); além disso, oferecem um contributo bastante expressivo, na construção de um programa de ação interventivo, de vários movimentos criminológicos (os quais, por sua vez, também espelham diferentes orientações político--criminais) ou, mesmo, de concepções dogmático-jurídicas vinculadas fortemente ao constitucionalismo.

Esse debate – que tem acompanhado, ao longo dos anos, o desenvolvimento da ciência penal – apresenta, nos dias que correm, novos ingredientes, como, de um lado, (i.) um maior punitivismo social – que vem a reboque da crescente importância eleitoral que os partidos políticos concedem ao fenômeno criminal,[2]

---

[1] Democracia implica uma vinculação bastante estreita do Estado com uma determinada ordem política que incorpora e garante o poder de seu povo; a mais disso, em uma noção tocquevilliana, a democracia apresenta uma dimensão prática, isto é, ostenta uma postura ativa em face da realidade objetiva e social.

[2] Como anota Klaus Günther (2009, p. 54), "a política já reconheceu há muito tempo o potencial desse tipo de emotividade para obtenção e manutenção do poder. Em disputas eleitorais conta também, e sobretudo, a

em geral, e à segurança individual, em particular[3] –; e, de outro, (ii.) o fator tecnológico, admitido que, além de todo aspecto ideológico, a utilização da tecnologia tem sido concebida como um verdadeiro programa de ação estatal, que, imediatamente, se transmite à readequação dos discursos sobre a punição (as ideias de eficiência, de redução de custos, de diminuição de efeitos colaterais a partir do uso da tecnologia prisional [tornozeleiras eletrônicas, monitoramento eletrônico, castração química, entre outras] têm inspirado, decisivamente, uma nova onda neorretribucionista); ou, ainda, (iii.) o papel dos meios de comunicação no processo de consolidação de um discurso expansivista da intervenção penal; bem como, finalmente, (iv.) a produção legislativa, que tem caminhado *pari passu* com a tendência expansivista, à proporção que "torna as penas mais duras e permite um número cada vez maior de métodos investigativos que interferem nos direitos fundamentais dos cidadãos".[4]

Trata-se, apenas, de alguns dos principais planos sobre os quais se tem conduzido, em diferentes e cada vez mais amplos âmbitos, o desenvolvimento dessa discussão. Por óbvio, o debate sobre as penas e as suas finalidades tem um longo percurso existencial, pois – como indica Max Ernst Mayer – "así como en todos los tiempos y por todos los pueblos se han impuesto penas, de igual modo cada vez y en todas partes en que la reflexión filosófica no ha sido ajena al espíritu del tiempo y del pueblo, ha habido ideas acerca del sentido de la pena";[5] contudo, as teorias da pena permanecem vinculadas a margens relativamente pouco alargadas, dentro das quais o debate se prende a poucas posições fundamentais, que, por seu turno, têm um longo arraigamento histórico.[6] Sem embargo, a abordagem quer

---

disputa político-criminal: saber quem defende métodos de combate à criminalidade mais convincentes e eficazes, bem como a execução penal mais rigorosa. Para os agentes do sistema político é fácil assumir uma posição pseudodemocrática e basear-se no desejo manifestado pela maioria para atuar de maneira mais dura contra a criminalidade".

[3] E essa alteração discursiva não conhece, por assim dizer, polos ideológicos, na medida em que, na América Latina, tradicional e historicamente, a esquerda considerava que (o discurso sobre) a defesa da segurança era indicativa de um discurso marcadamente conservador (vinculado – como aponta Lolita Aniyar de Castro [2006, p. 4] – a políticas repressivas que serviam de contenção ao protesto social ou, ainda, associado à temível noção de "segurança nacional", que serviu de legitimação aos regimes autoritários no contexto latino-americano); contudo, essa situação se modificou acentuadamente quando a esquerda assumiu, em alguns países, posições de governo ou de responsabilidades executivas, tendo, a partir disso, "la ocasión de escuchar la demanda de inseguridad, o al menos la queja permanente del sentimiento de inseguridad, de las clases populares. De esta manera tomó conciencia de una necesidad sentida y de cómo la seguridad dejó de ser un bien público para convertirse en un privilegio de las clases media y alta que podían financiarla" (ANIYAR DE CASTRO, Lolita, p. 4).

[4] GÜNTHER, Klaus, 2009, p. 54.

[5] MAYER, Max Ernst, 2007, p. 515.

[6] STRATENWERTH, Günter, 1982, p. 10. Como ainda pondera Jorge de Figueiredo Dias (1999, p. 90), "as respostas dadas, ao longo de muitos séculos – seja pela ciência do direito penal, seja pela teoria do Estado ou pela própria filosofia –, ao problema dos fins da pena se reconduzem a duas (*rectior*, a três) teorias fundamentais: as *teorias absolutas*, de um lado, ligadas essencialmente às doutrinas da *retribuição* ou da *expiação*; as *teorias relativas*, de outro lado, que se analisam em dois grupos de doutrinas: as doutrinas da *prevenção geral*, de uma parte, as doutrinas da *prevenção especial* ou *individual*, de outra parte. Toda a interminável querela à roda dos fins das penas é reconduível a uma destas posições ou a uma das infinitas variantes através das quais se tem tentado a sua *combinação*".

concentar-se no panorama atual, isto é, no marco histórico da democracia, no interior do qual se alistam e se consagram as estratégias da punição. E essa consideração tem significado transcendente, porquanto a pena (assim como os seus limites e sentidos) continua a ser o centro de gravidade do Direito Criminal, o ponto de culminância de nossa disciplina, o aspecto de maior impacto na realidade objetiva – especialmente em virtude de suas terríveis consequências e de seus escassos benefícios (se é, verdadeiramente, que os haja).

Com efeito, a pena, apesar de simbólicas limitações de índole humanitária (as quais, no mais das vezes, se inscrevem tão somente no plano do "dever ser"), segue sendo um mal, que pode ser tão dolorosa e brutal como algum injusto típico.[7] (Aliás, a mera investigação criminal já pode, em face da posição social do imputado, ser-lhe insuportável pelo caráter vexatório e execrável que encerra.)

Daí porque a utilização da pena – quer como instrumento resolutivo de conflitos sociais graves, quer como meio de controle social – deve ser submetida aos mais rigorosos critérios limitadores; e a sua legitimação, caminhar irmanada com a consolidação de padrões democráticos na perspectiva de uma sociedade pluralista. Cuida-se, por esse modo, de esforços que se destinam à justificação racional da atividade estatal de caráter penal-persecutório, de envolta com a explicação do exercício do poder punitivo na perspectiva do Estado social e democrático de Direito.

A pena é a peça chave por meio da qual o Direito Penal visa a se constituir como um instrumento de organização social, que deve, concretamente, ser utilizada para a sociedade e para os homens que a integram, auxiliando a formação de uma dinâmica social que garanta, ao conjunto da população, o pleno desenvolvimento de suas capacidades e potencialidades, com respeito à pluralidade democrática que deve matizar a sociedade moderna. Nesse quadro, têm interesse transcendental os discursos que visam à legitimação do poder punitivo (os quais se prendem, no plano superestrutural, com poucas variações, às funções genéricas de defesa social e, mais raramente, de segurança jurídica;[8] ou, mesmo, de segurança dos cidadãos), que devem ser orientandos aos fundamentos teórico-estatais da democracia, implicando, com isso, a demonstração cabal da indispensabilidade do emprego da pena para a solução de conflitos sociais.

Além disso, existem tendências teórico-criminais que se ocupam (do papel) do poder punitivo na sociedade contemporânea, tanto as que, em um polo, advogam a eliminação absoluta do recurso punitivo como forma de solução dos conflitos sociais, como as que, em outro, visam à constante ampliação do poder punitivo; bem como, ainda, outras vertentes teóricas que se apresentam como vias intermediárias entre aqueles extremos. Trata-se de algumas formulações básicas acerca do poder punitivo: de um lado, as que partem de uma percepção segundo a qual, basicamente, se estima a irracionalidade e a inutilidade da pena, que estaria

---

[7] Cf. NAUCKE, Wolfgang, 2006, p. 36.
[8] Cf. ZAFFARONI, Eugenio Raúl; ALAGIA, Alejandro; SLOKAR, Alejandro, 2000, p. 53.

aliada às estruturas de classes e que tenderia a perseguir os setores mais fragilizados da sociedade (a perspectiva abolicionista); de outro, as que encampam propostas de recrudescimento da intervenção penal, visando a um eficientismo, cuja expressão se ancoraria em um Direito Penal de índole intervencionista, invasiva e expansionista, pouco afeito às garantias históricas de proteção às liberdades públicas e aos direitos humanos, por meio do qual deveria haver não somente a criação de novos bens jurídicos, mas, igualmente, de novos tipos penais – em razão das novas formas de criminalidade que se produziram na sociedade globalizada e complexa – e a agravação das penas já existentes,[9] principalmente no setor da criminalidade econômica e ecológica.

Neste estado de coisas, convoca-se a Dogmática Jurídico-Penal para se posicionar: deveria aceitar a expansão dos mecanismos penais, como forma de enfrentamento da criminalidade contemporânea, ainda que isso implique a derrogação de garantias e modelos tradicionais de proteção dos indivíduos? Ou deveria operar com os conceitos clássicos (ou nucleares) do sistema penal, por meio dos quais se arrostaria, na medida do possível, essa criminalidade, porém sem se descurar do arcabouço constitucional protetivo, limitador da intervenção punitiva; ou, ainda, deveria construir uma via conciliatória? E, no centro desse debate, encontra-se um tema da máxima importância, uma vez que se apresenta como essencial à compreensão dessas diferentes perspectivas: a finalidade da pena. Cuida-se, ao lado da definição da função do Direito Penal, de uma das principais bases sobre as quais toda discussão – modelos de Política Criminal; princípios dogmáticos; considerações criminológicas; entre outras – deve assentar-se.

A investigação sobre a finalidade da pena é, portanto, um dos eixos centrais para a compreensão do complexo sistema penal,[10] a cuja tarefa não somente o Direito Penal, mas igualmente outras (e variadas) disciplinas têm fornecido a sua cota de contribuição.[11] Existe, desse modo, uma expressiva gama de conceitos e interpretações, o que muito contribui para que não haja, até o presente, uma concepção aceitável, de forma geral, sobre a sua finalidade.[12]

A discussão sobre os fundamentos e legitimidade da intervenção punitiva estatal coloca-se no centro de um interminável debate (político, ideológico e acadêmico), em torno do qual continuam a surgir orientações que pretendem compatibilizar os fins do Direito Punitivo às novas exigências sociais.

---

[9] SILVA SÁNCHEZ, Jesús María, 1999, p. 17-8.
[10] ZUGALDÍA ESPINAR, José Miguel, 1993, p. 59.
[11] BETTIOL, Giuseppe, 1976, p. 77-8.
[12] MIR PUIG, Santiago, 1982, p. 15. Ainda Winfried Hassemer e Francisco Muñoz Conde (2001, p. 225-6) completam: "desde hace siglos, no sólo el Derecho penal, sino la Filosofía, la Sociología e incluso la Moral y la Ética se han ocupado de cuál es la respuesta que debe darse a la persona que ha cometido un delito y de si el delito en general puede ser prevenido de algún modo, y si no evitar totalmente su comisión, sí por lo menos reducirla a límites soportables. En el fondo de todas las elucubraciones que se han realizado hasta la fecha, late la cuestión de si el problema de la criminalidad puede ser solucionado de una forma satisfactoria y compatible con el nivel cultural de las respectivas sociedades. Las respuestas que se han dado a estas cuestiones han sido diversas, sin que se haya llegado todavía a una concluyente y definitiva".

Nas últimas décadas, de modo geral, nos domínios da Criminologia (especialmente a que se posta em um campo democrático, dentro de cujos limites se inscrevem, por óbvio, variantes de maior ou menor intensidade), estabeleceu-se certo consenso em relação à noção de que o sistema punitivo se traduz como a forma mais drástica de intervenção estatal em face do indivíduo – haja vista às terríveis consequências estigmatizadoras e aos inegáveis efeitos criminológicos que encerra, sem se descurar, ainda, da ineficácia absoluta do efeito ressocializador –, com o que se buscou limitar, ao máximo e sob diferentes perspectivas, a atuação dos instrumentos e das soluções jurídico-penais. Assim, adquiriram força diversas propostas que abrangiam, *grosso modo*, em uma escala muito ampla, desde a simples redução do poder punitivo até a sua total abolição. (Essa diretriz reducionista não ostenta qualquer posição hegemônica no debate moderno, dado que se movimentam outras propostas que, na contramão dessa perspectiva, tendem ao recrudescimento punitivo.[13])

Cabe lembrar, nesta ordem de consideração, que existem várias tendências, muitas das quais marcadamente transdisciplinares, o que dificulta, ainda mais, a avaliação crítica sobre as contribuições que têm sido oferecidas para a compreensão do significado da pena na sociedade (tomemos, a título de mera exemplificação, a desafiadora proposta dos neorrealistas de esquerda).[14]

Não pode perder-se de vista que o Direito Penal moderno – nascido durante a Ilustração, quando da estruturação do Direito Punitivo moderno, com a edificação dos primeiros Estados de Direito – vivenciou uma situação de tensão permanente (ou de verdadeira crise), cuja manifestação se projetou ao Direito Penal contemporâneo, não havendo, na literatura criminal, uma explicação uniforme (ou, ainda, minimamente consensual) por meio da qual se possa bem determinar o tensionamento histórico da nossa disciplina. O que se busca, em todos os setores vinculados ao Direito Penal (Dogmática Penal; Política Criminal; Filosofia Penal), é um quadro de justificação, de validade; em última análise, a demonstração de sua legitimação, através da qual se possa conceber (e, sobretudo, compreender) a sua necessidade social. Posta assim a questão, o grande ponto de contraste do Direito Penal atual é, inegavelmente, a sua legitimação, ou seja, a sua justificação social como fenômeno interventivo nas relações sociais, uma vez que as teorias (sobre as finalidades) da pena se prestam, a toda evidência, a dar suporte àquela necessária

---

[13] Eduardo Demetrio Crespo (2004, p. 13-4) percebe esse fenômeno aparentemente paradoxal, ao destacar que se produziu o giro no debate, "até o ponto de perder de vista o marco político-criminal recente que tinha gerado, (...), uma evolução positiva na humanização do direito penal. O referido marco foi 'pulverizado', mediante sua redução ao absurdo, pela via de um crescente recrudescimento punitivo, ao sabor da demagogia política e do espetáculo de mídia". (....). "Segundo essa concepção, a preocupação pelas garantias, além do 'efeito estético' da proclamação dos princípios nas Exposições de Motivos, aparece como fruto da 'falta de solidariedade', da 'maldade', da 'falta de visão', ou, na melhor das hipóteses, da 'ingenuidade acadêmica', de quem se mantém nesse discurso." (...). "Foi substituído por um programa guiado por uma fé inquebrantável na capacidade de intimidação das penas – foi introduzida, sem uma menção explícita, a prisão perpétua; foram recuperadas as penas curtas privativas de liberdade inferiores a seis meses, e a multirreincidência –, o 'deslizamento' em direção a um Direito Penal do autor, e a limitação do arbítrio judicial".

[14] Sobre o tema: FAYET JÚNIOR, Ney; WERLANG, Roberta, 2012, p. 345-65.

legitimação. Daí por que se tem como certo que o principal fator, na atualidade, de geração da crise do Direito Penal é, sem dúvida, o de sua legitimidade. Criar um contexto de racionalidade, de compatibilidade entre as novas exigências sociais e as (antigas) garantias públicas protetoras dos cidadãos, conciliando-as em uma perspectiva democrática, é a tarefa da Política Criminal racional, mediante a qual seria possível a (re)legitimação do Direito Penal como fenômeno social, complexo e indispensável para a construção e o fortalecimento de um Estado democrático de Direito. E a esse desiderato se deve lançar a Dogmática Penal verdadeiramente compremetida com a democracia, ao edificar a ciência penal de envolta com o respeito aos direitos humanos. Com efeito, modernamente, a avaliação do sistema penal deve ser conduzida, sob todos os títulos, a partir de duas dimensões básicas: a função do Direito Penal e a finalidade da pena em face do Estado democrático (e social) de Direito.

Sob a primeira dimensão, insiste-se na compreensão segundo a qual hoje, mais que nunca, a função do Direito Penal, no Estado democrático (e social) de Direito, é a proteção de bens jurídicos mediante a prevenção de delitos, porquanto a utilização das ferramentas penais, de modo proporcional à ofensa praticada e à culpabilidade do agente, além de tolerada apenas em relação aos ataques mais graves, deve inspirar-se à luz da noção da *ultima et extrema ratio* (e não da *prima et sola ratio*) e de limites (derivados do Estado democrático [e social] de Direito) relacionados ao exercício do *ius puniendi*, de cuja noção defluem os princípios da subsidiariedade, proteção exclusiva de bens jurídicos, fragmentariedade e legalidade, todos, em bloco, cimentados pelo princípio da racionalidade; e, finalmente, de princípios político-criminais que, por meio da formalização do controle social penal, visam a garantir as liberdades dos cidadãos frente ao Estado, de acordo com o princípio de mínima intervenção e os demais princípios garantistas. Na perspectiva da segunda dimensão, o núcleo básico em relação ao qual o sistema todo deve ser construído é o da evitabilidade dos delitos, mediante a prevenção geral, desde que haja limites necessários ao poder punitivo do Estado, para preservar nessa função preventiva aquilo que ela deve ter (no máximo possível) de justa e racional; e que esteja a serviço da preservação da ordem democrática, com um mínimo custo à liberdade individual. Agrega-se que prevenir é, porém, mais que dissuadir, dado que se deve entender por "prevenir" a intervenção nas causas do problema criminal. Os programas de prevenção primária são, obviamente, mais úteis que os de prevenção secundária; e estes, mais que os de prevenção terciária. Considerados esses aspectos, a função da pena, na dimensão da democracia, é prevenir os delitos, entendendo-se por tal prevenção uma política racional e proporcional, ancorada em vários princípios que visam a dar proteção ao indivíduo, notadamente aquele traduzido pela teoria do Direito Penal mínimo – que objetiva a redução substancial do poder punitivo. Somos aqui acordes que a função da pena depende da função que se atribui ao Estado; e, nesse sentido, parece não haver dificuldades em se dizer de forma clara e direta que, na perspectiva de um Estado democrático de Direito, a pena, essencial e fundamentalmente, deve assumir uma função preventiva.

A legitimação do poder punitivo estatal – cuja compreensão envolve tanto a linearidade histórico-construtiva dos discursos de sua legitimação quanto as atuais tendências de avaliação do fenômeno – deve encasar-se, em maior ou menor escala, na ressonância do desenvolvimento de políticas criminais racionais. Em uma fórmula sintética, a operatividade do poder punitivo pode implicar restrição da esfera de liberdade do cidadão. Diante disso, à Dogmática Jurídico-Penal cumpre ocupar uma posição de vanguarda, de fiel compromisso com a democracia, de defesa da Constituição, concebendo a pena tão somente como um derradeiro recurso de resolução de conflitos e de contenção social, preservando, sempre, as garantias do imputado e limitando, sempre, a vocação expansiva do poder (punitivo), pois a histórica imperfectibilidade do sistema punitivo não autoriza nem inspira uma outra atitude.

Em decorrência dessas premissas, e em todos os sentidos mais óbvios concernentes ao instituto da prescrição penal, talvez o mais racional seja que se lhe considere (ou se lhe atribua a função de) um limite diante do qual o poder punitivo não possa avançar; e essa opção não se traduz em um mero capricho, mas, sim, em uma (espécie de) guerra de posições, porquanto – malgrado as constantes e precisas advertências dogmáticas sobre a desinfluência substancial de alterações tópicas e superestruturais na disciplina punitiva – a temática da prescrição sofre, direta e acidamente, o influxo do populismo penal. Se antes "bastava" elevar as escalas punitivas para haver a solução de todos os problemas postos, agora a única aquisição lógica que se pode descobrir em um discurso irracional (proponente de uma expansão material da intervenção penal) é investir contra a garantia (pois se cuida, exatamente, de uma autolimitação da força estatal punitiva [*Strafgewalt*]) da prescrição, a qual é equipara à impunidade. (Obviamente, outras garantias também são atacadas, desprestigiadas, relegadas; todavia, no presente, a da prescrição tem sido particularmente enfocada pelos setores mais punitivistas.) Como bem acentua Luis Prieto Sanchís, "a la dogmática le corresponde la tarea de proponer desde adentro las correcciones e interpretaciones conformes a la Constitución que permitan las técnicas de garantía ya establecidas por el sistema; y de sugerir desde afuera nuevas formas de garantía".[15] E isso porque esses discursos trazem em si o risco de ampliação – quase sempre não se compaginando com os interesses sociais da humanidade. Formou-se, na atualidade, considerável literatura crítica no sentido (da denúncia) da crescente e desordenada limitação dos direitos individuais, em um novo ciclo geoestratégico de tendências autoritárias. À luz dessa concepção, garantias têm sido postas em xeque, e ferramentas punitivas, ampliadas. Por conta disso, o momento histórico sugere e impõe uma atenta opção garantista à emergência punitiva (ou, em outras palavras, aos impulsos de poder); neste sentido, "en los momentos en que el poder punitivo avanza por efecto de

---

[15] SANCHÍS, Luis Prieto, p. 78.

una emergencia, el contenido pensante de su discurso cae en forma alarmante. Cuanto mayor es su irracionalidad, menor contenido pensante tiene el discurso legitimante".[16] Exprimindo, em último remate, a harmonia básica de nossa visão, a aparelhagem criminal se encontra em franca e articulada expansão em nosso país (quando, e faz muitos anos, eu tentava colocar em um tabuleiro – de cujas coordenadas começava a ter uma vaga e primitiva noção – as peças fundamentais do desenvolvimento do *jeu* político criminal, era relativamente fácil perceber que não se podia distanciar as relações jurídicas das de poder, porquanto tais relações se davam e se estabeleciam *pari passu*, como uma engrenagem, em virtude da qual os avanços e retrocessos dependiam das correlações de forças históricas), cristalizando interesses e padrões antigarantistas e estandartizados, bem como, em outro plano, fomentando uma guerra (*soi-disant* bem-intencionada) contra a criminalidade e a corrupção, para cuja vitória são necessárias, *comme d'habitude*, medidas de exceção, ainda que contrastantes com garantias constitucionais. A palavra de ordem dos democratas, no momento, deve ser idêntica ao histórico grito de Dolores Ibárruri na Guerra Civil Espanhola; depois, a busca da reversibilidade desse quadro se imporá naturalmente.

Referências bibliográficas

ANIYAR DE CASTRO, Lolita. *Seguridad*: propuestas para una vida sin miedo y sin violencia con respeto a los derechos humanos, 2006. Disponível em: <http://reddecriminologia.blog.uces.edu.ar/files/2014/03/Lolita-Aniyar-de-Castro.pdf>. Acesso em 5 jul. 2016.

BETTIOL, Giuseppe. *Direito penal*. v. III. Tradução de Paulo José da Costa Júnior e Alberto Silva Franco. São Paulo: Revista dos Tribunais, 1976.

COSTA, José da Faria. "O fenômeno da globalização e o direito penal econômico." *In Revista Brasileira de Ciências Criminais*. São Paulo: Revista dos Tribunais, ano 9, n.º 34, p. 9-25, abr.-jun., 2001.

CRESPO, Eduardo Demetrio. "Do 'direito penal liberal' ao 'direito penal do inimigo'." *In Ciências Penais*: Revista da Associação Brasileira de Professores de Ciências Penais. São Paulo: Revista dos Tribunais, v. 1, 2004.

DIAS, Jorge de Figueiredo. *Questões fundamentais de direito penal revisitadas*. São Paulo: Revista dos Tribunais, 1999.

FAYET JÚNIOR, Ney; WERLANG, Roberta. "A contribuição do neorrealismo de esquerda ao pensamento criminológico: um passo em frente, dois passos atrás." *In Discurso sediciosos*: crime, direito e sociedade. V. 17. Rio de Janeiro: Revan, 2012.

GÜNTHER, Klaus. *Teoria da responsabilidade no estado democrático de direito*. Flávia Portella Püschel e Marta Rodriguez de Assis Machado (organizadoras). São Paulo: Saraiva, 2009.

HASSEMER, Winfried; MUÑOZ CONDE, Francisco. *Introducción a la criminología*. Valencia: Tirant lo Blanch, 2001.

MAYER, Max Ernst. *Derecho penal*: parte general. Traducción directa del alemán por el profesor Sergio Politoff Lifschitz e revisión general y prólogo por el profesor José Luis Guzmán Dalbora. Buenos Aires: Bdf, 2007.

MIR PUIG, Santiago. Función de la pena y teoría del delito en el Estado social y democrático de Derecho. Barcelona: Bosch, 1982.

NAUCKE, Wolfgang. *Derecho penal*: una introducción. Traducción de la 10ª edición alemana por Leonardo Germán Brond. Buenos Aires: Astrea, 2006.

SANCHÍS, Luis Prieto. *Garantismo y derecho penal*. Madrid: Iustel, 2011.

SILVA SÁNCHEZ, Jesús-María. *La expansión del derecho penal*. Aspectos de la política criminal en las sociedades postindustriales. Madrid: Civitas, 1999.

---

[16] ZAFFARONI, Eugenio Raúl; ALAGIA, Alejandro; SLOKAR, Alejandro, 2014, p. 201.

STRATENWERTH, Günter. *Derecho penal*: parte general I. El hecho punible. Traduzido (da 2ª edição alemã) por Gladys Romero. Madrid: Edersa, 1982.

ZAFFARONI Eugenio Raúl; ALAGIA, Alejandro; SLOKAR, Alejandro. *Derecho penal*: parte general. Buenos Aires: Ediar, 2000.

——; ——; ——. *Manual de derecho penal*: parte general. 2. edición. Buenos Aires: Ediar, 2014.

ZUGALDÍA ESPINAR, José Miguel. *Fundamentos de derecho penal*. 3. ed. Valencia: Tirant Lo Blanch, 1993.

Tema VIII

Do sobrestamento da ação (penal) em virtude do reconhecimento da repercussão geral: extensibilidade suspensiva *ipso facto* do prazo prescricional?

Ney Fayet Júnior

Paulo Fayet

Introdução

Em 1º de junho de 2017, o Supremo Tribunal Federal deu início ao julgamento da questão de ordem no recurso extraordinário 966.177/RS, ao escopo de decidir se o sobrestamento da ação em face do reconhecimento da repercussão geral – prevista no artigo 1035, parágrafo 5º, do Código de Processo Civil[1] – suspenderia ou não, de forma extensiva, a contagem do prazo prescricional dos inquéritos e das ações penais cujas temáticas se identificassem à que implicou a repercussão geral. (Como esclarecimento, anote-se que o recurso extraordinário em pauta discutia a eventual recepção constitucional do artigo 50, *caput*, do Lei das Contravenções Penais [Decreto-lei 3.688/1941], que descreve a conduta típica de estabelecer ou explorar jogo de azar.) Discutir, portanto, o alcance dessa decisão se inscreve como o objetivo este ensaio.

1. Notas sobre a questão de ordem no Recurso Extraordinário 966.177/RS

O recorrente, o Ministério Público do Rio Grande do Sul, em suas razões, arguiu o ferimento a preceitos constitucionais em decorrência da decisão do Tribunal de Justiça do Rio Grande do Sul que houve por considerar atípica a conduta de exploração de jogos de azar, e requereu, desse modo, a reforma *in totum* do *decisum*. Ao apreciar o recurso, o Plenário (Virtual) do Supremo Tribunal Federal, em decisão publicada em 21 de novembro de 2016, reconheceu a repercussão

---

[1] Por comodidade, esta a redação do artigo: "Reconhecida a repercussão geral, o relator no STF determinará a suspensão do processamento de todos os processos pendentes, individuais ou coletivos, que versem sobre a questão e tramitem no território nacional".

geral ao caso,[2] implicando, assim, o sobrestamento de todas as ações penais inauguradas para o processamento da infração prevista no artigo 50, *caput*, do Decreto-lei 3.699/1941.

Após manifestação da Procuradoria Geral da República pelo prosseguimento do feito, o Plenário do Supremo Tribunal Federal iniciou o julgamento do recurso extraordinário com o relatório e o voto do e. Ministro Luiz Fux tão somente para resolver questão de ordem, nos seguintes termos:

> Após o relatório, o Tribunal deliberou deferir pedido de sustentação oral nesta questão de ordem. Em seguida, após o Ministro Luiz Fux (Relator) resolver questão de ordem no sentido de: i) que se interprete o artigo 116, I, do CP conforme a Constituição para o fim de se entender que a suspensão do prazo prescricional para a resolução de questão externa prejudicial ao reconhecimento do crime abrange também a hipótese de suspensão do prazo prescricional nos processos criminais que, com fundamento no art. 1.035, § 5º, do CPC, por determinação do Relator do recurso extraordinário adotado como paradigma, forem sobrestados em virtude da adoção da sistemática da repercussão geral; ii) a partir da interpretação conforme do art. 116, I, do CP, até o julgamento definitivo pelo STF do recurso extraordinário adotado como paradigma, se reconheça a suspensão do prazo de prescrição da pretensão punitiva relativa a todos os crimes objeto de ações penais que, em todo o território nacional, tiverem sido sobrestados por força de vinculação ao tema 924 da repercussão geral reconhecida, sem prejuízo da extensão de tal entendimento a todos os casos em que um processo de natureza penal for suspenso por força de repercussão geral; iii) como proposta adicional, deixar ao critério do juiz aferir a legitimidade das medidas de constrição e a necessidade de produção de provas urgentes, mercê de suspensão do processo; iv) ainda como proposta adicional, deixar ao critério do juiz excepcionar da ordem de sobrestamento exarada pelo Relator do processo paradigma as ações penais em que houver réu preso preventivamente, sem prejuízo da possibilidade de posterior suspensão do processo e do prazo prescricional respectivo quando e se vier a ser revogada a segregação cautelar, o julgamento foi suspenso. Ausentes, neste julgamento, os Ministros Dias Toffoli e Gilmar Mendes. Falaram: pelo recorrido, o Dr. Laerte Luis Gschwenter, e, pela Procuradoria-Geral da República, o Dr. José Bonifácio Borges de Andrada, Vice-Procurador-Geral da República. Presidência da Ministra Cármen Lúcia. Plenário, 1º.6.2017.

Quando do retorno da sessão, em 7 de junho de 2017, o Plenário do Supremo Tribunal Federal decidiu, por maioria e nos termos (reajustados) do voto do Relator, pela possibilidade, quando reconhecida a repercussão geral, de suspensão *ipso facto* da contagem prescricional de todas as ações penais (excluídos, portanto, os inquéritos policiais ou os procedimentos de investigação sob a condução do Ministério Público, bem como as ações penais em que haja réu preso provisoriamente) cujo objeto for idêntico àquele da ação sobrestada (paradigma), nos seguintes moldes:

> O Tribunal, por maioria e nos termos do voto do Relator, ora reajustado, resolveu questão de ordem no sentido de que: "a) a suspensão de processamento prevista no § 5º do art. 1.035 do CPC não consiste em consequência automática e necessária do reconhecimento da repercussão geral reali-

---

[2] Segundo consta em Ata, "o STF, por maioria, reconheceu a existência de repercussão geral da questão constitucional suscitada, vencidos os Ministros Edson Fachin e Dias Toffoli", a partir da seguinte ementa de julgamento: RECURSO EXTRAORDINÁRIO. CONTRAVENÇÃO PENAL. ART. 50 DO DECRETO-LEI 3.688/1941. JOGO DE AZAR. RECEPÇÃO PELA CF. TIPICIDADE DA CONDUTA AFASTADA PELO TRIBUNAL *A QUO* FUNDADO NOS PRECEITOS CONSTITUCIONAIS DA LIVRE INICIATIVA E DAS LIBERDADES FUNDAMENTAIS. ARTS. 1º, IV, 5º, XLI, E 170 DA CF. QUESTÃO RELEVANTE DO PONTO DE VISTA ECONÔMICO, POLÍTICO, SOCIAL E JURÍDICO. TRANSCENDÊNCIA DE INTERESSES. RECONHECIDA A EXISTÊNCIA DE REPERCUSSÃO GERAL.

zada com fulcro no *caput* do mesmo dispositivo, sendo da discricionariedade do relator do recurso extraordinário paradigma determiná-la ou modulá-la; b) de qualquer modo, consoante o sobredito juízo discricionário do relator, a possibilidade de sobrestamento se aplica aos processos de natureza penal; c) neste contexto, em sendo determinado o sobrestamento de processos de natureza penal, opera-se, automaticamente, a suspensão da prescrição da pretensão punitiva relativa aos crimes que forem objeto das ações penais sobrestadas, a partir de interpretação conforme a Constituição do art. 116, I, do CP; d) em nenhuma hipótese, o sobrestamento de processos penais determinado com fundamento no art. 1.035, § 5º, do CPC abrangerá inquéritos policiais ou procedimentos investigatórios conduzidos pelo MP; e) em nenhuma hipótese, o sobrestamento de processos penais determinado com fundamento no art. 1.035, § 5º, do CPC abrangerá ações penais em que haja réu preso provisoriamente; f) em qualquer caso de sobrestamento de ação penal determinado com fundamento no art. 1.035, § 5º, do CPC, poderá o juízo de piso, no curso da suspensão, proceder, conforme a necessidade, à produção de provas de natureza urgente". Vencidos o Ministro Edson Fachin, que rejeitava a questão de ordem, e o Ministro Marco Aurélio, que assentava a inconstitucionalidade do art. 1.035, § 5º, do CPC. Presidiu o julgamento a Ministra Cármen Lúcia. Plenário, 7.6.2017.

Com essa decisão do Plenário do Supremo Tribunal Federal, ficou sedimentado o entendimento sobre a possibilidade de se suspender a contagem do prazo prescricional em casos penais sobrestados por repercussão geral; e os ministros consideraram que essa suspensão estaria subsumida apenas às ações penais em andamento, sendo inaplicável, repita-se, aos inquéritos policiais já instaurados, aos procedimentos criminais investigatórios conduzidos pelo Ministério Público e aos casos de réus presos provisoriamente. Esse, *grosso modo*, o terreno sobre o qual iremos construir o debate.

Para além de se discutir acerca da possibilidade de uma decisão judicial ampliar as hipóteses suspensivas da prescricional penal, deve analisar-se o fato de que, a partir dessa decisão, poderá o Magistrado de primeiro grau jurisdicional, mesmo com o prazo prescricional suspenso, determinar a produção de provas consideradas urgentes. Por outro lado, veja-se que a decisão em debate conheceu duas divergências, dos e. Ministros Edson Fachin e Marco Aurélio Mello, os quais rejeitaram a questão de ordem em virtude de argumentos diferentes: o primeiro entendeu que a determinação de uma nova causa de suspensão ao prazo prescricional ampliaria o poder punitivo do Estado, o que somente poderia existir com a edição de lei própria, papel precípuo do Poder Legislativo, referindo que "à mingua de uma previsão legal em sentido formal, a suspensão do fluxo do lapso temporal prescricional não pode ocorrer"; o segundo referiu a inconstitucionalidade do artigo 1.035, parágrafo 5º, do Código de Processo Civil, dado que essa regra não se aplica ao processo penal, pois "pressupõe instrução e há elementos a serem coligidos que podem se perder no tempo, principalmente quando se esperará o julgamento do recurso extraordinário em que admitida a repercussão geral pelo Plenário do Supremo".

Com essas primeiras considerações, passa-se a verificar os argumentos, um a um, havidos no julgamento da questão de ordem do recurso extraordinário em causa.

2. Compreensão das determinações do Plenário do Supremo Tribunal Federal havidas no julgamento dessa questão de ordem

Será realizada, a partir deste ponto, *en passant*, a análise das deliberações do Plenário do Supremo Tribunal Federal:

a) a suspensão de processamento prevista no § 5º do art. 1.035 do CPC não consiste em consequência automática e necessária do reconhecimento da repercussão geral realizada com fulcro no *caput* do mesmo dispositivo, sendo da discricionariedade do relator do recurso extraordinário paradigma determiná-la ou modulá-la;

A maioria dos ministros entendeu por não conceder aplicação automática e necessária em decorrência do reconhecimento da repercussão geral, cabendo, por conseguinte, ao relator (do recurso extraordinário havido como caso paradigma), em análise discricionária, ampliar, ou não, a suspensão do processo. Até esse momento, portanto, nada de interferência quanto à matéria prescricional.

b) de qualquer modo, consoante o sobredito juízo discricionário do relator, a possibilidade de sobrestamento se aplica aos processos de natureza penal;

Quanto a essa segunda determinação, fica o registro no sentido de que, no voto de divergência do Ministro Marco, foi referida a própria inconstitucionalidade parágrafo 5º do artigo 1.035 do Código de Processo Civil. A rigor, a posição do Ministro Marco Aurélio é no sentido de que, inobstante a matéria tratada, e independente da discricionariedade alcançada aos relatores de cada um dos recursos extraordinários vinculados a um caso com repercussão geral, não há espaço para o sobrestamento de ações penais, o que deve ser estudado com a cautela devida, não só pelos argumentos trazidos na divergência, mas fundamentalmente pela celeridade (tempo razoável) que requer o processo penal, justamente pela sua natureza punitiva, o que será (e já é) mitigado com a possibilidade de sobrestamento das ações penais. De qualquer modo, o *thema* vinculado à matéria prescricional é apresentado no próximo item.

c) neste contexto, em sendo determinado o sobrestamento de processos de natureza penal, opera-se, automaticamente, a suspensão da prescrição da pretensão punitiva relativa aos crimes que forem objeto das ações penais sobrestadas, a partir de interpretação conforme a Constituição do art. 116, I, do CP;

Ora, se determinado o sobrestamento da ação penal, passando-se pelo ato de discricionariedade do relator do recurso extraordinário, a deliberação do Supremo Tribunal Federal é a de que, de forma automática, seja sistematizada a suspensão também da contagem do prazo prescricional, o que, *ictu oculi*, opera uma interferência indevida do Poder Judiciário com a criação de uma nova causa suspensiva do prazo da prescrição penal, não prevista em lei. Apesar do pragmatismo da decisão, que muito provavelmente busca a economicidade e a dinamicidade processuais, o instrumento adequado para a amplificação das hipóteses através das quais se obstaculiza o transcurso do prazo prescricional é, a toda a evidência, a modificação da regra pelo Parlamento.

d) em nenhuma hipótese, o sobrestamento de processos penais determinado com fundamento no art. 1.035, § 5º, do CPC abrangerá inquéritos policiais ou procedimentos investigatórios conduzidos pelo MP;

Não parece certa a ideia no sentido de que o sobrestamento não abranja inquéritos policiais em andamento, nem mesmo investigações levadas a efeito pelo Ministério Público, e isso em razão de que o interesse também se apresenta para os procedimentos de apuração dos fatos, a fim de evitar-se a realização de atos de construção da prova, ou mesmo a aplicação de medidas extremas, como a decretação de prisões cautelares e determinações de medidas assecuratórias, as quais, em muitas das vezes, são mais nefastas (e mais injustas) do que a própria condenação definitiva. Se couber o sobrestamento indicado no parágrafo 5º do artigo 1.035 do Código de Processo Civil, isto é, se for aplicável aos casos penais (o que nos transparece, no mínimo, discutível), não parece razoável que se aplique ao maior (ações penais em curso) e não, ao menor (procedimentos investigatórios); até porque também não nos parece lógico que, se forem levadas a termo as investigações policial e/ou ministerial, possa ser oferecida a denúncia à base de um ilícito cujo processamento, por força do reconhecimento da repercussão geral, será suspenso. Desse modo, o sobrestamento deveria abranger a realização de provas e o próprio curso das investigações, de qualquer natureza, assegurando-se ao investigado, para além de tudo, a inviabilidade de medidas mais extremadas vinculadas aos expedientes criminais (tais como a decretação de prisão provisória de qualquer espécie, a imposição de medidas assecuratórias, o estabelecimento de medidas cautelares diversas da prisão, a determinação de busca e apreensão, entre outras), enquanto não decidida, pelo Supremo Tribunal Federal, a questão de repercussão geral de interesse na causa.

e) em nenhuma hipótese, o sobrestamento de processos penais determinado com fundamento no art. 1.035, § 5º, do CPC abrangerá ações penais em que haja réu preso provisoriamente;

Quanto a essa questão, entretanto, (superada, *ad argumentandum*, a constitucionalidade do entendimento) foi acertada a decisão, pois os casos que envolvem réus presos deverão sempre ter prioridade, e qualquer demora não poderá ser determinada por imposição do Poder Judiciário, levando-se em conta o princípio da presunção de inocência, bem como a regra da liberdade em matéria processual penal.

f) em qualquer caso de sobrestamento de ação penal determinado com fundamento no art. 1.035, § 5º, do CPC, poderá o juízo de piso, no curso da suspensão, proceder, conforme a necessidade, à produção de provas de natureza urgente".

Essa última determinação do Plenário, por outro lado, mostrou-se incongruente com o restante do julgamento da questão de ordem, que ora concede a suspensão das ações penais em face dos casos de repercussão geral, e, de forma automática, nesses, inclusive do prazo prescricional, mas deixa ao critério do juiz a possibilidade de realização de provas urgentes. Ora, se retomado o processo com a realização de provas urgentes, por certo, não estará suspenso o procedimento, e haverá possibilidade de impugnação da prova, de participação das partes na realização dessa prova, de recursos ou implementação de ações penais autônomas para *in these* se discutir a viabilidade das medidas, e o processo estará reaberto, o que não parece acertado. Chegar-se-ia ao seguinte extremo: o processo penal poderia estar suspenso, com o reconhecimento por parte do relator do recurso extraordinário de repercussão geral da matéria tratada, e inclusive suspenso o prazo prescricional, tratando-se de ação penal em curso, mas, na origem (repare: mesmo com o prazo prescricional suspenso!), poderia o juiz realizar provas urgentes, como se em andamento estivesse a ação penal e, mais grave, como se estivesse contando o prazo prescricional. Não pode concordar-se com essa determinação, sob pena de se aceitar a realização de uma prova, mesmo com a contagem prescricional e o próprio processo suspensos.

3. O Supremo Tribuna Federal pode ampliar as causas suspensivas da prescrição penal?

Pelas deliberações trazidas no julgamento da questão de ordem, e levando-se em consideração que o Plenário do Supremo Tribunal Federal estabeleceu uma causa de suspensão da contagem da prescrição – artigo 116, inciso I, do Código Penal –,[3] verifica-se certa a situação na qual existiu uma interferência em matéria reservada ao Poder Legislativo, porquanto não se afigura possível o estabelecimento de um novo critério suspensivo do prazo prescricional sem o devido resguardo normativo; aqui, mais que a criação judicial do direito existe, evidentemente, o *judicial activism*.[4]

---

[3] Após indicar, acertadamente, que a suspensão do prazo prescricional pode dar-se em oito situações distintas ([i.] enquanto não resolvida, em outro processo, questão de que depende o reconhecimento da existência do crime [art. 116, I, CP]; [ii.] enquanto o agente cumpre pena no estrangeiro [art. 116, II, CP]; [iii.] quando, citado editaliciamente, o réu não comparecer em juízo para o processo e não constituir defensor [art. 366, CPP]; [iv.] quando o réu obtiver a suspensão condicional do processo [§ 6º do art. 89 da Lei 9.099/1995]; [v.] em face da expedição de carta rogatória para a citação do réu no estrangeiro [art. 368, CPP]; [vi.] na hipótese da imunidade processual relativa, pode ser suspenso o curso da prescrição [art. 53, § 5º, CF]; [vii.] nos crimes contra a ordem tributária [§ único do art. 68 da Lei 11.941/2009]; e, ainda, a hipótese da Lei Antitruste [art. 87 da Lei 12.529/2011]), Fernando de Almeida Pedroso (2017, p. 730-2) lembra que "o incidente de insanidade mental suspende o processo (art. 149, § 2º, CPP), mas não o prazo prescricional", e "as causas suspensivas (...) atinem à prescrição da pretensão punitiva, exceção feita apenas à explicitada no art. 116, § único, do CP, que concerne à pretensão executória".

[4] "Por ativismo judicial (...) deve-se entender o exercício da função jurisdicional para além dos limites impostos pelo próprio ordenamento jurídico, que, institucionalmente, incumbe ao Poder Judiciário fazer atuar, resolvendo tanto litígios de feições subjetivas (conflitos de interesses) quanto controvérsias jurídicas de natureza objetiva (conflitos normativos); (...) essa expressão está associada à ideia de exorbitância de competência por parte do Poder Judiciário, razão por que (...) chamar-se de ativista um tribunal implica atribuir-lhe algo de negativo na sua conduta institucional" (COELHO, Inocêncio Mártires, 2015, p. 11). Por outro lado, "diversamente do ativismo judicial, que desrespeitaria esses limites, a criação judicial do Direito seria o exercício regular do poder-dever, que incumbe aos juízes, de transformar o direito legislado em direito interpretado/aplicado, caminhando do geral e abstrato da lei ao singular e concreto da prestação jurisdicional, a fim de realizar a justiça em sentido material, que outra coisa não é senão dar cada um o que é seu, tratando igualmente os iguais e desigualmente dos desiguais, na medida da sua desigualdade" (COELHO, Inocêncio Mártires, p. 12).

Mesmo que se pensasse na aplicação dessa regra a partir da inteligência do artigo 116, inciso I, do Código Penal, a dependência entre o reconhecimento da existência do crime diz respeito à atipicidade daquela conduta discutida nos autos, em razão, por exemplo, de circunstância prejudicial heterogênea (mas que se refira àquele processo), e não em face de discussão sobre casos com outras provas, com outras partes, com diferentes interesses; e talvez, aqui, se permita dizer que é, sim, a criação de uma causa suspensiva da marcha prescricional.Como se verifica em doutrina,[5] compete ao Supremo Tribunal Federal a atividade de fiscalização para coibir a inércia do Poder Legislativo,[6] mas esse não parece ser o caso presente, em que as causas suspensivas são determinadas em lei, e não há um fator de demora ou de manifesta inércia sobre o tema, o que denota que, para esse cenário, a excelsa Corte do País poderia aparar os excessos cometidos em virtude de interpretações legislativas e constitucionais, e, ainda, proteger a plenitude dos resguardos de ordem constitucional, dentro do papel que se lhe compete.[7] Entretanto, ao que se percebe, existiu uma imposição automática da suspensão prescricional às ações penais, quando reconhecida a repercussão geral e decidido o sobrestamento

---

[5] "A dimensão do ativismo referente a" ocupação de vazios normativos pelo STF se relaciona com a fiscalização judicial das omissões inconstitucionais por meio do mandado de injunção e da ação direta de inconstitucionalidade por omissão. Está-se, pois, diante de hipótese caracterizada principalmente pela omissão total ou parcial de normal legal regulamentadora de preceito constitucional. Não é o caso de se proceder a uma análise detalhada dos contornos desses institutos, interessando, aqui, observar a alteração do entendimento do STF quanto à natureza e alcance do provimento jurisdicional, quando fiscaliza as omissões inconstitucionais. Nesse sentido, o Tribunal, ao longo dos anos, tem realizado verdadeiras construções jurisprudenciais sobre referidas ações, que sinalizam para uma mudança significativa na relação com o Poder Legislativo, titular da função típica de legislar, apontando para a expansão de seus poderes normativos. Como se sabe, a Carta de 1988 foi pioneira na introdução de mecanismos processuais para coibir ou remediar a inércia do Poder Legislativo. A própria previsão do mandado de injunção e da ação direta de inconstitucionalidade por omissão pode ser interpretada como uma desconfiança do constituinte em relação ao futuro legislador ordinário, que seria o encarregado de disciplinar os dispositivos constitucionais que exigem sua intermediação" (LEITE, Glauco Salomão, 2014, p. 19).

[6] Merece referência o seguinte texto: "Pois bem, o Poder onde, por meio do debate, se pode *respeitar* e *levar em consideração* essa pluralidade de concepções de mundo e de valores, e o modo de sua realização, é o Poder Legislativo. Por meio dele é que, pelos mecanismos públicos de discussão e votação, se pode obter a participação de todos e a consideração da opinião de todos, em matérias para as quais não há uma solução, mas várias soluções para os conflitos de interesses, não um só caminho para a realização de uma finalidade, mas vários caminhos para a sua promoção. Não se quer, com isso, afirmar que a participação do Poder Judiciário deva ser menor em todas as áreas e em todas as matérias, ou que a edição de uma regra, constitucional ou legal, finda o processo de concretização normativa. Como o Poder Legislativo edita normas gerais, e como a linguagem é, em larga medida, indeterminada, caberá ao Poder Judiciário a imprescindível função de adequar a generalidade das regras à individualidade dos casos, bem como escolher, dentre os vários sentidos possíveis, aquele que melhor se conforme a Constituição, e cotejar a hipótese da regra com sua finalidade subjacente, ora ampliando, ora restringindo o seu âmbito normativo. Em suma, não se quer dizer que o Poder Judiciário é desimportante; quer-se, em vez disso, afirmar que o Poder Legislativo é importante. E que, como tal, não pode ser simplesmente apequenado, especialmente num ordenamento constitucional que, sobre estabelecer que nada poderá ser exigido senão em virtude de lei e de prever que todo poder emana do povo, que o exercerá por meio de representantes eleitos ou diretamente, ainda reserva ao Poder Legislativo a competência para regular, por lei, um sem número de matérias." ÁVILA, Humberto. "Neoconstitucionalismo": entre a "ciência do direito" e o "direito da ciência". Revista Eletrônica de Direito do Estado (REDE), Salvador, Instituto Brasileiro de Direito Público, nº. 17, janeiro/fevereiro/março, 2009. Disponível na Internet: <http://www.direitodoestado.com.br/rede.asp>. Acesso em 17/06/2017.

[7] Há, porém, que ter presente orientações contrárias a essa compreensão; assim, por todas, ver: BARROSO, Luís Roberto, 2015, p. 24-48.

por parte do relator da causa, mas sem uma previsão em lei para essa viabilidade, ferindo uma garantia do cidadão a um devido processo legal, em tempo razoável.

Conclusão

No julgamento da questão de ordem em recurso extraordinário, o Plenário do Supremo Tribunal Federal decidiu pela possibilidade de suspensão, de forma automática, da contagem prescricional das ações penais quando reconhecida a repercussão geral pelo relator da causa, medida que não foi considerada para os inquéritos em andamento, ou mesmo para os procedimentos penais investigatórios junto ao Ministério Público, ou quando se tratar de ação penal de réu preso provisoriamente. Como visto, o Plenário entendeu: "(...) c) neste contexto, em sendo determinado o sobrestamento de processos de natureza penal, opera-se, automaticamente, a suspensão da prescrição da pretensão punitiva relativa aos crimes que forem objeto das ações penais sobrestadas, a partir de interpretação conforme a Constituição do art. 116, I, do CP". Pelo que se verificou, houve uma interferência indevida dessa decisão do Plenário do Supremo Tribunal Federal em matéria de exclusividade do Poder Legislativo, com a criação de uma nova causa suspensiva do prazo da prescricional. Nem mesmo seria possível o entendimento dessa suspensão automática da contagem do prazo de prescrição (em matéria penal) no artigo 116, inciso I, do Código Penal, tendo em vista de que aquela previsão legal é resguardada às discussões sobre a atipicidade da conduta tratada nos próprios autos, trazida como exemplo, na presente pesquisa, a eventual discussão sobre uma circunstância prejudicial heterogênea, em que o curso da ação penal dependa de solução estabelecida noutra esfera de responsabilidade, mas sempre sobre o mesmo processo, sobre a mesma prova, e não em face de um procedimento completamente diverso.

Com essas considerações, não se pode concordar com a possibilidade de suspensão da contagem prescricional de maneira automática, quando reconhecida a causa de repercussão geral pelo relator do recurso extraordinário e determinado o sobrestamento da ação penal em curso, admitido que (i.) é discutível a constitucionalidade do artigo 1.035, parágrafo 5°, do Código de Processo Civil, bem como a própria aplicabilidade desse dispositivo em matéria criminal, na medida em que, na esteira da divergência apresentada pelo Ministro Marco Aurélio, circunstâncias vinculadas ao processo penal podem "se perder no tempo"; (ii.) a suspensão da contagem prescricional é fator que agride o razoável tempo do processo penal, que poderá ficar anos aguardando a resolução de repercussão geral, sem uma definição da instância criminal de responsabilidade, e por isso mesmo somente deverá ser aceita nos casos previstos em lei; e, por fim, (iii.) não poderia o Supremo Tribunal Federal ter decidido sobre a criação de uma causa de suspensão da prescrição em matéria criminal, tendo em vista que, aqui, inexistiu um "vazio legislativo" e as possibilidades para essa estagnação da contagem do tempo prescricional estão presentes na legislação infraconstitucional (e, caso fosse admitida essa possibilidade, deveria ser direcionada apenas aos casos futuros, sendo de natureza material o tema sobre a prescrição, apenas com reflexos de natureza processual).

Referências:

ÁVILA, Humberto. "Neoconstitucionalismo": entre a "ciência do direito" e o "direito da ciência". Revista Eletrônica de Direito do Estado (REDE), Salvador, Instituto Brasileiro de Direito Público, nº. 17, janeiro/fevereiro/março, 2009. Disponível na Internet: <http://www.direitodoestado.com.br/rede.asp>. Acesso em 17/06/2017.

BARROSO, Luís Roberto. "A razão sem voto: o Supremo Tribunal Federal e o governo da maioria". In Brasileira de Políticas Públicas / Programa de Mestrado e Doutorado em Direito do UniCEUB. – vol. 5, número especial. Brasília: UniCEUB, 2015.

COELHO, Inocêncio Mártires. "Apontamentos para um debate sobreo ativismo judicial". In Brasileira de Políticas Públicas / Programa de Mestrado e Doutorado em Direito do UniCEUB. – vol. 5, número especial. Brasília: UniCEUB, 2015.

LEITE, Glauco Salomão. "Inércia legislativa e ativismo judicial: a dinâmica da separação dos poderes na ordem constitucional brasileira." In Direito, Estado e Sociedade. Rio de Janeiro: PUC-Rio. jul.-dez. 2014, Issue 45, p. 10-31, p. 19.

PEDROSO, Fernando de Almeida. Direito penal: parte geral. Doutrina e jurisprudência. 5ª ed. Leme: J. H. Mizuno, 2017.

Tema IX

A retroatividade e a suspensão do prazo da prescrição penal

Vladimir Giacomuzzi

I. Consiste a prescrição penal na renúncia do Estado em punir o infrator em razão do decurso do tempo.

Recordemos inicialmente alguns aspectos estruturantes deste importante instituto penal.

Fala-se em prescrição penal desde o ano XVIII a.C, com a "Lex Julia de Adulteris". Nesta época a prescrição atingia a maioria dos delitos, mas não todos e não se aplicava quando já existisse sentença condenatória. A prescrição da condenação surgiu primeiramente na França, em 1791 e no Brasil em 1890, com o Decreto nº 774.

Nosso sistema penal contempla duas modalidades de prescrição penal: prescrição da ação penal ou prescrição da preensão punitiva e prescrição da condenação ou prescrição da pretensão executória.

Atualmente a prescrição penal é referida a todos os delitos, exceção feita, entre nós, à "prática do racismo" e a "ação de grupos armados contra a ordem constitucional e o Estado Democrático" (CF, art. 5º, incs. XLII e XLIV).

A prescrição se concretiza no espaço de tempo prefixado em lei, transcorrido o qual a ação penal não mais pode ser exercida ou a condenação imposta não mais poderá ser executada. Isso porque a prescrição extingue a punibilidade do fato classificado por lei como infração penal.

Na justificação deste instituto a doutrina costuma apontar que com o tempo torna-se mais difícil recolher a prova do fato; ou que entrementes o infrator pode ter se emendado; ou que o remorso e as atribulações sofridas pelo infrator podem caracterizar um substitutivo para a pena ou, finalmente, que a sociedade, com o decurso do tempo, esquece a prática do crime, de sorte que a reação penal tardia perde um de seus objetivos consistente na intimidação coletiva.

A relevância da distinção entre a prescrição da pretensão punitiva e a prescrição da pretensão executória pode assim ser resumida: verificando-se a prescrição da pretensão punitiva, impedido fica o Estado de promover investigações sobre o fato, de ajuizar a ação penal, de declarar culpado o acusado ou de impor-lhe sequer medida de segurança. Ocorrendo a prescrição da pretensão executória, válida será a condenação, dela decorrendo todos os efeitos penais próprios desta modalidade de decisão, à exceção, apenas, do efeito primário da condenação, isto é, o condenado não poderá ser recolhido à prisão, a pena privativa da liberdade não poderá ser substituída e a multa não lhe será exigida. Mas seu nome será inscrito no livro dos culpados. Se tornar a delinquir, será considerado reincidente. Ficará obrigado a ressarcir o dano causado e perderá o produto do crime ou de qualquer bem ou valor equivalente ao produto ou proveito do crime quando estes não forem encontrados ou se localizarem no exterior e ser-lhe-ão confiscados os instrumentos utilizados para a prática do crime, caso os mesmos constituírem coisas cujo fabrico, alienação, uso, porte ou detenção constitua fato ilícito.

O Código Penal, como Lei Penal Fundamental, regula os prazos de prescrição da pretensão punitiva e os prazos de prescrição da pretensão executória. Em ambas as situações o Código Penal dispôs uma tabela a ser observada pelo aplicador da lei penal, invocável nas hipóteses que a prescrição estiver regulada em leis penas especiais e não dispuser de modo diverso (CP, arts. 109 e 110). Quanto mais grave o delito, mais alto será o prazo de prescrição, critério utilizado também pelas leis penais especiais. Este prazo poderá ser reduzido, em razão da idade do agente (CP, art. 115), ou aumentado, em virtude da reincidência (CP, art. 110).

A singularidade de nosso sistema penal reside no fato de a prescrição da pretensão punitiva ser regulada a) tomando por base o máximo da pena privativa de liberdade abstratamente cominada ao crime ou, b) ser regulada pela pena privativa de liberdade aplicada quando a condenação tiver transitado em julgado para a acusação ou quando seu recurso não tiver sido provido.

As penas restritivas de direito atuam na condição de sanções penais substitutivas das penas privativas de liberdade. Nestas condições a elas se aplicam os mesmos prazos previstos para as penas privativas de liberdade substituídas (CP, art. 109, § único).

A prescrição da pena de multa ocorre (a) em dois anos, quando foi a única aplicada ou a única cominada na lei e (b) no mesmo prazo estabelecido para a prescrição da pena privativa de liberdade, quando for alternativa ou cumulativamente cominada na lei ou aplicada na sentença (CP, art. 114).

Tema relevante no estudo e na compreensão do instituto da prescrição penal é o sistema que regula o termo inicial da fluência do prazo de prescrição da pretensão punitiva e do prazo de prescrição da pretensão executória, bem como da suspensão ou da interrupção desse prazo.

Com efeito, o prazo da prescrição da pretensão punitiva começa a fluir: do dia em que o crime se consumou; no caso de tentativa , do dia que cessou a atividade criminosa; nos crimes permanentes, do dia que cessou a permanência; nos de bigamia e nos de falsificação ou alteração do assento do registro civil, na data em que o fato se tornou conhecido e nos crimes contra a dignidade sexual de crianças e adolescentes, da data que a vítima completar dezoito anos, salvo se a esse tempo já houver sido proposta ação penal (CP, art. 111). Todavia, enquanto não for resolvida, noutro processo, questão de que dependa o conhecimento da existência do crime ou enquanto o agente cumpre pena no estrangeiro, o prazo de prescrição da pretensão punitiva não corre (CP, art. 116). Resulta interrompido o curso da prescrição da pretensão punitiva o recebimento da denúncia ou da queixa; a decisão de pronúncia e a que a confirma; a sentença condenatória recorrível; o início ou a continuação do cumprimento da pena e a reincidência (CP, art. 117). O prazo de prescrição da pretensão executória não corre durante o tempo em que o condenado está preso por outro motivo (CP, art. 116, § único) e resulta interrompido pelo início ou continuação do cumprimento da pena privativa de liberdade e pela reincidência (CP, art. 117, incs. V e VI).

II. A prescrição era inicialmente regulada nas leis processuais penais e cuidava apenas da prescrição da pretensão punitiva posto que a condenação era imprescritível. O Código Criminal do Império, de 1830, dispunha, no art. 65, que "as penas impostas aos réus não prescreverão em tempo algum". Já no Código Penal de 1890 a pretensão executória aparece regulada ao lado da pretensão punitiva (art. 78 – "A prescrição da ação, salvos nos casos especificados nos artigos 275, 277 e 281, é subordinada aos mesmos prazos que a da prescrição da condenação"). O instituto era visto, nesta época, pela maioria dos doutrinadores, como de natureza processual. Em menor número eram os que entendiam que o instituto era de direito material. Alguns viam-no como instituto de duplo caráter: processual (as normas que regulavam a pretensão punitiva tinham natureza processual) e material (as que disciplinavam a pretensão executória). Os doutrinadores pátrios, atualmente, sustentam que a prescrição penal pertence ao direito material e não ao direito processual, muito embora algumas de suas consequências imediatas dizem respeito ao direito processual (por todos, Antonio R. Porto – "Da Prescrição Penal" – São Paulo: Revista dos Tribunais, 3ª ed. e Damásio E. de Jesus – "Prescrição Penal" – São Paulo: Saraiva, 2ª ed.).

De todas dificuldades que a aplicação prática do instituto da prescrição penal ofereceu, nenhuma superou a da interpretação do parágrafo único do artigo 110 do Código Penal de 1940, relacionada com a retroatividade da prescrição da pretensão punitiva. Nilson Vidal Naves em excelente estudo demonstrou a oscilação de entendimento num e noutro sentido acontecida no próprio Pretório Excelso ("O Supremo Tribunal Federal e a Prescrição pela Pena concretizada em Concreto" – *in* RT 472/470), levando aquela Escelsa Corte de Justiça a editar uma súmula de sua jurisprudência assim redigida: "A prescrição, depois de sentença condenatória de que somente o réu tenha recorrido, regula-se também pela pena imposta e verifica-se nos mesmos prazos" (Sumula nº 146).

Muito embora não houvesse referência alguma no enunciado da norma sumular sobre a partir de que momento dever-se-ia contar o prazo de prescrição da pretensão punitiva, o Pretório Excelso firmou o entendimento de que o prazo deveria fluir desde a data da consumação do delito. O fundamento desta posição,

145

resumidamente, era que, uma vez concretizada a pena com a qual concordara a acusação, essa era, desde o início, a pena justa, mostrando-se demasiada aquela cominada em abstrato na lei penal. Nascia ali o que se tornou conhecido como prescrição da pretensão punitiva retroativa. A primeira reação legal a este entendimento apareceu com o Código Penal de 1969 – que não ultrapassou a fase da *vacatio legis* – ao prescrever que "depois da sentença condenatória de que somente o réu tenha recorrido, regula-se também, daí para diante, pela pena imposta e verifica-se nos mesmos prazos" (art. 111, § 1º). Mas a controvérsia continuou e a Lei 6.016/73 prestigiou a jurisprudência dominante no Supremo Tribunal Federal excluindo do texto legal a expressão "daí para diante". A Lei 6.416/77 retomou a orientação adotada no Código Penal de 1969, acrescentando um parágrafo à regra contida no parágrafo primeiro do artigo 110, na forma de norma legal interpretativa. Seguiu-se a Lei 7.209/84 que deu nova redação ao parágrafo segundo do artigo 110 do Código Penal para esclarecer que "a prescrição de que trata o parágrafo anterior pode ter por termo inicial data anterior à do recebimento da denúncia ou da queixa", retornando à fase da permissão da retroatividade ampla da prescrição da prescrição punitiva. Finalmente a Lei 12.234/10 revogou o parágrafo segundo do artigo 110 e deu ao parágrafo primeiro do artigo 110 do Código Penal a seguinte redação: "a prescrição depois da sentença condenatória com trânsito em julgado para a acusação ou depois de improvido seu recurso, regula-se pela pena aplicada, não podendo, em nenhuma hipótese, ter por termo inicial data anterior a da denúncia ou queixa".

Há os que entendem que a nova lei terminou com a modalidade retroativa da prescrição da pretensão punitiva. Não penso assim. Isto porque a lei anterior dispunha que a prescrição da pretensão punitiva podia ter por termo inicial data anterior a do recebimento da denúncia ou da queixa e a lei hoje em vigor estabelece que a prescrição da pretensão punitiva regula-se pela pena aplicada e não pelo máximo da pena privativa de liberdade cominada ao crime – presente a condição de trânsito em julgado da decisão para a acusação ou não provido seu recurso – não podendo, em nenhuma hipótese, ter por termo inicial data anterior a da denúncia ou queixa (art. 110, § 1º ou único). Logo, a prescrição, no caso concreto, poderá ocorrer entre a data do recebimento da denuncia ou da queixa e a data da publicação da sentença. Nessa situação estar-se-á frente à prescrição retroativa. Mitigada, talvez. Mas sempre prescrição retroativa.

III. Ao deliberar sobre questão de ordem suscitada por ocasião do julgamento do RE nº 966.177/RS, o Supremo Tribunal Federal, em decisão recente, suspendeu o curso da prescrição da pretensão punitiva que envolvia a acusação de prática de fato previsto no artigo 50, *caput*, da LCP (DL nº 3.688/41).

Ocorrera que o Tribunal de Justiça do Rio Grande do Sul havia afastado a acusação sob o fundamento da atipicidade do fato por incompatibilidade entre o ilícito contravencional atribuído ao denunciado e princípios constitucionais contidos na constituição federal de 1988. O Ministério Público recorreu deste acórdão sustentando, porque indeclinável, que a questão constitucional nele versada detinha repercussão geral (CF, art. 102, § 3º). O recurso resultou conhecido e reconhecida a repercussão geral. Em seguimento, o tribunal entendeu que a sistemática do sobrestamento de todos os processos pendentes que versassem sobre a mesma questão, prevista no novo Código de Processo Civil (art. 1.035, § 5º) se aplica aos processos criminais, aduzindo que, neste contexto, opera-se, automaticamente, a suspensão da prescrição da pretensão punitiva relativa às infrações penais que forem objeto das ações penais sobrestadas, a partir de interpretação conforme a constituição da regra contida no artigo 116, inciso I, do Código Penal.

Ao decidir como decidiu, suspendendo o curso da prescrição punitiva, teria o Supremo Tribunal Federal interferido indevidamente em matéria de competência exclusiva e privativa do Poder Legislativo, criando nova causa impeditiva do prazo prescricional?

A resposta a esta indagação passa necessariamente pela reafirmação de que a suspensão ou a interrupção da prescrição é matéria de direito penal, sujeita portanto a princípios constitucionais, entre os quais se destacam a legalidade estrita e a anterioridade (CF, art. 5º, inc. XXXIX). Em razão dessa garantia é que nosso sistema criminal, ao regular a suspensão ou a interrupção da prescrição, o faz mediante preceituação própria. A própria Constituição Federal observa referido procedimento, como serve de exemplo o previsto no parágrafo 5º do artigo 53 da Constituição Federal, ao dispor sobre a possibilidade de sustação do processo criminal instaurado contra Deputado Federal ou Senador, nos seguintes termos: "a sustação do processo suspende a prescrição, enquanto durar o mandato". Para contornar essa exigência, posto que no articulado contido no artigo 1.035, parágrafo 5º, do Código de Processo Civil nada é disposto sobre a suspensão da prescrição, a Suprema Corte invocou a norma prevista no inciso I do artigo 116 do Código Penal. Receio no entanto que assim não poderia ter procedido, *data venia*.

Com efeito, sempre se entendeu que ao aludir à resolução de "questão de que dependa o reconhecimento da existência do crime" como causa suspensiva da prescrição ("antes de passar em julgado a sentença final, a prescrição não corre enquanto não resolvida, em outro processo, questão de que dependa o reconhecimento da existência do crime" – [CP, art. 116, inc. I]) a lei penal alude a "um fato que precede o crime e é dele independente, mas de cujo esclarecimento decorrerá o juízo da incriminação" (Anibal Bruno – "Direito Penal", vol. I, tomo 3º, Rio de Janeiro: Forense, p. 214). Sendo a questão de natureza civil, em amplo sentido e versando sobre o estado civil das pessoas, o sobrestamento do processo e a suspensão do curso da prescrição será obrigatória (CPP, art. 92). Como exemplo clássico invoca-se a acusação da prática do crime de bigamia, com discussão paralela, noutro processo e noutro juízo, da nulidade do primeiro casamento. A sustação do processo criminal, com a suspensão do curso da prescrição, será facultativa, noutras circunstâncias (CPP, art. 93), podendo-se aludir a acusação de sonegação fiscal com discussão paralela, noutro processo e noutro juízo, de questão relacionada com a invocação da desobrigação do tributo.

No caso objeto do RE/RS nº 966.777 não é o que ocorre. A acusação é da prática de fato contravencional que o réu sustenta, no mesmo processo e no mesmo juízo criminal, ter sido como tal descaracterizado pelo advento de princípios constitucionais que indica.

Mercê da natureza jurídica da norma legal que disciplina a suspensão da prescrição penal, como destacado pela doutrina, o rol previsto no artigo 116 do Código Penal é taxativo, não podendo ser acrescidas outras causas, a não ser por lei (por todos Julio F Mirabete – "Direito Penal Interpretado", São Paulo: Atlas, 1999, p. 615).

Mesmo que assim não fosse, a suspensão do curso da prescrição não poderia ser admitida porque a conduta punível imputada ao denunciado é presuntivamente anterior à vigência do estabelecido no artigo 1.035, parágrafo 5º, do Código de Processo Civil, regra invocada para proceder à suspensão do processamento de todos os processos pendentes que versam sobre a mesma questão e tramitam no território nacional, porque colidente com a garantia constitucional da anterioridade da lei penal. Assim sendo, afirmativa é a resposta à indagação teórica acima proposta, em meu entendimento.

Tema X

Da prescrição penal e a trabalhista: possíveis intersecções

Ney Fayet Júnior

Roberto Teixeira Siegmann

Introdução

Não há como negar o imbricamento do instituto da prescrição em diferentes esferas jurídicas; a apresentação em cotejamento (contrariamente à tendência geral de desenvolver a análise isolada) desse instituto nos campos do direito penal e do trabalho é, sem mais, o objetivo ao qual nos propusemos.

1. Da prescrição penal: conceito

A prescrição penal, em essência, se traduz na extinção da pena a ser (ou já ter sido) aplicada em função do transcurso do tempo. Em rigor técnico, a prescrição é uma causa de extinção da punibilidade (artigo 107, inciso IV, do Código Penal).

Cuida-se, pois, de uma autolimitação (ou renúncia) do *jus puniendi* estatal, levada a efeito por inúmeras razões de ordem político-criminal, cuja mais significativa é a perda de interesse em se punir determinada conduta delituosa. Na mesma medida, pode ser identificada, em virtude da passagem do tempo, uma autoestabilização do sistema, sem que tenha sido necessária qualquer atuação ou intervenção do direito punitivo. De outro giro, a prescrição, por ser matéria de ordem pública, não depende da vontade daquele em favor do qual existe, podendo ser admitida em qualquer fase do processo ou do inquérito, inclusive *ex officio* pelo Juiz, até mesmo por meio da ação de *habeas corpus*.

1.1. FUNDAMENTO

Sob inspiração de diferentes políticas legislativas, vários são os fundamentos teóricos que se propõem a dar sustentabilidade jurídica à existência da prescrição, não havendo, ainda, um fundamento unitário que seja aceito de modo generalizado pela doutrina (vejamos, pois, a título meramente ilustrativo, alguns: da absoluta negação do princípio da imediatividade e celeridade da justiça penal;[1] do desaparecimento dos rastros e dos efeitos do delito – a chamada teoria da prova –; da presunção de bom comportamento; do esquecimento social do crime; da desnecessidade da pena; da finalidade da pena criminal; do não exercício de um direito; entre outros[2]). Antonio Pagliaro os apresentou do seguinte modo: "C'è chi pensa che il decorso del tempo effettui comunque una retribuzione, grazie al perdurare della paura della pena. Altri fanno leva su una supposta emenda del reo o sulle possibili difficoltà di prova. Ma è più verosimile che il fondamento stia nella carenza di interesse statale alla punizione (e, quindi, al processo), per il diminuito ricordo sociale del fato".[3] Em verdade, o instituto jurídico-penal da prescrição vincula-se a razões de política criminal, ancoradas "na teoria das finalidades das sanções criminais e correspondentes, além do mais, à consciência jurídica da comunidade".[4] Realmente, como sustentam Giovanni Fiandaca e Enzo Musco, "con il decorso del tempo, infatti, appare inutile e inopportuno l'esercizio della stessa funzione repressiva, perché vengono a cadere le esigenze di prevenzione generale che presiedono alla repressione dei reati: le esigenze di prevenzione, come dimostra l'esperienza, a poco a poco si affievoliscono fino a spegnersi del tutto".[5] A ação corrosiva do tempo torna inócua e desnecessária a punição, na medida em que o conflito, que estava à base da existência do crime, se enfraquece e perde substância, e a própria coletividade deixa de possuir interesse em punir um episódio cuja realização se verificou há muito tempo.[6] Aliando-se esses dois fatores (desnecessidade da punição e composição ou esquecimento do conflito), tem-se o motivo pelo qual o instituto jurídico da prescrição se inscreveu na quase totalidade das legislações mundiais.

1.2. NATUREZA JURÍDICA

Muito se discutiu acerca da natureza jurídica das normas que informam o instituto da prescrição. Havia vozes que as concebiam como integrantes do direito processual; outras, do direito material; outras, ainda, as davam como normas mistas. (Nos dias que correm, tem predominância, na doutrina brasileira, a concepção material da natureza jurídica das normas prescricionais, embora não se possa

---

[1] QUINTERO OLIVARES, Gonzalo, 2007, p. 775.

[2] VELÁSQUEZ, Fernando, 2009, p. 1189.

[3] PAGLIARO, Antonio, 1980, p. 709. Para uma visão abrangente sobre as teorias fundamentadoras da prescrição, consultar: MACHADO, Fábio Guedes de Paula, 2000, p. 88-102.

[4] FIGUEIREDO DIAS, Jorge de, 1993, p. 699.

[5] FIANDACA, Giovanni; MUSCO, Enzo, 2011, p. 780.

[6] Conforme destacou Giuseppe Bettiol (1976, p. 199), "não se presume apenas uma emenda do réu, uma sua readaptação à vida social mas a falta de um interesse estatal na repressão do crime, em virtude do tempo já transcorrido do momento da sua prática. Se é o alarma social que determina também a intervenção do Estado na repressão dos crimes, quando decorreu determinado período de tempo da prática do próprio crime sem que tenha sido reprimido, o alarma social se enfraquece pouco a pouco e se apaga, de tal modo que provoca a ausência do interesse que faz valer a pretensão punitiva".

perder de vista que ambas as disciplinas são inseparáveis, pois ambas guardam relação com o poder punitivo do Estado). E a discussão tinha razão de ser a partir das diferentes consequências jurídicas que se produziam no âmbito processual ou material. Todavia, partindo-se do entendimento segundo o qual tanto as normas materiais quanto as processuais têm vocação retroativa quando *favor rei*, a discussão deixa de possuir maior significado. Nesse sentido, adverte Fábio Guedes de Paula Machado que "este embate perde importância na moderna ciência criminal e no mundo fático a partir do momento em que se assegura que, seja a lei de natureza material e processual, esta sempre retroagirá se mais benéfica for ao infrator (ultra-atividade das leis)".[7] Em todo o caso, as normas que informam a prescrição têm, inegavelmente, um caráter material, até porque os "preceitos legais da prescrição fazem ainda parte daquele conjunto de normas, porque invasivas e instrumentalmente constrictivas de direitos fundamentais, que deve preexistir a práctica de infracção".[8]

1.3. ESPÉCIES DE PRESCRIÇÃO

Quanto às espécies de prescrição penal, existem, basicamente, duas modalidades: (i.) a prescrição da pretensão punitiva (ou da ação), isto é, a que ocorre antes de transitar em julgado a sentença penal (artigo 109 do Código Penal); e (ii.) a prescrição da pretensão executória (ou da condenação), isto é, a que começa a fluir após o trânsito em julgado da sentença penal condenatória (artigo 112, incisos I e II, do Código Penal).

Na primeira modalidade, a prescrição será aferida pelo máximo da pena privativa de liberdade cominada ao crime – artigo 109 do Código Penal. Além dessa, haverá as modalidades retroativa e superveniente, cujo módulo medidor será a pena aplicada (sendo pressuposto [para o reconhecimento da prescrição penal] ou o trânsito em julgado da sentença para a acusação ou se o eventual provimento do recurso da acusação não importe alteração sobre o prazo prescricional).

Na segunda modalidade, a prescrição será regulada pela pena aplicada na sentença, e se verifica nos prazos fixados no artigo 109, os quais se aumentam de um terço, se o condenado é reincidente.

1.4. EFEITOS

Haverá efeitos diferentes quer se trate da prescrição da pretensão punitiva, quer se trate da executória. Nesta via, em virtude da primeira modalidade, extingue-se a própria pretensão estatal de obter uma decisão sobre o fato punível (desse modo, não implica juízo de culpabilidade; não importa pressuposto para a reinci-

---

[7] MACHADO, Fábio Guedes de Paula, p. 158.
[8] FARIA COSTA, José Francisco de, 2003, p. 1154.

dência ou maus antecedentes; não gera título executivo na área cível; não obriga ao pagamento das custas processuais; permite a restituição integral da fiança, se o acusado a houver prestado; entre outros); e, em vista da segunda modalidade, obstaculiza-se, tão somente, o efeito principal da sentença condenatória, isto é, a pretensão executória (assim, implica pressuposto para a reincidência ou maus antecedentes [dentro do prazo de cinco anos]; gera título executivo na área cível; o nome do réu é lançado no rol dos culpados; se o condenado efetuou a prestação de fiança, seu valor fica vinculado ao pagamento das custas processuais e à reparação do dano [*caput* e parágrafo único do artigo 336 do Código de Processo Penal]).

Por conta disso, é possível afirmar que a prescrição da pretensão punitiva (ou da ação) equivale à proclamação da inocência, com o que se extinguem todas as consequências penais e o acusado se posta em situação equiparável à da absolvição. Nesse sentido, no caso de incidência da prescrição punitiva, deve ser encerrado o processo; se houver inquérito policial, seu prosseguimento se traduz em constrangimento ilegal (sanável por meio de *habeas corpus*); e, ainda, se houver sentença condenatória, ela não mais irá subsistir.[9] Por outro lado, diante do reconhecimento da prescrição da condenação, obsta a execução das penas (e da medida de segurança), remanescendo, contudo, as consequências de ordem secundária da sentença condenatória.[10]

1.5. PRAZOS

Nos termos do artigo 115 do Código Penal, são reduzidos de metade os prazos de prescrição quando o criminoso era, ao tempo do crime, menor de 21 (vinte e um) anos, ou, na data da sentença, maior de 70 (setenta) anos.

1.6. DO TERMO INICIAL DA PRESCRIÇÃO

Pode sugerir-se a análise, em separado, do termo inicial da prescrição antes de transitar em julgado a sentença final e o da prescrição após a sentença condenatória tornar-se irrecorrível.

1.6.1. Do termo inicial da prescrição da ação

Antes de transitar em julgado a sentença final, o nosso Código Penal adota a regra básica conforme a qual o início do prazo prescricional começa a fluir a partir do dia em que o crime se consumou (artigo 111, inciso I), em cuja disciplina se inscrevem, entretanto, três exceções: na hipótese de o crime ser tentado, a prescrição começará a fluir do dia em que cessou a atividade criminosa (artigo 111,

---

[9] JESUS, Damásio de, 2012, p. 42.
[10] JESUS, Damásio de, p. 114.

inciso II); na hipótese de ser o delito permanente, a prescrição somente começará a correr a partir do dia em que cessar a permanência (artigo 111, inciso III); nos crimes de bigamia e de falsificação ou alteração de assentamento de registro civil, a prescrição começará a contar desde o dia em que o fato se tornou conhecido, isto é, o prazo corre a *die scientiae* (artigo 111, inciso IV); e, ainda, nos crimes contra a dignidade sexual de crianças e adolescentes, previstos no Código Penal ou em legislação complementar, da data em que a vítima completar 18 (dezoito) anos, salvo se a esse tempo já houver sido proposta a ação penal (artigo 111, inciso V). Esse elenco é taxativo, sendo vedada a utilização de analogia.[11] O prazo prescricional deve ser contado em dias – incluindo-se em seu cômputo o *dies a quo* (artigo 10 do Código Penal) –, de acordo com o calendário comum. A lei penal, sem embargo, não concedeu aos crimes habituais qualquer tratamento excepcional, ficando a inteiro cargo da doutrina e jurisprudência a determinação do início da fluência do prazo prescricional em se tratando dessa modalidade delitiva. Por outro lado, em se cuidando da prescrição (da pretensão punitiva) intercorrente, o prazo prescricional começará a fluir a partir da data de publicação da sentença condenatória ou do acórdão condenatório, dado que ela ocorre a partir deste ato processual e antes de a sentença condenatória transitar em julgado.

Diante disso, no que toca aos crimes normalmente vinculados aos acidentes de trabalho, podem ser indicadas as seguintes diretrizes: (i.) nos delitos culposos de resultado, a prescrição tem início no dia de sua produção; (ii.) nos crimes omissivos, a consumação ocorre na data da conduta omissiva, em cujo momento começa a fluir o prazo prescricional. Vale lembrar, a propósito, que as causas de aumento e de diminuição da pena, previstas tanto na Parte Geral como na Especial do Código Penal, devem ser computadas no prazo prescricional da pretensão punitiva; assim sendo, cuidando-se de causas (gerais ou especiais) aumento ou de diminuição em quantidade fixa, essa fração deverá ser adicionada ou detraída da pena máxima a fim de se localizar o prazo da prescrição; se as causas forem previstas em quantidade variável, incidirá a fração que mais agrava ou a que menos diminua a pena, conforme o caso. (O aumento de pena destinado ao concurso formal ou ao crime continuado não interfere no módulo medidor do prazo prescricional.) De outro curso, as circunstâncias agravantes ou atenuantes não são consideradas na fixação do prazo prescricional da pretensão punitiva, à exceção da menoridade relativa e da ancianidade (artigo 65, inciso I, c/c artigo 115 do Código Penal).

1.6.2. Do termo inicial da prescrição da condenação

No caso do artigo 112 do Código Penal, a prescrição começa a correr: (i.) do dia em que transita em julgado a sentença condenatória, para a acusação, ou a que revoga a suspensão condicional da pena ou o livramento condicional; e (ii.) do

---
[11] BARROS, Flávio Augusto Monteiro de, 2011, p. 628.

dia em que se interrompe a execução, salvo quando o tempo da interrupção deva computar-se na pena. Além disso, deve-se indicar a prescrição no caso de evasão do condenado ou de revogação do livramento condicional (artigo 113 do Código Penal), ou seja, no caso de evadir-se o condenado ou de revogar-se o livramento condicional, a prescrição é regulada pelo tempo que resta da pena. Também quanto à prescrição da multa (artigo 114 do Código Penal): a prescrição da pena de multa ocorrerá: (i.) em 2 (dois) anos, quando a multa for a única cominada ou aplicada; e (ii.) no mesmo prazo estabelecido para prescrição da pena privativa de liberdade, quando a multa for alternativa ou cumulativamente cominada ou cumulativamente aplicada.

1.7. DAS CAUSAS INTERRUPTIVAS E SUSPENSIVAS DO PRAZO PRESCRICIONAL

Cumpre destacar que os prazos prescricionais se assujeitam tanto a causas interruptivas como a suspensivas; quanto às primeiras, haverá o zeramento do prazo (ou seja, uma vez interrompida a prescrição, salvo a hipótese do inciso V do artigo 117 do Código Penal, todo o prazo começa a correr, novamente, do dia da interrupção) e, quanto às segundas, o prazo não fluirá (todavia, o tempo decorrido antes da suspensão é contado para o prazo prescricional e, desse modo, uma vez cessada a causa suspensiva, a fluência do lapso prescricional é reiniciada, computando-se o tempo anteriormente transcorrido).

1.7.1. Das causas interruptivas da prescrição

O Código Penal estabelece as causas interruptivas da prescrição nos incisos I, II, III e IV do artigo 117 do Código Penal: (i.) data do recebimento da denúncia ou queixa; (ii.) data de publicação da decisão de pronúncia; (iii.) data da sessão de julgamento em que o Tribunal, negando provimento do recurso em sentido estrito do acusado, impugnando a pronúncia, confirma esta; e (iv.) data de publicação da sentença ou acórdão condenatórios recorríveis.

1.7.1.1. Das causas interruptivas do prazo prescricional da pretensão punitiva abstrata e retroativa

Nos moldes do artigo 117, incisos I, II, III e IV, do Código Penal, o curso da prescrição interrompe-se em virtude das seguintes causas: (i.) pelo recebimento (e não o simples oferecimento) da denúncia ou da queixa, sendo a data da publicação do despacho, em cartório, o fator interruptivo; (ii.) a pronúncia, isto é, a decisão que submete o réu ao julgamento pelo tribunal do júri (crimes dolosos, tentados ou consumados, contra a vida), interrompe a marcha prescricional; (iii.) se, em face da decisão de pronúncia, o réu recorrer à instância superior e for confirmada a sentença de pronúncia, ocorrerá nova interrupção da marcha prescricional, começando a fluir novo prazo a partir da data da sessão de julgamento; e (iv.) pela publicação da sentença ou acórdão condenatórios recorríveis, sendo que, de um lado, a sentença condenatória manterá o seu poder interruptivo da prescrição ainda que, total ou parcialmente, reformada pela instância superior e, de outro, o acórdão confirmatório da condenação, ainda que implique modificação da pena estipulada, não interromperá o curso do prazo prescricional.

1.7.1.2. Das causas interruptivas do prazo prescricional da pretensão executória

Nos termos do artigo 117, incisos V e VI, do Código Penal, interrompem a fluência do prazo da prescrição da pretensão executória: (i.) o início ou a continuação da execução da pena; e (ii.) a reincidência. Com efeito, em face da prescrição da pretensão executória, a interrupção se dará com o início do cumprimento da pena ou, no caso de fuga ou suspensão da execução, com a sua continuação. Assim, se houve o trânsito em julgado da sentença condenatória, o início do cumprimento da pena marcará, também, a interrupção da prescrição; ou, ainda, se, após cumprir parte da pena, vier o condenado a fugir, quando for capturado, a retomada da execução da pena implicará, igualmente, a interrupção da prescrição. A prescrição executória será, da mesma forma, interrompida na data do trânsito em julgado de uma nova sentença penal condenatória, isto é, em virtude de uma sentença condenatória por um segundo crime. Desse modo, o instituto da reincidência importa não somente em aumento do prazo prescricional (artigo 110, *caput*, do Código Penal) como, ainda, em interrupção do prazo da prescrição da pretensão executória.[12]

1.7.2. Das causas suspensivas (ou impeditivas) da prescrição

O Código Penal estabelece as hipóteses de suspensão (que as denomina de causas impeditivas) da prescrição no artigo 116, havendo as que impedem o fluxo do prazo prescricional antes do trânsito em julgado da sentença definitiva (*caput*, incisos I e II) e as que impedem a fluência depois do trânsito em julgado da sentença condenatória (parágrafo único).

1.7.2.1. Das causas suspensivas do prazo prescricional da pretensão punitiva abstrata e retroativa

Antes de transitar em julgado a sentença final, a prescrição não corre, em especial, nas seguintes situações: (i.) enquanto não solucionada, em outro pro-

---
[12] QUEIROZ, Paulo, 2015, p. 585.

cesso, questão prejudicial não devolutiva, de que dependa o reconhecimento da existência do crime (artigo 116, inciso I, do Código Penal); (ii.) enquanto o agente cumpre pena no estrangeiro (artigo 116, inciso II, do Código Penal); (iii.) enquanto durar o mandato do deputado ou senador, contra quem foi instaurada ação penal em seu foro privilegiado, sustada pela casa a que pertença (artigo 53, parágrafo 5º, da Constituição Federal); (iv.) enquanto estiver suspenso o processo criminal instaurado contra o réu, porque foi ele citado por edital, é revel e não tem advogado constituído (artigo 366 do Código de Processo Penal); (v.) enquanto não cumprida carta rogatória citatória de réu que estiver no estrangeiro, em lugar sabido (artigo 368 do Código de Processo Penal); (vi.) enquanto durar o prazo da suspensão condicional do processo (artigo 89, parágrafo 6º, da Lei 9.099/95); ou, ainda, (vii.) no acordo de leniência (artigo 87 da Lei 12.529/11), que estabelece uma suspensão em face dos crimes contra a ordem econômica; e, finalmente, (viii.) nos termos do artigo 83, parágrafo 2º, da Lei 9.430/96 (redação dada pela Lei 12.382/11), que prevê a suspensão da pretensão punitiva em caso de parcelamento dos débitos tributários (Lei 8.137/90) ou previdenciários (artigos 168-A e 337-A do Código Penal).

1.7.2.2. Das causas suspensivas do prazo prescricional da pretensão punitiva executória

Nos termos do parágrafo único do artigo 116 do Código Penal, depois de passada em julgado a sentença condenatória, a prescrição não corre durante o tempo em que o condenado está preso por outro motivo; assim, deve-se entender que não correrá a prescrição da pretensão executória durante o tempo em que o condenado se encontrar preso por outro fato, ou seja, por outro motivo que não o de sua condenação (por simples ilustração: em virtude da decretação de sua prisão preventiva em outro processo). Por evidente, no que tange ao delito pelo qual se encontra preso, opera-se a interrupção da prescrição executória (artigo 117, inciso V, do Código Penal).

1.8. DA FORMA DE CONTAGEM

1.8.1. Da prescrição da pretensão punitiva (prescrição da ação)

Nesta modalidade, o módulo medidor da prescrição será o máximo da pena privativa de liberdade cominada ao delito, e deverá ser cotejado em face da tabela do artigo 109 do Código Penal. Dessa forma, a prescrição da pretensão punitiva pode verificar-se quer entre a data do fato até a do recebimento da denúncia (ou queixa), quer entre a do recebimento da denúncia (ou queixa) até a da publicação da sentença ou acórdão condenatórios recorríveis. (Além disso, nos processos da competência do tribunal do júri, haverá, como visto, duas outras causas de interrupção do curso prescricional. E colhe-se o ensejo para aclarar que, diferentemente dessas causas interruptivas afetas ao tribunal do júri, a confirmação da sentença condenatória pelo tribunal não se traduz em nova causa interruptiva da prescrição, ainda que, eventualmente, o acórdão altere a pena imposta na decisão monocrática, ou seja, o acórdão confirmatório da condenação, posto que modifique a pena estabelecida, não interrompe o curso do prazo prescricional. Por fim, na hipótese de a condenação se materializar em segundo grau, em virtude de recurso manejado pela acusação, existirá, sim, causa interruptiva do curso do prazo prescricional.)

1.8.2. Da prescrição da pretensão punitiva retroativa

Nesta modalidade, o módulo medidor da prescrição será a pena concretizada na sentença, e deverá ser cotejado em face da tabela do artigo 109 do Código Penal. Para poder ser avaliada, deve haver, ou o trânsito em julgado para acusação, ou que seja improvido o recurso da acusação. A aferição da prescrição retroativa se dá, apenas, entre a data de publicação da sentença ou do acórdão condenatórios. (Além disso, nos processos da competência do tribunal do júri, a análise da prescrição retroativa deverá também ser realizada entre [i.] a sentença condenatória e o acórdão confirmatório da pronúncia; [ii.] deste acórdão confirmatório à decisão de pronúncia; e [iii.] desta ao despacho de recebimento da denúncia [ou queixa]).

1.8.3. Da prescrição da pretensão punitiva intercorrente

Nesta categoria, o módulo medidor da prescrição será a pena concretizada na sentença, e deverá ser cotejado em face da tabela do artigo 109 do Código Penal. Apresenta como termo inicial a publicação da sentença penal condenatória. Para essa espécie de prescrição penal, é condição o trânsito em julgado da sentença condenatória para a acusação, na medida em que o apelo da acusação – por meio do qual se visa à agravação da pena privativa de liberdade – obsta o seu reconhecimento. Também é condição o improvimento do recurso da acusação, dado que, improvido o apelo – por meio do qual se visa à elevação da pena privativa de liberdade –, pode ser reconhecida a prescrição. Assim, primeiramente, o tribunal aprecia o recurso e, após, declara a extinção da punibilidade. Em havendo apelos (de ambas as partes), improvido o da acusação, o tribunal declara a extinção da punibilidade pela ocorrência da prescrição intercorrente, julgando, com isso, prejudicado o do acusado.[13]

1.8.4. Da prescrição da pretensão executória (prescrição da condenação)

Nesta modalidade, o módulo medidor da prescrição será a pena concretizada na sentença ou no acórdão, e deverá ser cotejado em face da tabela do artigo 109

---

[13] JESUS, Damásio de, p. 60.

do Código Penal. Na hipótese de reincidência, o prazo de prescrição aumenta de um terço (*caput* do artigo 110 do Código Penal). Essa modalidade tem como termo inicial o dia que a sentença condenatória transitar em julgado para a acusação (artigo 112, inciso I, do Código Penal); contudo, somente poderá ser aferida a partir do trânsito em julgado para ambas as partes.

1.9. DO CONCURSO DE CRIMES

Nas hipóteses de concurso material, concurso formal e crime continuado, a aferição da prescrição penal se dará sobre a pena de cada um, isoladamente (artigo 119 do Código Penal), a cuja regra se agrega o teor da Súmula 497 do Supremo Tribunal Federal.

1.10. DA PRESCRIÇÃO EM PERSPECTIVA (OU ANTECIPADA)

De uma forma abrangente, a prescrição em perspectiva tem sido entendida como uma construção jurídica que permite o reconhecimento, adiantadamente, dos efeitos da prescrição retroativa (conjecturando-se o *decisum* condenatório e a pena que lhe seria correspondente), por intermédio dos quais se poderia extinguir o processo penal (ou mesmo o inquérito policial) em curso. Em poucas palavras, a prescrição antecipada, como modernamente se define, é o reconhecimento antecipado da prescrição retroativa. Com efeito, como a prescrição retroativa se baseia na pena concretizada na sentença condenatória, a prescrição antecipada operaria com a projeção das possíveis condenação e pena a serem impostas ao réu. Cuida-se, portanto, de uma avaliação hipotética do possível desfecho da lide penal, de cuja avaliação, também abstratamente, se projetariam os efeitos para, a seguir, declará-los, *in casu,* em virtude dos fatores de estruturação da pena criminal, insubsistentes. Nem sempre, por óbvio, será possível fazer esse raciocínio de antecipação da provável pena e prematuramente reconhecer a prescrição da pretensão punitiva pela pena virtual porque, por vezes, não estão disponíveis todos os elementos para a projeção da pena dentro de parâmetros reais, isto é, há casos em que não se provaram ou definiram as circunstâncias judiciais, agravantes, atenuantes, qualificadoras ou privilegiadoras e causas de aumento e diminuição de pena. Nessas situações, em que a fase instrutória contribuirá substancialmente para bem definir os fatores que influenciarão na dosimetria da reprimenda penal, não admitimos a prescrição antecipada, porque não a entendemos como um instituto aleatório e sem plausibilidade jurídica. Contudo, em muitos casos, a solução mais adequada, possível e menos dispendiosa ao Estado seria a aceitação da prescrição antecipada. Apesar da lógica dessa construção jurídica, os tribunais superiores têm negado a sua admissibilidade; aliás, o Superior Tribunal de Justiça consolidou a sua posição por meio da Súmula 438.

1.11. DA PRESCRIÇÃO PENAL E CIVIL

Inicialmente, cabe destacar as diferenças que se apresentam entre a prescrição penal e a civil. Por esse modo, pode reconhecer-se que se trata de prescrições inteiramente independentes, porquanto haverá diferentes prazos e incidentes do lapso prescricional (tais como a interrupção ou suspensão, por exemplo); com isso, "nenhuma influência sofre a prescrição civil com a extinção da punibilidade e com o exercício da ação penal, e reciprocamente nenhuma influência sofrerá a prescrição penal com a propositura da ação civil",[14] ou seja, a prescrição penal se vincula a interesses do campo do direito público, ao passo que a prescrição civil se relaciona a interesses privados.[15]

A mais disso, a prescrição penal extingue o direito material – isto é, o *ius puniendi* –, enquanto a civil, a ação que se atribui ao direito de determinada pessoa.[16] Também, o interessado – se lhe convier o exame do *meritum causae* – poderá "renunciar à prescrição civil após sua ocorrência, não tendo essa faculdade em relação à penal, que deve ser reconhecida pelo Juiz mesmo contra a vontade do beneficiário, uma vez que irrenunciável a qualquer pretexto".[17] Como assinala Damásio de Jesus, "na esfera civil, a prescrição não corre contra quem não pode agir; no campo criminal, não importa qual a razão do não exercício da pretensão punitiva ou executória, se fuga do agente, inércia da autoridade, autoria ignorada etc. O prazo prescricional, em regra, tem seguimento".[18] De posse dessas noções – sem as quais, por óbvio, não se poderia avançar na análise comparativa que agora se realiza –, passa-se, a seguir, ao instituto da prescrição no campo das relações trabalhistas.

2. Da prescrição trabalhista

A fim de se estabelecer as possíveis e eventuais linhas de aproximação entre as modalidades da prescrição penal e trabalhista, cumpre apresentar, em termos amplos, as noções da prescrição trabalhista, para, com isso, lançar, derradeiramente, as observações conclusivas.

2.1. ASPECTOS GERAIS

O direito social, do qual o direito do trabalho é disciplina jurídica integrante, suscita um debate doutrinário fundado em vertentes do pensamento ideológico. Para tanto, a relação jurídica material que lhe dá causa é composta por interesses

---

[14] PORTO, Antonio Rodrigues, 1998, p. 33.
[15] JESUS, Damásio de, p. 36.
[16] LOZANO JR., José Júlio, 2002, p. 35.
[17] LOZANO JR., José Júlio, p. 35.
[18] JESUS, Damásio de, p. 36.

e objetivos antagônicos: de um lado, o capital – cuja expressão maior é o lucro – e, de outro, o trabalho humano – cuja síntese de maior relevo é a dignidade do trabalhador.

Nunca é demais relembrar, estabelecendo os contornos da abordagem, a natureza protetiva do direito do trabalho, estruturado no reconhecimento de uma desigualdade jurídica e criando com os seus princípios e normas, novas desigualdades, estabelecendo, assim, a vinculação entre as partes em sentido material.

Ao tratarmos da prescrição extintiva do direito de ação, devemos considerar a natureza do bem jurídico tutelado (trabalho humano), pois ao longo do tempo vem a prescrição trabalhista sofrendo significativas alterações, inclusive aquelas decorrentes da atualíssima e controvertida Reforma Trabalhista (Lei 13.467, de 13 de julho de 2017).

Observada a especificidade do direito material em questão, direito do trabalho e a sua diferenciação nuclear com os conceitos patrimonialistas próprios ao direito civil, várias foram as vozes que defenderam a imprescritibilidade do direito de ação quanto às violações decorrentes do contrato de emprego, em nome da preservação da dignidade do trabalhador. Isso, por óbvio, não traçou a trajetória dinâmica da prescrição trabalhista em nosso ordenamento jurídico. Ao contrário, hoje temos a prescrição não mais como um instituto disponível àquele que pode invocá-la, mas pronunciável de ofício pelo órgão julgador.

Também a prescrição intercorrente, ou seja, o período transcorrido no processo de execução da sentença, jamais foi aceita no campo trabalhista. O fundamento que afastou a incidência da prescrição intercorrente repousa no fato de que o processo de execução de sentença, no âmbito do processo do trabalho, é impulsionado *ex officio*. Dessarte, prevista a iniciativa do Estado, não poderia o processo de execução ser alvo da prescrição liberatória de obrigações reconhecidas em sentença, haja vista a inércia atribuída à parte exequente. A prescrição intercorrente é expressamente prevista na recente Reforma Trabalhista, representando uma profunda alteração que certamente provocará significativas abordagens interpretativas, de modo especial pelo paradoxo que decorre da aplicação da lei da execução fiscal que direciona a execução trabalhista.

Verificou-se também, em sentido oposto, que a prescrição trabalhista, por força da promulgação da Constituição Federal de 1988, além de adquirir o *status* de norma constitucional, ampliou, significativamente, o período contratual para a discussão de eventuais violações. A prescrição anterior, bienal, foi preservada unicamente no tocante ao período residual, contado a partir da extinção da relação material. Ajuizada a ação no período de até dois anos após o término da relação, à parte autora possibilitada estará a discussão de direitos não atingidos pelo quinquênio que retroage à data da propositura da ação (data da distribuição). Com isso, resultou, notadamente, multiplicada a atividade jurisdicional laboral; por simples ilustração, o período contratual submetido à apreciação judicial foi acrescido em cento e cinquenta por cento.

Diante do texto constitucional, outro aspecto alterado foi o da prescrição do direito de ação quanto a eventuais parcelas contratuais dos rurícolas. Antes, não havia prescrição extintiva parcial a atingir o direito de ação; depois, em face da vigência da disciplina constitucional, preservado o prazo quinquenal para a propositura da ação, poderá incidir a prescrição parcial. Além disso, ao prever a (então) nova regra constitucional dois prazos distintos para o exercício do direito de ação pela parte, bienal e quinquenal, estabeleceu-se um debate teórico quanto à natureza jurídica de cada um deles. Muito embora inicialmente alguns autores tenham sustentado que o prazo bienal possuía natureza decadencial e o quinquenal, prescricional, a polêmica apenas foi superada com a conclusão de que ambos possuíam natureza prescricional. Entretanto, quando fluído o prazo de dois anos após a extinção do contrato, a pronúncia será da prescrição extintiva total do direito de ação da parte. Quando fluído o prazo de cinco anos, a pronúncia será da prescrição extintiva parcial do direito de ação quanto a eventuais parcelas anteriores a uma determinada data (aquela que resultar da contagem regressiva de cinco anos, tendo, como marco inicial, a data da propositura da ação).

Em seguimento, é relevante, por evidente, adensar o conceito da prescrição trabalhista.

2.2. CONCEITO

Com a alteração de paradigmas no mundo atual, algumas reflexões jurídicas parecem não mais se adequarem à ordem social caracterizada pela velocidade nas iniciativas dos indivíduos, pela intensidade das informações e, sobretudo, pela instantaneidade das comunicações. Com o resultante pragmatismo, parece um tanto inútil a adoção do conceito clássico de que a prescrição é a perda do direito de ação pela parte formal, restando incólume o direito de fundo (material). Por esse modo, questiona-se: que estranho e peculiar direito é esse que, embora preservado, quase nenhuma consequência prática trará à parte, salvo o de invocá-lo como eventual matéria de defesa?

A ciência jurídica é erigida sob a lógica de que ao Estado cabe a definição normativa dos direitos e deveres do cidadão. Diante da possível violação da norma, impor-se-á a jurisdição estatal, no pressuposto de que, ao dizer o direito no caso concreto, entregará a cada um o que é seu.

Estamos frente a uma prosaica equação civilizatória.

Em síntese, caberia à justiça dar a cada um o que é seu, com o acréscimo das sanções incidentes pela violação de direitos, observados os respectivos ramos da ciência jurídica.

Como admitir então que, circunstancialmente, muito embora violada a regra legal e postulada, em consequência, a reparação, o estado-juiz não fará justiça, permanecendo aquele que violou o direito de outrem com o bem em disputa?

Ao contrário do previsto como pressuposto, teríamos a hipótese em que o devedor permaneceria com o bônus resultante do inadimplemento, ou da violação, e o credor, com o ônus da inexigibilidade do seu crédito.

Reconhecendo o paradoxo, construiu a doutrina jurídica uma sútil distinção, ao definir que, com a fluência de determinado prazo, somada à inércia do titular do bem e, assim, detentor da legitimidade processual, o direito invocado, embora preservado, não poderá ser efetivado por meio da ação.

Releva-se, todavia, em favor da reflexão científica, a estranheza que decorre da preservação de um direito inócuo, pela ausência de efetividade.

É, pois, a prescrição trabalhista, a perda do direito subjetivo de ação pela parte que integra a relação jurídica material de trabalho, pelo decurso de um lapso temporal fixado em lei e, ainda, desde que não se verifique nenhuma das hipóteses legais para a sua interrupção, em face do outro legitimado a figurar no polo passivo da relação jurídico processual.

2.3. DA APLICAÇÃO

Tratando-se de prescrição trabalhista que atinge o direito subjetivo de ação, total ou parcialmente, por óbvio a sua aplicação incidirá na ação resultante de eventuais descumprimentos no âmbito de uma relação jurídico-material de trabalho.

Todavia, aqui, impõe-se uma primeira reflexão. No campo das relações trabalhistas, tem-se o gênero trabalho humano e a espécie, trabalho humano com vínculo empregatício, ou seja, prestado com o preenchimento dos requisitos contidos no artigo 3º da Consolidação das Leis do Trabalho.

Por outro lado, se se fala do direito de ação, do seu perecimento pela pronúncia da prescrição extintiva, deve perquirir-se acerca das possibilidades do seu emprego, haja vista as fontes normativas que fixam a competência material da Justiça Especializada do Trabalho. Ações que ativamente implicam provocação da jurisdição trabalhista.

Observando a evolução normativa, até a promulgação da Constituição Federal de 1988 tínhamos fixada a competência material da Justiça Especializada do Trabalho, sempre que a relação material submetida à apreciação versasse sobre a relação de emprego (trabalho pessoal, não eventual, oneroso e subordinado). Era ressalvada a hipótese da competência em razão da pessoa, União Federal, inclusive suas autarquias e empresas públicas, mesmo quando a controvérsia recaísse sobre emprego público, quando a competência era definida para a Justiça Federal. Na hipótese de emprego público com a União, embora a legislação aplicável fosse a da Consolidação das Leis do Trabalho, a competência era atribuída à Justiça Federal não especializada.

A Consolidação das Leis do Trabalho também estabelecia competência para uma espécie de relação jurídica que desbordava dos limites da relação de emprego. Cuidava da ação do artífice ou do pequeno empreiteiro, cujo conteúdo, obviamente, não era por direitos resultantes da aplicação da Consolidação da Legislação Trabalhista.

No caso do artífice ou pequeno empreiteiro, o liame jurídico que unia as partes era de natureza civil, motivo pelo qual a regra prescricional aplicável não era a da Consolidação da Legislação Trabalhista, mas, sim, aquela estabelecida no Código Civil.

Também a relação que decorre do trabalho doméstico provocava uma realidade processual peculiar. Com efeito, a prescrição incidente no caso da ação ajuizada em face do empregador doméstico não era a bienal trabalhista, mas, sim, aquela prevista no Código Civil.

Ocorre que o artigo 7º da Consolidação da Legislação Trabalhista estatui:

Art.7º. Os preceitos constantes da presente Consolidação, salvo quando for, em cada caso, expressamente determinado em contrário, não se aplicam:

a) aos empregados domésticos, assim considerados, de um modo geral, os que prestam serviços de natureza não econômica à pessoa ou à família, no âmbito residencial destas.

Desprezada a impropriedade legislativa – cuja concepção era de o trabalho doméstico não ser fenômeno não tipificado como econômico –, a conclusão é de que a prescrição bienal de então, prevista no artigo 11 da Consolidação da Legislação Trabalhista, com a redação anterior àquela que decorria do contido no artigo 7º, inciso XXIX, da Constituição Federal de 1988, não era inaplicável às demandas ajuizadas pelo trabalhador doméstico.

Atualmente, a jurisdição trabalhista é prestada nos limites definidos pelo artigo 114 da Constituição Federal, alterado pela Emenda Constitucional nº 45 de 2004 – além das hipóteses previstas nos seus nove incisos. A regra atual adota a relação de trabalho como parâmetro gerador da competência. Importa, por conseguinte, referir que a Constituição Federal não limita à Justiça do Trabalho as ações cujo conteúdo versa apenas da relação de emprego, como ocorria anteriormente, com a exceção acima referida. A regra é pelo conhecimento e processamento das demandas decorrentes das relações de trabalho (gênero), abrangidas as de emprego e as demais previstas em seus incisos.

Assim, como consequência, temos disciplinada a prescrição pela regra do artigo 7º, inciso XXIX, da Constituição Federal, a qual contempla, seja no *caput*, seja no inciso, as ações resultantes das relações de trabalho.

Art. 7º São direitos dos trabalhadores urbanos e rurais, além de outros que visem a melhoria de sua condição social:

...

XXIX – ação quanto aos créditos resultantes das relações de trabalho, com prazo prescricional de cinco anos para os trabalhadores urbanos e rurais, até o limite de dois anos após a extinção do contrato de trabalho;

Todavia, com a ampliação do leque das relações materiais sob a competência trabalhista, encontrarem-se demandas cuja regra legal, em termos de prescrição extintiva, não será a do artigo 7º, inciso XXIX, da Constituição Federal. Para tanto, basta verificar-se que há competência para tratar dos litígios que envolvem o direito de greve, o direito de representação categorial ou territorial entre sindicatos, federações e confederações, ações que envolvam penalidades administrativas impostas aos empregadores, a execução de ofício das contribuições sociais, entre outros.

2.4. CAUSAS DE IMPEDITIVAS, SUSPENSIVAS E INTERRUPTIVAS DA PRESCRIÇÃO.

Sendo o direito civil fonte subsidiária do direito do trabalho, admitido o seu regramento quando inexistente regra específica e, mesmo assim, afastado qualquer conflito com os seus princípios informadores, via de regra as causas tituladas são as mesmas estabelecidas pelo Código Civil.

As causas impeditivas do curso da prescrição decorrem de um estado do titular do direito que veda o início da contagem do lapso liberatório. Como exemplo, pode-se citar a incapacidade civil – tanto a permanente como a transitória.

Já as causas suspensivas da contagem do prazo prescricional são aquelas que impedem, temporariamente, o uso do direito de ação pela parte e que, uma vez afastada a causa, permite a retomada da contagem do prazo a parir do momento da suspensão. Por ilustração, indica-se a hipótese do artigo 625-f da Consolidação das Leis do Trabalho, onde a previsão é de suspensão do prazo em decorrência da provocação da Comissão de Conciliação Prévia, recomeçando a fluir, a partir da frustração da conciliação.

Ainda, como hipótese de suspensão e reflexo do procedimento penal, há a previsão do artigo 200 do Código Civil. Nele, abre-se a possibilidade de suspensão do prazo prescricional, inclusive no âmbito trabalhista, toda a vez que a ação depender de fato a ser apurado no juízo criminal. Na hipótese, não correrá prescrição até que promulgada a sentença criminal definitiva.

O direito do trabalho abrange causas que rescindem o contrato de emprego, por descumprimento faltoso de uma das partes. Essas causas, no tocante às obrigações do empregado, são apuradas e apreciadas, *in concreto*, levando-se em consideração aspectos específicos e não tipos generalizados.

Não resta dúvida que a chamada justa causa do empregado é o aspecto que mais se aproxima do direito penal. Dentre as causas, há uma que, expressamente, refere a condenação criminal do empregado. Assim, é possível que, de fato, se torne necessário o desfecho em processo criminal para a solução de um litígio caracterizado como trabalhista.

Por fim, a interrupção da prescrição tem como consequência a recontegem do prazo prescricional a partir do marco zero e com o afastamento da causa que a interrompeu.

A jurisprudência trabalhista, por meio da Súmula 268 do Tribunal Superior do Trabalho, reconhece que a ação trabalhista, mesmo arquivada, interrompe a prescrição. Importante referir que um dos efeitos da distribuição da ação, mesmo que para juízo incompetente, é o de interromper a prescrição. Ressalva-se que, no caso de ação arquivada, ou conhecida por juízo incompetente, a recontagem do prazo prescricional beneficia apenas o direito de ação quanto aos pedidos anteriormente nela formulados.

No processo do trabalho, é possível o protesto judicial interruptivo da prescrição. Os protestos são procedimentos específicos previstos no Código de Processo Civil. O procedimento em causa tem como finalidade dar ciência à parte, em face de quem seria ajuizada a reclamatória trabalhista, do impedimento momentâneo em fazê-lo, tanto que, cientificada a parte contrária, interrompida estará a prescrição.

Como há dois prazos, um bienal e outro quinquenal, ambos com natureza prescricional, a recontagem do zero dar-se-á em relação aos dois.

No caso do protesto, a peça ajuizada deverá especificar quais as violações e inadimplementos objeto da ação.

3. Considerações conclusivas

Há profunda distinção entre a prescrição penal e aquela aplicável no âmbito trabalhista; e mais especialmente quanto às suas consequências.

Embora o fenômeno relação de trabalho importe em valores de humanidade, haja vista a sua imprescindibilidade para o enfrentamento das necessidades materiais pessoais e familiares, a prescrição é, juridicamente, estruturada e aplicável com os mesmos fundamentos do direito civil. Em que pese à existência de prazos diferidos, nenhuma especificidade há em virtude das peculiaridades da relação material que comporta a subordinação e a dependência como um dos seus elementos definidores. No âmbito do direito civil, tem-se relações jurídicas tipicamente patrimoniais, enquanto que, no direito do trabalho, de conteúdo social.

A riqueza dos princípios que informam o direito do trabalho não foi suficiente para inspirar o legislador a um tratamento prescricional específico, como ocorre no âmbito do direito penal, também informado por princípios próprios. Talvez fosse o caso de o legislador – tão cioso em (às vezes açodadamente) inovar, *in malam partem*, a disciplina da prescrição penal; e o mesmo se diga de uma parcela significativa da jurisprudência, quando investe contra o sistema penal, dando uma interpretação não garantista à matéria) – preocupar-se mais com a disciplina prescritiva no campo trabalhista, trazendo, por óbvio, mais vinculação (e, com isso, mais adequação) aos seus princípios informadores, em nítida preocupação para com aqueles que se encontram submetidos às relações produtivas no polo passivo. Até porque se vive uma atmosfera de retrocesso, de recuo das garantias; e o papel do campo democrático, hoje, é o de resistência, para, depois, avançar na ampliação dos direitos. Como disse o poeta W. H. Auden, "para novas derrotas devemos ir, para outras dores, e mais duras, para que enfim se derrote a dor".

Referências

BARROS, Alice Monteiro de. *Curso de direito do trabalho*. 4ª ed. São Paulo; LTr, 2008.

BARROS, Flávio Augusto Monteiro de. *Direito penal*: parte geral. 9ª ed. São Paulo: Saraiva, 2011.

BETTIOL, Giuseppe. *Direito penal*. V. III. Tradução brasileira e notas do Professor Paulo José da Costa Júnior e do Magistrado Alberto Silva Franco. São Paulo: RT, 1976.

CAMINO, Carmen. *Direito individual do trabalho*. 4ª ed. Proto Alegre. Síntese 2004.

DELGADO, Maurício Godinho. *Curso de direito do trabalho*. 7º ed. São Paulo. LTr, 2008.

FARIA COSTA, José Francisco de. "O direito penal e o tempo (algumas reflexões dentro do nosso tempo e em redor da prescrição)". In *Boletim da Faculdade de Direito da Universidade de Coimbra*. Volume Comemorativo do 75º Tomo do Boletim da Faculdade de Direito. Coimbra: Coimbra, 2003.

FIANDACA, Giovanni; MUSCO, Enzo. *Diritto penale*: parte generale. 5ª ed. Bologna: Zanichelli, 2011.

FIGUEIREDO DIAS, Jorge de. *Direito penal português*. As consequências jurídicas do crime. Lisboa: Aequitas, 1993.

JESUS, Damásio de. *Prescrição penal*. 20ª ed. São Paulo: Saraiva, 2012.

LOZANO JR., José Júlio. *Prescrição penal*. São Paulo: Saraiva, 2002.

MACHADO, Fábio Guedes de Paula. *Prescrição penal*: prescrição funcionalista. São Paulo: Revista dos Tribunais, 2000.

PAGLIARO, Antonio. *Principi di diritto penale*: parte generale. Seconda edizione. Milano: Dott. A. Giuffrè, 1980.

MARTINS, Sérgio Pinto. *Direito do trabalho*. 23º ed. São Paulo. Atlas, 2007.

PORTO, Antonio Rodrigues. *Da prescrição penal*. 5ª ed. São Paulo: RT, 1998.

QUEIROZ, Paulo. *Curso de direito penal*: parte geral [v. 1]. 11ª ed. Salvador: *JusPodivm*, 2015.

QUINTERO OLIVARES, Gonzalo. *Parte general del derecho penal*. Con la colaboración de Fermín Morales Prats. 2ª ed. Navarra: Aranzadi, 2007.

VELÁSQUEZ, Fernando. *Derecho penal*: parte general. 4ª ed. Bogotá: Comlibros, 2009.

Apêndice A

Parecer: da possibilidade de efeito infringente em recurso de embargos declaratórios – artigo 382 do Código de Processo Penal – para o reconhecimento da prescrição da pretensão punitiva retroativamente operada pela pena concretizada na sentença condenatória.

Em face da r. sentença que, por ocasião da entrega da prestação jurisdicional penal, houve por adequado reconhecer a procedência da tese acusatória (e, com isso, condenar o ora embargante A.B.S. à pena de 2 anos e 6 meses de reclusão), apressou-se, irreparavelmente, o douto causídico, Dr. Alexsandro da Silva Linck, a opor embargos de declaração, com esteio no artigo 382 do Código de Processo Penal, a fim de sanar ambiguidade, contradição e omissão do *decisum*, nos seguintes termos:

"I – Da ambiguidade

Na terceira lauda da sentença prolatada consta que "entre o recebimento da denúncia em 10/04/2012 (fl. 41) e a data de hoje 02/05/2017, já transcorreram 04 anos, 07 meses e 05 dias..."

Dessa forma, considerando o exposto na sentença e as datas referidas, faz-se imperioso que o juízo declare a sentença para sanar a eventual ambiguidade quanto ao total de anos transcorridos.

II – Da contradição

Na décima quinta lauda da sentença proferida, consta:

Portanto, muito embora as alegações da Defesa, restou clara a agressão física perpetrada pelo acusado contra a vítima, a qual restou incapacitada para suas ocupações habituais por mais de trinta dias, de forma que se tem como evidenciada lesão corporal de natureza grave, **nos termos do disposto no artigo 129, § 1º, inciso I, do Código Penal.**

Na décima sexta lauda da decisão, no ponto sobre a fixação da pena-base, consta:

Desta forma, atenta às operadoras do artigo 59 do Código Penal, acima analisadas, bem como aos critérios de necessidade e suficiência para a prevenção e reprovação do crime, **fixo a pena-base em DOIS (02) ANOS de RECLUSÃO, ante a inexistência de justificativa para fixação acima do mínimo cominado.**

Portanto, considerando o exposto na sentença e a pena estabelecida no Código Penal para o delito em questão, faz-se imperioso que o juízo declare a sentença para sanar a contradição quanto a pena-base fixada, uma vez que, aparentemente, o mínimo legal utilizado foi o do previsto no parágrafo 2º e não o do parágrafo 1º do tipo penal imputado ao réu.

Diante do exposto, requer-se o conhecimento dos embargos para declarar a sentença nos pontos indicados antes."

Em virtude desse quadro fático, questiona-se-nos o ilustre Advogado se poderia o Magistrado, agora, em sede de embargos declaratórios, ao reconhecer o eventual equívoco material, declarar extinta a punibilidade pela prescrição da pretensão punitiva retroativamente operada pela sentença concretizada – nos exatos termos aventados –, considerando-se, ainda, não ter o Ministério Público interposto o recurso de apelação.

Quer-nos parecer que, apesar de haver a impossibilidade sistêmica de modificação de conteúdo de provimento por meio dos embargos de declaração e, sobretudo, a impossibilidade de apreciação de questões de mérito quando da apreciação desse recurso, torna-se, possível, em caráter excepcional, até mesmo em razão do princípio da economia processual, possa ser reconhecida a prescrição punitiva quando da apreciação do recurso de embargos declaratórios; aliás, o excelso Supremo Tribunal Federal (Inq. 1.769 ED/DF, Rel. Min. Carlos Velloso, 31.8.2005) já decidiu nesse sentido.[1]

Por outro lado, se houve erro na fixação do apenamento, os embargos de declaração podem, excepcionalmente, apresentar efeito modificativo, *id est*, caráter infringente, desde que a alteração do *decisum* embargado "decorra da correção da ambiguidade, obscuridade, contradição ou omissão (STJ, Resp 152.606, 6ª Turma, DJU 29.11.99, p. 211 – acórdão em matéria cível)".[2]

Com efeito, a atribuição de efeitos infringentes a embargos de declaração se reveste de caráter excepcional, sendo admissível, tão somente, nos casos em que, sanado o defeito sentencial, a modificação do julgado deflua como *id quod plerumque accidit* da correção efetuada.[3]

Isso posto, temos que, verdadeiramente, na hipótese de haver imperfeições, a nova decisão pode, de maneira excepcional, alterar a anterior, inovando, abrangentemente, ao ponto de poder dizer mais que esta; assim, o provimento dos embargos pode, sim, ensejar o aparecimento do efeito infringente, modificando o primeiro julgado, *maxime* quando se tratar, como *in casu*, de decisão que declarará a extinção da punibilidade em decorrência da prescrição penal, matéria de direito público (conforme dispõe o artigo 61, *caput*, do Código de Processo Penal), cuja natureza impõe seja reconhecida a qualquer tempo e por meio de qualquer via recursal, até mesmo *ex officio*.[4]

Esse é o nosso parecer, s.m.j.
Porto Alegre, 25 de maio de 2017.

Ney Fayet Júnior   Draiton Gonzaga de Souza
OAB/RS 25.581   OAB/RS 89.511

---

[1] CHOUKR, Fauzi Hassan. *Código de Processo Penal*: comentários consolidados e crítica jurisprudencial. 6ª ed. São Paulo: Saraiva, 2014, p. 1150.

[2] JESUS, Damásio de. *Código de Processo Penal anotado*. 26ª ed. São Paulo: Saraiva, 2014, p. 340.

[3] MARCÃO, Renato. *Código de Processo Penal comentado*. São Paulo: Saraiva, 2016, p. 1318.

[4] "EMBARGOS DE DECLARAÇÃO NO AGRAVO REGIMENTAL NO RECURSO ESPECIAL. OMISSÃO NÃO CONFIGURADA. EMBARGOS REJEITADOS. DECLARAÇÃO, DE OFÍCIO, DA EXTINÇÃO DA PUNIBILIDADE PELA OCORRÊNCIA DA PRESCRIÇÃO DA PRETENSÃO PUNITIVA ESTATAL. ART. 114, I, DO CP. LAPSO PRESCRICIONAL VERIFICADO. 1. Os embargos de declaração destinam-se a suprir omissão, afastar obscuridade ou eliminar contradição eventualmente existentes no julgado. No caso, não se verificam tais hipóteses. 2. Observando-se o que estabelece o art. 79 da Lei de Crimes Ambientais, que prevê a aplicação subsidiária do CP, e sendo certo que a ação penal de que trata esse recurso responsabilizou apenas a pessoa jurídica ora Recorrente pela prática de crime ambiental, condenando-a a pena de prestação de serviços à comunidade, consistente na contribuição, no valor de R$ 30.000,00 (trinta mil reais), à entidade ambiental legalmente credenciada (fls.), incide subsidiariamente, na falta de previsão específica, o disposto no art. 114, I, do CP, segundo o qual 'a prescrição da pena de multa ocorrerá em dois anos, quando a multa for a única cominada ou aplicada.' 3. Isso porque a multa, assim como a prestação de serviços à comunidade são penas não privativas de liberdade, o que justificaria a aplicação do mesmo prazo prescricional excepcionalmente nessa hipótese. 4. Transcorrido o lapso prescricional superior a dois anos, contados entre a data do recebimento da denúncia 24/6/2002 (fl. 84) e a publicação do édito condenatório 03/6/2008 (fl.), verifica-se a extinção da punibilidade estatal quanto ao crime imputado ao Recorrente. 5. Embargos de declaração rejeitados. Declarada, de ofício, a extinção da punibilidade estatal, em face da prescrição da pretensão punitiva" (EDcl no AgRg no REsp 1230099/AM, Relª. Ministra LAURITA VAZ, 5ª T., j. 20/8/13, DJe 27/8/13).

Apêndice B

Liberté • Égalité • Fraternité
RÉPUBLIQUE FRANÇAISE

MINISTÈRE DE LA JUSTICE

DIRECTION DES AFFAIRES CRIMINELLES ET DES GRACES
SOUS-DIRECTION DE LA NEGOCIATION ET DE LA LEGISLATION PENALES

Bureau de la législation pénale générale

Paris le 28 février 2017
Date d'application: le 1er mars 2017

Le garde des sceaux, ministre de la justice

à

POUR ATTRIBUTION

Mesdames et Messieurs les procureurs généraux près les cours d'appel
Monsieur le procureur de la République près le tribunal supérieur d'appel
Mesdames et Messieurs les procureurs de la République
près les tribunaux de grande instance
Madame la procureure de la République financier près le
tribunal le grande instance de Paris

POUR INFORMATION

Mesdames et Messieurs les premiers présidents des cours d'appel
Monsieur le président du tribunal supérieur d'appel
Mesdames et Messieurs les présidents des tribunaux de grande instance
Monsieur le membre national d'Enrojust pour la France

N° Nor :   JUSD 1706599 C

N° Circulaire : CRIM/2017-4/H2-28.02.2017

Référence :   CRIM BLPG 2016-0033

Titre: circulaire présentant les dispositions de la loi n° 2017-242 du 27 février 2017 portant réforme de la prescription en matière pénale

Publication: la présente circulaire sera publiée au Bulletin Officiel et sur l'Intranet justice

Annexes :   tableaux comparatifs; tableaux synthétiques; formulaire d'infonnation de la victime

PLAN

1. Modifications apportées au régime de droit commun de la prescription
    1.1. Prescription de l'action publique
        1.1.1. Allongement des délais de prescription
        1.1.2. Consécration des règles jurisprudentielles relatives au point de départ, à la suspension et à l'interruption du délai de prescription
            a) Reporl du point de départ de la prescription pour toute infraction occulte ou dissimulée, sous réserve d'un délai butoir de prescription
            b) Suspension de la prescription en cas d'obstacle de droit ou de fait
            c) Causes et effets de l'interruption de la prescription
    1.2. Prescription de la peine

2. Maintien, sauf exception, dcs régimes dérogatoires de prescription
    2.1. Régimes dérogatoires inchangés
        2.1.1. Prescription de l'action publique
            a) Règles fondées sur la nature de l'infraction
            b) Règles fondées sur la minorité de la victime
        2.1.2. Prescription de la peine
            a) En matière criminelle
            b) En matière délictuelle
    2.2. Régimes dérogatoires modifiés
        2.2.1. Suppression du régime dérogtiioire de prescription de l'action publique pour les infractions commises au préjudice de personnes vulnérables
        2.2.2. Suppression du régime dérogatoire de prescription de l'action publique pour le délit de discrédit jeté sur une décision de justice

3. Application dans le temps des nouvelles dispositions
    3.1. Dispositions allongeant la durée des prescriptions
    3.2. Dispositions relatives aux infractions occultes ou dissimulées
    3.3. Incidence en matière de réhabilitation

La loi n° 2017-242 du 27 février 2017 portant réforme de la prescription en matière pénale est issue d'une proposition de loi déposée par les députés Alain Tourret et Georges Fenech dans le prolongement d'une mission d'information conduite en 2015 au nom de la commission des lois de l'Assemblée, dont les travaux se sont appuyés sur une précédente mission d'information conduite au Sénat en 2007 sur le même sujet.

Ce texte, adopté de façon consensuelle par l'Assemblée nationale et le Sénat[1] a été publié au *Journal Officiel* du 28 février 2017, et entre donc en vigueur le 1er mars 2017.

Cette loi a pour objectif d'assurer un meilleur équilibre entre l'exigence de répression des infractions et l'impératif de sécurité juridique et de conservation des preuves, principalement en allongeant les délais de prescription de l'action publique en matière criminelle et correctionnelle, tout en unifiant ces délais avec ceux de la prescription de la peine, et en consacrant, précisant et encadrant les règles jurisprudentielles relatives aux causes d'interruption et de suspension de la prescription.

Par ailleurs, sur la forme, afin d'améliorer l'accessibilité et la lisibilité des règles relatives à la prescription, cette loi rassemble les principales dispositions concernant la prescription de l'action publique au sein des articles 7 à 9-3 du code de procédure pénale, et celles concernant la prescription de la peine au sein des articles 133-2 à 133-4-1 du code pénal, y compris celles concernant des délais dérogatoires qui figuraient dans divers articles du code de procédure pénale et du code pénal, qui sont abrogés par coordination.

La présente circulaire présente tout d'abord les modifications apportées au régime de droit commun de la prescription (1), avant d'examiner les régimes dérogatoires qui, sauf exception, ont été maintenus (2), puis de préciser les modalités d'application dans le temps de la réforme (3).

Ces différentes règles sont récapitulées dans les tableaux figurant en annexe 2.

1. Modifications apportées au régime de droit commun de la prescription

La loi modifie les délais de prescription de droit commun de l'action publique (1.1.) et, dans une moindre mesure, de la peine (1.2.).

1.1. Prescription de l'action publique

Tout en consacrant les règles jurisprudentielles relatives au point de départ, à la suspension et à l'interruption du délai de prescription (1.1.2.), la loi allonge les délais de prescription (1.1.1.).

---

[1] A l'exception d'un seul point, concernant la prescription des délits de presse commis exclusivement sur internet, que le Sénat voulait porter de 3 mois à un an et que l'Assemblée nationale, qui a eu le dernier mot, n'a pas souhaité modifier.

1.1.1. Allongement des délais de prescription

Dans l'intérêt des victimes et afin de tenir compte des nouvelles méthodes et techniques d'investigation, de recueil et de conservation des preuves, la loi a doublé les délais de prescription de droit commun en matière criminelle et délictuelle, tout en maintenant leur point de départ au jour de la commission de l'infraction.

Ainsi, l'alinéa 1er de l'article 7 du code de procédure pénale fixe désormais à vingt ans, au lieu de dix ans, le délai de prescription de l'action publique en matière criminelle.

L'alinéa 1er de l'article 8 fixe à six ans, au lieu de trois ans, le délai de prescription de l'action publique en matière délictuelle.

Le délai de prescription d'un an en matière contraventionnelle est en revanche maintenu à l'article 9 du code de procédure pénale.

L'article 351 du code des douanes a par ailleurs été modifié afin de porter également, par renvoi aux règles du droit commun, à six ans la prescription des délits douaniers (1er alinéa de l'article), tout en maintenant à trois ans la prescription des contraventions douanières (2ème alinéa de l'article).

1.1.2. Consécration des règles jurisprudentielles relatives au point de départ, à la suspension et à l'interruption du délai de prescription

a) Report du point de départ de la prescription pour toute infraction occulte ou dissimulée, sous réserve d'un délai butoir de prescription

Consécration et généralisation de la jurisprudence

Le législateur a consacré la jurisprudence prévoyant, pour certains délits occultes et dissimulés, le report du point de départ du délai de prescription de l'action publique au jour de leur découverte, et il l'a rendue applicable à l'ensemble des infractions.

Le Parlement a estimé que cette jurisprudence était justifiée sur le fond, car elle était apparue utile aux juges et nécessaire à la répression des infractions ainsi qu'à la poursuite de leurs auteurs, et qu'il n'était pas souhaitable de la remettre en cause, ce qui aurait encouragé la délinquance opaque et habile et entravé la répression des infractions les plus « astucieuses ».

Ainsi, le troisième alinéa du nouvel article 9-1 du code de procédure pénale prévoit désormais que le délai de prescription des infractions occultes ou dissimulées court à compter du jour où ces infractions sont apparues et ont pu être constatées « dans des conditions permettant la mise en mouvement ou l'exercice de l'action publique », ce qui reprend les expressions utilisées par la Cour de cassation.

Les quatrième et cinquième alinéas de l'article 9-1 définissent les notions d'infraction occulte ou dissimulée, en s'inspirant très directement de la jurisprudence.

Ainsi, est occulte l'infraction qui, en raison de ses éléments constitutifs, ne peut être connue ni de la victime ni de l'autorité judiciaire.

Est dissimulée l'infraction dont l'auteur accomplit délibérément toute manoeuvre caractérisée tendant à en empêcher la découverte.

Il peut évidemment arriver qu'une infraction soit à la fois occulte et dissimulée.

Les travaux parlementaires ont permis de recenser les exemples suivants d'infractions occultes ou dissimulées, à partir de la jurisprudence existante :

REPORT DU POINT DE DÉPART DU DÉLAI DE PRESCRIPTION DE L'ACTION PUBLIQUE POUR CERTAINES INFRACTIONS OCCULTES PAR NATURE ET DISSIMULÉES (EXEMPLES) (extrait du rapport n° 3540 du 2 mars 2016 de la commission des lois de l'Assemblée nationale)

Infractions	Arrêts
Irfractions occultes par nature	
Délit d'abus de confiance	Cass. crim., 11 février 1981, n° 80- 92.059 ; 8 février 2006, n° 05-80.301
(...)	
Délit de publicité trompeuse	Cass. crim., 22 mai 2002, n° 01–85.763
Délits de simulation et de dissimulation d'enfant	Cass. crim., 23 juin 2004, n° 03-82.371 d'enfant
Délit de malversation	Cass. crim., 9 février 2005, n° 03-85.508
Délit de tromperie	Cass. crim., 7 juillet 2005, n° 05-81.119
Infractions dissimulées	
(...)	
Délit de trafic d'influence	Cass. crim., 19 mars 2008, n° 07-82.124
(...)	
(...)	
Délit de participation frauduleuse à une entente prohibée	Cass. crim., 20 février 2008, n° 02-82.676 entente et 07-82.11 O
Délit de prise illégale d'intérêts	Cass. cnm., 16 décembre 2014, n° 14-82.939

Comme indiqué plus haut, les nouvelles dispositions de l'article 9-1 sont applicables à l'ensemble des infractions, qu'il s'agisse d'une contravention, d'un délit ou d'un crime. Elles s'appliquent donc désormais dans toutes les hypothèses, y compris celles dans lesquelles, par le passé, la Cour de cassation avait refusé de différer le point de départ de la prescription, comme par exemple pour les délits de faux ou de violation de secret professionnel[2].

La notion d'infraction dissimulée aura vocation, si les conditions de la dissimulation telle que définie par la loi sont remplies, à être utilisée pour de nombreuses infractions autres que celles ayant déjà donné lieu à une jurisprudence reportant le point de départ du délai.

Celle d'infraction occulte, qui s'applique à une infraction en raison de sa nature, sera nécessairement cantonnée à certains crimes ou délits, même si la jurisprudence pourra être conduite à étendre les cas existants.

Institution de délais butoirs

En contrepartie de la généralisation de la jurisprudence sur les infractions occultes ou dissimulées, le Parlement, estimant nécessaire, à l'initiative du Sénat, d'éviter l'imprescriptibilité de fait de ces infractions, a encadré le report du point de départ de la prescription par des délais butoirs de prescription.

Ces délais butoirs courent à compter de la commission de l'infraction.

Ainsi, le délai de prescription des infractions occultes ou dissimulées ne peut pas dépasser trente ans en matière criminelle et douze ans en matière délictuelle.

Il résulte de ces délais butoirs que si, avant l'expiration d'un délai de douze ou trente ans à compter de sa commission, un délit ou un crime occulte ou dissimulé n'a pas été découvert et n'a pas fait l'objet d'un acte interruptif de prescription, ces faits seront définitivement prescrits et ne pourront plus donner lieu à poursuite. Si un acte interruptif est intervenu avant l'expiration de ces délais butoirs, s'appliquent alors les nouveaux délais de prescription de droit commun de 6 ans et de 20 ans.

Il découle logiquement de la création de ces délais butoirs que les dispositions de l'article 9-1 généralisant le point de départ différé de la prescription sont sans aucune portée pour les délits soumis à une prescription dérogatoire de vingt ans et pour les crimes soumis à une prescription dérogatoire de trente ans.

b) Suspension de la prescription en cas d'obstacle de droit ou defait

La loi consacre les règles jurisprudentielles relatives à la suspension du délai de prescription de l'action publique.

Aux teimes du nouvel article 9-3 du code de procédure pénale, « tout obstacle de droit, prévu par la loi » ou « tout obstacle de fait insurmontable et assimilable à la force majeure », qui rend impossible la mise en mouvement de l'action publique, suspend désormais la prescription.

---

[2] Crim. 19 mai 2004, 03-82.329, Inédit; Crim., 8 nov. 2005, Bull. n° 284.

Ces dispositions ont été clairement présentées lors des débats parlementaires comme la reconnaissance des jurisprudences existantes, et n'ont donc pas vocation à modifier le droit actuel.

Constituent notamment des obstacles de droit, parce que résultant de la loi elle-même (même si la loi n'indique pas toujours de façon expresse qu'ils suspendent l'action publique), l'impossibilité pour la victime de saisir elle-même la juridiction competente[3], l'obstacle statutaire[4], le recueil préalable d'un avis conditionnant la mise en œuvre de l'action publique[5], la consultation d'une autorité administrative[6], la mise en œuvre d'une mesure alternative aux poursuites[7], le pourvoi en cassation en matière d'infractions de presse[8], l'exception préjudicielle[9].

La consécration du principe de la suspension en cas d'obstacle de droit dans l'article 9-3 a conduit le législateur à supprimer par cohérence les dispositions, désormais inutiles, de l'article 85 relatif à la plainte avec constitution de partie civile qui disposaient que la prescription de l'action publique était suspendue, au profit de la victime, du dépôt de la plainte jusqu'à la réponse du procureur de la République ou, au plus tard, une fois écoulé le délai de trois mois.

En ce qui concerne la suspension résultant d'un obstacle de fait insurmontable et assimilable à la force majeure, les débats parlementaires rappellent notamment l'hypothèse de l'invasion du territoire par une armée ennemie et les cas de catastrophe naturelle (inondation, tremblement de terre, etc.), en indiquant que la jurisprudence exige que les faits invoqués soient constitutifs de force majeure ou d'une circonstance insurmontable rendant impossible les poursuites et que le ministère public ou la partie civile n'aient pas, par leur comportement, créé cet obstacle ou conduit à la paralysie de la procédure. Est également cité l'arrêt du 7 novembre 2014 de l'assemblée plénière de la Cour de cassation dans l'affaire dite de « l'octuple infanticide » ayant jugé que les circonstances de commission de ces crimes caractérisaient un obstacle insurmontable à l'exercice des poursuites de nature à suspendre la prescription jusqu'à la découverte des cadavres.

e) Causes et effets de l'interruption de la prescription

La loi précise la définition et la portée des motifs d'interruption de la prescription, en reprenant une nouvelle fois les principes dégagés par la jurisprudence.

Liste et effets des actes interruptifs

---

[3] Cass. Assemblée Plénière 23 décembre 1999, Bull. n°9.

[4] Par exemple, pour la poursuite du Président de la République conformément à l'article 67 de la Constitution

[5] Notamment en matière fiscale sur le fondement de l'article L. 230 du livre des procédures fiscales.

[6] Telle que l'Autorité de la concurrence saisie par une juridiction pénale sur des pratiques anticoncurrentielles conformément à l'article L. 462-3 du code de commerce.

[7] Article 41-1 du code de procédure pénale.

[8] Crim. 19 avril 1983, Bull. n°l 11.

[9] Crim. 28 mars 2000, Bull. n°139.e) Causes el effets de l'interruption de la prescription

Aux termes des 1° à 4° du nouvel article 9-2 du code de procédure pénale, sont ainsi interruptifs de la prescription, et font courir un délai de prescription d'une durée égale au délai initial :

> 1° tout acte émanant du ministère public ou de la partie civile tendant à la mise en mouvement de l'action publique, prévu aux articles 80, 82, 87, 88, 388, 531, 532 du code de procédure pénale, soit tout réquisitoire introductif ou supplétif, toute plainte avec constitution de partie civile, tout acte de saisine du tribunal correctionnel, du tribunal de police ou de la juridiction de proximité, ainsi qu'à l'article 65 de la loi du 29 juillet 1881 sur la liberté de la presse, soit les réquisitions aux fins d'enquête portant sur des infractions de presse;
>
> 2° tout acte d'enquête émanant du ministère public, tout procès-verbal dressé par un officier de police judiciaire ou par un agent habilité exerçant des pouvoirs de police judiciaire tendant effectivement à la recherche et à la poursuite des auteurs d'une infraction[10];
>
> 3° tout acte d'instruction accompli par un juge d'instruction, une chambre de l'instruction ou des magistrais et officiers de police judiciaire par eux délégués tendant effectivement à la recherche et à la poursuite des auteurs d'une infraction;
>
> 4° tout jugement ou arrêt, même non définitif, s'il n'est pas entaché de nullité.

Dans le prolongement de la jurisprudence, le dernier alinéa du nouvel article 9-2 du code de procédure pénale prévoit que l'effet interruptif de la prescription s'étend aux infractions connexes[11] ainsi qu'aux auteurs ou complices non visés par l'un de ces actes[12]. Ainsi, l'acte, le jugement ou l'arrêt portant sur une infraction a le même effet interruptif de prescription à l'égard des infractions qui lui sont connexes. De même, l'acte, le jugement ou l'arrêt interrompt la prescription à l'égard de tous les auteurs, coauteurs et complices de l'infraction, même s'ils ne sont pas personnellement impliqués dans l'acte ou la décision.

Caractère non interruptif d'une plainte simple et information de la victime

Il peut être observé que l'article 9-2 ne prévoit pas qu'une simple plainte adressée par la victime à un service d'enquête ou au procureur de la République puisse constituer un acte interruptif de prescription, le Sénat s'étant opposé à cette extension qui avait été envisagée par l'Assemblée nationale.

En contrepartie, le législateur a renforcé l'information dont bénéficie la victime au stade du dépôt de plainte. À cet effet, l'article 15-3 du code de procédure pénale a été complété afin de préciser que le récépissé remis lors du dépôt de plainte ferait mention des « délais de prescription de l'action publique définis aux articles 7 à 9 [du même code] » et informerait la personne de sa possibilité d'interrompre le délai de prescription par le dépôt d'une plainte avec constitution de partie civile. En pratique, cette information obligatoire

---

[10] Les procès-verbaux dressés par les agents de police judiciaire, et les agents adjoints, de police judiciaire sont interruptifs de prescription, ceux-ci entrant dans la catégorie d' « agent habilité exerçant des pouvoirs de police judiciaire », quine vise pas que les fonctionnaires et agents relevant des articles 22 à 29-1 du code de procédure pénale.

[11] Crim. 28 octobre 1992, Bull. n°350.

[12] Crim. 11 juillet 1972, Bull. n°235.

pourra être réalisée dans un document annexe à la plainte et au récépissé, conformément au modèle figurant en annexe[13]. Cette information n'est évidemment pas prescrite à peine de nullité, et son non-respect n'emportera aucune conséquence sur l'écoulement des délais de prescription[14].

1.2. Prescription de la peine

La loi augmente uniquement le délai de prescription de droit commun de la peine en matière délictuelle, en le portant de cinq à six ans aux termes de l'article 133-3 du code pénal.

Sont maintenus les délais de prescription de vingt ans en matière criminelle et de trois ans en matière contraventionnelle prévus par les articles 133-2 et 133-4 du code pénal.

L'objectif du législateur a en effet été, hors le cas des contraventions, d'aligner les délais de prescription de l'action publique et de la peine.

De même, la loi ne modifie pas les causes d'interruption de la prescription de la peine, le nouvel article 133-4-1 du code pénal n'opérant qu'un renvoi aux « acles ou décisions du ministère public, des juridictions de l'application des peines, et pour les peines d'amende ou de confiscation relevant de leur compétence, du Trésor ou de l'Agence de gestion et de recouvrement des avoirs saisis et confisqués, qui tendent à son exécution » mentionnés à l'article 707-1 du code de procédure pénale.

2. Maintien, sauf exception, des régimes dérogatoires de prescription

La loi maintient les régimes dérogatoires de prescription (2.1), sauf exception (2.2).

2.1. Régimes dérogatoires inchangés

La plupart des régimes dérogatoires de l'action publique (2.1.1.) et de la peine (2.1.2.) restent inchangés.

2.1.1. Prescription de l'action publique

Les régimes dérogatoires de prescription de l'action publique ne sont pas modifiés, qu'ils soient liés à la nature de l'infraction (a) ou à la minorité de la victime (b).

---

[13] Ces mentions pourront à tenne figurer dans Je document d'information remis aux victimes en application des articles 10-2 et suivants du code de procédure pénale.

[14] D'autant que ces dispositions ne remettent pas en cause le fait que la réception par *procés-verbal* de la plainte de la victime intervenue en application de l'article 15-3 constitue un acte interruptif de prescription, conformément au 2° de l'article 9-2.

a) Règles fondées sur la nature de l'infraction

Les principales règles dérogatoires sont désormais prévues, en matière criminelle à l'article 7 alinéas 2 et 3 du code de procédure pénale, et en matière délictuelle à l'article 8 alinéa 4.

La loi maintient l'imprescriptibilité des seuls crimes contre l'humanité, comme le prévoyait l'article 213-5 du code pénal désormais abrogé.

De même, le délai dérogatoire de trente ans de prescription à compter de la commission de l'infraction demeure inchangé pour les crimes contre l'espèce humaine (articles 214-1 à 214-4 du CP), le crime de disparition forcée (article 221-12 du CP), les crimes terroristes (article 706-16 du CPP), les crimes de trafic de stupéfiants (article 706-26 du CPP), les crimes de guerre (Livre IV Bis du CP) et les crimes relatifs à la prolifération d'armes de destruction massive (article 706-167 du CPP), comme le prévoyaient les articles 215-4, 221-18, 462-10 du code pénal et 706-25-1, 706-31 (alinéa 1er) et 706-175 du code de procédure pénale, également abrogés par coordination.

De même, le délai dérogatoire de vingt ans à compter de la commission de l'infraction n'est pas modifié pour :

- les délits de trafic de stupéfiants mentionnés à l'article 706-26 du code de procédure pénale;
- les délits terroristes mentionnés à l'article 706-16 du code de procédure pénale, à l'exclusion des infractions de provocation ou d'apologie de terrorisme ou de consultation de sites terroristes prévues aux articles 421-2-5 à 421-2-5-2 du code pénal;
- les délits relatifs à la prolifération d'armes de destruction massive prévus par l'article 706-167 du code de procédure pénale, lorsqu'ils sont punis de dix ans d'emprisonnement ;
- les délits de guerre (Livre IV bis du code pénal).

Enfin, les prescriptions prévues par d'autres codes que le code pénal ou le code de procédure pénale, comme le code électoral, ou par des lois spéciales, comme la loi du 29 juillet 1881 relative à la liberté de la presse, ont également été maintenues, et restent prévues par ces textes spéciaux.

b) Règles fondées sur la minorité de la victime

Les règles spécifiques aux mineurs victimes sont désormais prévues aux articles 8 alinéas 2 et 3 et 9-1 du code de procédure pénale.

Le report du point de départ de la prescription à la majorité de la victime reste applicable aux crimes:

- de violences aggravées ayant entraîné une mutilation ou une infirmité permanente (article 222-10 du code pénal);
- de clonage humain lorsqu'il a conduit à la naissance d'un enfant (article 214-2 du code pénal);
- et de meurtre ou d'assassinat aggravé, de torture ou d'acte de barbarie, de viol, de traite des êtres humains et de proxénétisme mentionnés à l'article 706-47 du code de procédure pénale.

En outre, le délai dérogatoire de dix ans à compter de la majorité de la victime s'applique toujours aux délits mentionnés à l'article 706-47 du code de procédure pénale, que sont les délits d'agressions sexuelles, d'atteintes sexuelles, de traite des êtres humains, de proxénétisme, de recours à la prostitution d'un mineur, d'incitation à se soumettre à une mutilation sexuelle, de corruption de mineur, de proposition sexuelle à mineur de quinze ans via un moyen de communication électronique, de fabrication, transport, diffusion ou commerce d'un message à caractère violent ou pornographique, ainsi que les infractions liées aux images et sites pédopornographiques.

Lorsque la victime est un mineur de moins de quinze ans, la prescription demeure de vingt ans à compter de la majorité de la victime, pour les délits d'agressions sexuelles (article 222-29-1 du CP) et d'atteintes sexuelles aggravées (article 227-26 du CP).

Ce délai dérogatoire de vingt ans à compter de la majorité de la victime reste également applicable au délit de violences aggravées ayant entraîné une incapacité supérieure à huit jours prévu par l'article 222-12 du CP.

2.1.2. Prescription de la peine

a) En matière criminelle

La loi maintient l'imprescriptibilité des seuls crimes centre l'humanité, désormais prévue à l'article 133-2 alinéa 3 du code pénal.

De même, le délai dérogatoire de trente ans de prescription à compter du caractère définitif de la décision de condamnation, désormais prévu à l'article 133-2 alinéa 2, reste inchangé pour les crimes contre l'espèce humaine (articles 214-1 à 214-4 du CP), le crime de disparition forcée (article 221-12 du CP), les crimes à caractère terroriste (article 706-16 du CPP), les infractions criminelles à la législation sur les produits stupéfiants (article 706-26 du CPP), les crimes de guerre (Livre IV bis du CP) et les crimes relatifs à la prolifération d'armes de destruction massive (article 706-167 du CPP).

b) En matière délictuelle

Le délai dérogatoire de vingt ans à compter du caractère définitif de la décision de condamnation, désormais prévu à l'article 133-3 alinéa 2 du code pénal, demeure applicable aux délits relatifs à la législation sur les produits stupéfiants, aux délits de guerre, aux délits relatifs à la prolifération d'armes de destruction massive lorsqu'ils sont punis de dix ans d'emprisonnement, et aux délits à caractère terroriste.

Il convient toutefois d'observer que le législateur a omis d'exclure de cette prescription de 20 ans les délits de provocation ou d'apologie du terrorisme ou de consultation habituelle de site terroristes, comme le faisait le dernier alinéa de l'article 706-25-1 du CPP.

2.2. Régimes dérogatoires modifiés

Outre la suppression de l'exception à la prescription de la peine de 20 ans pour certains délits terroristes (supra, 2.1.2 b), le législateur a supprimé deux régimes dérogatoires.

2.2.1. Suppression du régime dérogatoire de prescription de l'action publique pour les infractions commises au préjudice de personnes vulnérables

La loi supprime le report du point de départ du délai de prescription de l'action publique pour certaines infractions commises au préjudice de personnes vulnérables au jour où elles « *apparai[ssaien]t à la vtctime dans des conditions permettant l'exercice de l'action publique* »[15].

Le critère sur lequel reposait ce point de départ différé est en effet apparu au législateur comme étant trop subjectif et imprécis.

Dès lors, toutes les infractions commises au préjudice de personnes vulnérables sont désormais soumises au régime de prescription de droit commun, y compris donc aux dispositions générales relatives aux infractions occultes ou dissimulées et à la suspension en raison d'un obstacle de fait.

2.2.2. Suppression du régime dérogatoire de prescription de l'action publique pourle délit de discrédit jeté sur une décision de justice

La loi a abrogé la prescription dérogatoire de l'action publique de trois mois auparavant prévue par l'article 434-25 du code pénal pour le délit de discrédit jeté sur une décision de justice.

Ce délit ayant été inséré dans le code pénal, et non dans la loi du 29 juillet 1881 sur la liberté de la presse, le législateur a estimé qu'il devait désormais être soumis au régime de prescription de droit commun de six ans.

---

[15] Ancien article 8 du code de procédure pénale modifié par la loi du 14 mars 2011 d'orientation et de programmation pour la performance de la sécurité intérieure (LOPPSI).

3. Application dans le temps des nouvelles dispositions

3.1. Dispositions allongeant la durée des prescriptions

Le 4° de l'article 112-2 du code pénal prévoit l'application immédiate des lois de prescription de l'action publique et des peines, sans distinguer selon qu'elles sont plus ou moins sévères.

Il en résulte que les prescriptions plus longues résultant des nouvelles dispositions n'ont aucun effet sur les prescriptions déjà acquises lors de l'entrée en vigueur de la réforme, qui ne saurait ré-ouvrir les délais de prescription. Ainsi, les délits ou les crimes prescrits au moment de l'entrée en vigueur de la loi, par application des délais de prescription de l'action publique de trois ans ou de dix ans, ne peuvent plus être poursuivis. Il en est de même pour les peines correctionnelles déjà prescrites à l'issue de l'ancien délai de cinq ans.

En revanche, s'agissant des prescriptions en cours au moment de l'entrée en vigueur de la présente loi, les nouveaux délais de prescription plus sévères se substituent aux anciens.

3.2. Dispositions relatives aux infractions occultes ou dissimulées

Afin que ces dispositions ne puissent pas être comprises comme susceptibles de remettre en cause la validité des procédures en cours, l'article 4 de la loi précise que cette réforme « *ne peut pas avoir pour effet de prescrire les infractions qui, au moment de son entrée en vigueur, avaient valablement donné lieu à la mise en mouvement ou à l'exercice de l'action publique à une date à laquelle, en vertu des dispositions législatives alors applicables et conformément à leur interprétation jurisprudentielle, la prescription n'était pas acquise.* »

Il en résulte par exemple que, si un délit occulte ou dissimulé découvert plus de douze ans après sa commission a donné lieu, avant l'entrée en vigueur de la loi, à une plainte avec constitution de partie civile, un réquisitoire introductif ou une citation directe, ces faits ne sauraient être considérés comme prescrits.

Bien qu'il ne vise expressément que les dossiers ayant donné lieu à la mise en mouvement ou à l'exercice de l'action publique, cet article n'implique cependant pas que l'interruption de la prescription par des actes d'enquête émanant du ministère public ou des procès-verbaux dressés par la police judiciaire tendant effectivement à la recherche et à la poursuite de leurs auteurs serait remise en cause en l'absence de mise en mouvement de l'action publique intervenue avant l'entrée en vigueur de la loi.

En effet, conformément à la jurisprudence désormais consacrée par le nouvel article 9-2 du code de procédure pénale, de tels actes auront valablement interrompu la prescription, qui aura donc recommencé à courir, à compter du dernier d'entre eux, pour un délai de trois ans s'il s'agissait de faits de nature délictuelle.

La jurisprudence traditionnelle estime ainsi, en cas de correctionnalisation légale de faits criminels, désormais prescrits par 3 ans au lieu de 10 ans, que l'entrée en vigueur d'une nouvelle prescription plus courte « *ne saurait avoir pour effet de remettre en cause l'interruption de la prescription déjà réalisée à celte date* » (Crim. 29 avril 1997, Bull. n°l55) et rappelle que « *conformément à l'article 112-4 du Code pénal, les dispositions de son article 112-2 sont sans effet sur la validité des actes de procédure accomplis selon la loi alors en vigueur* » (Crim. 30 novembre 1994, Bull. n°389). La chambre criminelle considère par ailleurs que le délai de 3 ans « *ne se substitue à celui de 10 ans qu'à compter de l'entrée en vigueur de la loi nouvelle* », à condition que toutefois le délai total ne puisse excéder 10 ans depuis le dernier acte interruptif accompli sous l'empire de la loi ancienne. (Crim. 29 avril 1997 précité).

C'est dès lors uniquement à compter de l'entrée en vigueur de la loi que le nouveau délai commence à courir, sous réserve que la prescription en résultant ne puisse dépasser celle qui résultait des anciennes dispositions.

Sous réserve de l'appréciation souveraine de la Cour de cassation, les délais butoirs de douze ans et de trente ans, même s'ils sont applicables à des délits ou des crimes occultes ou dissimulés commis avant l'entrée en vigueur de la loi, ne peuvent donc commencer à courir qu'à compter de cette date, soit à compter du 1er mars 2017.

Cette interprétation est du reste totalement conforme à l'intention du législateur, dès lors qu'il n'a jamais été soutenu aux cours des débats que les délits occultes ou dissimulés commis avant 2005 pourraient être prescrits du fait de l'entrée en vigueur de la loi nouvelle, mais au contraire qu'il a été expressément indiqué que la loi ne concernerait que les infractions commises après son entrée en vigueur[16].

3.3. Incidence en matière de réhabilitation

L'élévation de cinq à six ans du délai de prescription des peines délictuelles a pour conséquence de prolonger d'un an le délai de réhabilitation prévu, pour des condamnations délictuelles non exécutées, parles articles 133-13 et 133-14 du code pénal. Les dispositions sur la réhabilitation constituant des lois relatives au régime d'exécution et d'application des peines, est applicable le 3° de l'article 112-2 du code pénal prévoyant que ces lois, lorsqu'elles ont « *pour résultat de rendre plus sévères les peines prononcées par la décision de condamnation, ne sont applicables qu'aux condamnations prononcées pour des faits commis postérieurement à leur entrée en vigueur* ». Dès lors, le nouveau délai de prescription de la peine de six ans n'aura d'effet que sur la réhabilitation des condamnations prononcées pour les délits commis à compter du 1er mars 2017.

---

[16] Cf. par exemple, séance du 14 février 2017, « M. Alain Tourret, rapportcur. [...]: *J'appelle votre attention sur un point : nous avons décidé que celle loi ne devait pas être considérée comme une loi de procédure d'application inunédiate. Ainsi ne pourra-t-elle s'appliquer qu'auxfaits qui se produiront après son adoption* ». Même si ces propos ne traduisent pas exactement les conséquences juridiques de la réforme, puisque les prescriptions plus longues s'appliqueront aux infractions commises avant la date de son entrée en vigueur mais non encore prescrites, et que les délais butoirs s'appliqueront à ces mêmes faits, mais uniquement à compter de cette date, ils mettent très clairement en évidence la volonté du législateur de ne pas pennettre une application rétroactive de la loi.

Vous voudrez bien me rendre compte, sous le timbre de la direction des affaires criminelles et des grâces, de toute difficulté rencontrée à l'occasion de la mise en oeuvre de la présente circulaire.

Le directeur des affaires criminelles et des grâces

Robert GELLI

Impressão:
Evangraf
Rua Waldomiro Schapke, 77 - POA/RS
Fone: (51) 3336.2466 - (51) 3336.0422
E-mail: evangraf.adm@terra.com.br